集人文社科之思 刊专业学术之声

集 刊 名：法律史评论
主办单位：四川大学法学院
主　　编：里　赞
执行主编：刘昕杰

LEGAL HISTORY REVIEW Vol.15, 2020 No.2

编辑委员会（以姓氏音序排列为序）

陈　玺（西北政法大学）　　　　马　腾（厦门大学）
陈　煜（中国政法大学）　　　　聂　鑫（清华大学）
陈长宁（四川大学）　　　　　　汪雄涛（同济大学）
杜　金（中山大学）　　　　　　王　果（四川大学）
冯学伟（南开大学）　　　　　　王　沛（华东政法大学）
景风华（四川大学）　　　　　　王帅一（中国社会科学院）
赖骏楠（复旦大学）　　　　　　王有粮（四川大学）
李　栋（中南财经政法大学）　　吴　欢（南京师范大学）
李冰逆（四川大学）　　　　　　谢　晶（中国政法大学）
李鼎楚（西南政法大学）　　　　杨松涛（河南大学）
李启成（北京大学）　　　　　　尤陈俊（中国人民大学）
李文军（西南民族大学）　　　　张　群（中央民族大学）
李欣荣（中山大学）　　　　　　赵　晶（中国政法大学）
刘楷悦（四川大学）　　　　　　赵　崧（京都大学）
刘晓林（吉林大学）　　　　　　朱　腾（中国人民大学）

编辑部成员：李诗语　陈佳文　毛春雨　刘子璇
投稿邮箱：legalhistoryreview@163.com

2020年第2卷·总第15卷

集刊序列号：PIJ-2018-263
中国集刊网：www.jikan.com.cn
集刊投约稿平台：www.iedol.cn

法律史评论

LEGAL HISTORY REVIEW Vol.15 2020 No.2

（2020年第2卷·总第15卷）

社会科学文献出版社
SOCIAL SCIENCES ACADEMIC PRESS (CHINA)

目 录
CONTENTS

1	**专 栏**
3	时代镜像中的法哲学：古斯塔夫·拉德布鲁赫（1878~1949）
	〔德〕乌尔弗里德·诺伊曼 文　申屠晓莉　邓卓行 译
26	拉德布鲁赫和康特洛维茨
	〔德〕弗兰克·萨利格 文　段 蓓 译
43	古斯塔夫·拉德布鲁赫
	——法哲学家与政治家
	〔德〕乌尔弗里德·诺伊曼 文　邓卓行 译
51	**专 论**
53	大清律·刑律
	——传统中国的法理思维
	〔日〕谷井阳子 文　伍 跃 译
73	清代"清官"脸谱的民间想象
	——基于小说《施公案》的个案分析
	奚海林
87	论孙中山改造政府理论的方法、皈依与评价
	沈玮玮　宁凯惠
97	**评 论**
99	何以移风易俗
	——唐律教化功能研究之二
	厉广雷

| 107 | 晚清至民国时期（1840~1949）契约文书研究述评
杨　潇 |

人　物

| 125 | 杨度第二次留学日本就读学校考（1903~1907）
赖骏楠 |

| 131 | 王世杰与1946年中国制宪进程中的政体之争
张维达 |

书　评

| 147 | 唐律杀人罪的结构与特征
——读《唐律"七杀"研究》
吕　琳 |

| 159 | 知人论史，法史交融
——读陈新宇《寻找法律史上的失踪者》（增订版）
张　群 |

| 164 | **《法律史评论》稿约** |

专栏

导　言

2019年11月23日是古斯塔夫·拉德布鲁赫逝世70周年纪念日。值此之际，我们有足够的理由去纪念这位出类拔萃的法学思想家和博学多才的文化人士。在德国，古斯塔夫·拉德布鲁赫是一位广为人知的法哲学家、政治家和刑法学家。在过去10年间，他的著作——以出版数量来衡量——正在经历一个复兴。在国际上，拉德布鲁赫几乎只被视为法哲学家。也的确如此，因为拉德布鲁赫与汉斯·凯尔森被称为20世纪德语区最重要的法哲学家。根据他于1946年提出"拉德布鲁赫公式"，极端的不正义就不是法律。刑法学上关于"国家不法"的讨论不断地在世界范围内展开，并让这一公式获得了稳固的地位。如何在自然法和法实证主义的坐标系中定位拉德布鲁赫的法律思想，直至今日仍是德国乃至全世界研究的重点。

在亚洲，拉德布鲁赫的法哲学得到了特别积极的反响，尤其在中国、日本和韩国。除法哲学中的经典问题以及与之相关的法律实践难题之外，这也与拉德布鲁赫清晰而生动的语言风格有关，这使他的法律思想通过翻译也很容易被理解。

专栏中的三篇文章来自拉德布鲁赫的徒孙和曾徒孙。乌尔弗里德·诺伊曼（Ulfrid Neumann）是阿图尔·考夫曼（Arthur Kaufmann）的学生，阿图尔·考夫曼是拉德布鲁赫的学生，而我是诺伊曼的学生，因此算是拉德布鲁赫在学术界的"曾孙"。

对此，我要衷心地感谢为此专栏而努力的《法律史评论》和刘楷悦老师，感谢邓卓行博士和申屠晓莉博士，他们不仅挑选了文章，也参与了翻译工作。另外，也特别感谢段蓓博士翻译了我的文章。

弗兰克·萨利格（Frank Saliger，德国慕尼黑大学法学院教授）
2020年3月31日于慕尼黑
申屠晓莉 译

时代镜像中的法哲学：古斯塔夫·拉德布鲁赫（1878～1949）*

〔德〕乌尔弗里德·诺伊曼** 文　申屠晓莉　邓卓行*** 译

摘　要：如果区分拉德布鲁赫的法律理论方案和实践法哲学，那么在拉德布鲁赫哲学的发展中，关于其思想的"连续性"或"非连续性"的长久争议也就能得到缓解。通过"新康德主义"方案确定的论证空间仍未改变，但是早在1932年以前，在这一论证空间内，其地位就在当代历史经验的影响下发生了变化。"实证主义"和"自然法"的概念不太适合作为重建这种发展的界标。同理，既不宜认为前期的拉德布鲁赫是一个"实证主义者"，也不宜认为后期的拉德布鲁赫是一个"自然法学者"。

关键词：拉德布鲁赫　方法二元论　相对主义　法实证主义　自然法

一　引言

2019年11月23日是古斯塔夫·拉德布鲁赫逝世70周年，他被认为是除汉斯·凯尔森之外，20世纪德语区最重要的法哲学家。近年来，大量的出版物致力于重建他的法哲学地位，尤其是致力于明确他在法实证主义和法道德主义（"自然法"）坐标系中的确切位置，这些出版物印证了其著作的历久弥新。[①] 拉德布鲁赫法哲学在1945年以

---

* 本文原载于 Ulfrid Neumann, Rechtsphilosophie im Spiegel der Zeit: Gustav Radbruch (1878-1949), JZ 2020 (1), S. 1-11. 译者已获得作者及杂志社授权。摘要为原文所有，关键词乃译者所加。

** 乌尔弗里德·诺伊曼，美茵河畔法兰克福大学法哲学、法社会学、刑法学和刑事诉讼法学荣休教授。

*** 申屠晓莉，浙江大学光华法学院与德国慕尼黑大学法学院联合培养博士生；邓卓行，北京大学法学院与德国慕尼黑大学法学院联合培养博士生。申屠晓莉负责第一，第二，第三（一）、（二）、第四部分；邓卓行负责第三（三）、（四）、（五）部分。分别译完后，二人共同校对了全文。

① 近10年来发表的著述如下：in: Borowski/Paulson (Hrsg.), Die Natur des Rechts bei Gustav Radbruch, 2015, S. 119 ff.；以及 in: Pauly (Hrsg.), Rechts- und Staatsphilosophie des Relativismus: Pluralismus, Demokratie und Rechtsgeltung bei Gustav Radbruch, 2011; Adachi, Gustav Radbruchs Kritik am Positivismus, in: R. Schmidt (Hrsg.), Rechtspositivismus: Ursprung und Kritik. Zur Geltungsbegründung von Recht und Verfassung, 2014, S. 157 ff.; Alexy, GustavRadbruchs Rechtsbegriff, in: von Arnauld/I. Augsberg/Meyer-Pritzl (Hrsg.), 350 Jahre Rechtswissenschaftliche Fakultät der Christian-Albrechts-Universität zu Kiel, 2018, S. 237 ff.; Auer, Gustav Radbruch über die sozialistische Familie. Ein Genrebild aus Weimar, in: Festschrift für Ulfrid Neumann, 2017, S. 31 ff.; C. Bäcker, Gerechtigkeit im Rechtsstaat, 2015, S. 25-111（有关拉德布鲁赫公式在联邦宪法法院判决中的作用）; ders., Rechtssicherheit oder Gerechtigkeit – Von der Radbruchschen Formel zurück zum Primat der Rechtssicherheit, in: Schuhr (Hrsg.), Rechtssicherheit durch Rechtswissenschaft, 2014, S. 33 ff.; Bix, Radbruch's Formula and Conceptual Analysis, The American Journal of Jurisprudence（转下页注）

后是否存在"自然法上的转折",相关的讨论已经持续了十余年,至今依然如火如荼地进行着。①

拉德布鲁赫不只是一位法哲学家。值得注意的是,由阿图尔·考夫曼编辑出版的《拉德布鲁赫全集》共有19卷,② 其中只有3卷是明确致力于法哲学的。拉德布鲁赫撰写了大量与刑法相关的著作;他的研究跨度从刑法教义学③延伸到刑法史,④ 再扩展到刑罚执行⑤与刑法改革⑥的问题。在其著作中占有重要地位的——但长期以来却处于边缘位置⑦——是

(接上页注①)56 (2011), 45 ff.; Dannecker, Die Radbruchsche Formel und ihre Rezeption durch die Rechtsprechung, in: C. Baldus/Kronke/Mager (Hrsg.), Heidelberger Thesen zu Recht und Gerechtigkeit, 2013, S. 421 ff.; R. Dreier, Gustav Radbruchs Religionsphilosophie, in: Festschrift für Ulfrid Neumann, 2017, S. 99 ff.; Foljanty, Recht oder Gesetz. Juristische Identität und Autorität in den Naturrechtsdebatten der Nachkriegszeit, 2013 (此处特别是第51页以下); Frommel, Rechtsphilosophie in den Trümmern der Nachkriegszeit, JZ 2016, 913 ff. (以及相关回应 Braun JZ 2017, 451 ff.; Hollerbach JZ 2017, 455 ff. und Rüthers JZ 2017, 457 ff. sowie SchlusswortFrommel JZ 2017, 460 ff.); Funke, Abschied von der Positivismus/Nicht – Positivismus – Schablone? Zugleich: hermeneutische Potentiale in der Rechtsphilosophie Gustav Radbruchs, in: Borowski (Hrsg.), Modern German Non – Positivism, 2020, S. 19 ff. (待出版); Hillenkamp, Gustav Radbruch – Eine Suche nach Alternativen zum Strafrecht, in: Baldus/Kronke/Mager a. a. O., S. 401 ff.; M. Herbert, Radbruch's che Formel und gesetzgeberisches Unterlassen, 2017; Kausch, Läßt sich (Un –) Recht wegdefinieren? Einige Anmerkungen zum Begriff des Rechts und zur Radbruchschen Formel, in: Kühl/Seher (Hrsg.), Rom, Recht, Religion. Symposion für Udo Ebert zum siebzigsten Geburtstag, 2011, S. 205 ff.; U. Neumann, „Methodendualismus" in der Rechtsphilosophie des Neukantianismus. Positionen zum Verhältnis von Sein und Sollen bei Gustav Radbruch, in: Brockmöller/Kirste/ders. (Hrsg.), Wert und Wahrheit in der Rechtswissenschaft, ARSP – Beiheft 145 (2015), S. 25 ff.; ders., Gustav Radbruch und die Freirechtsbewegung, in: Scritti per Luigi Lombardi Vallauri, volume secondo, 2016, S. 1001 ff.; Nuria Pastor Muñoz, Was bleibt übrig von dem Gesetzlichkeitsprinzip im dem Völkerstrafrecht? Zugleich ein Beitrag über die Leistungsfähigkeit der Radbruchschen Formel, ARSP 104 (2018), 455 ff.; von der Pfordten, Gustav Radbruch – Über den Charakter und das Bewahrenswerte seiner Rechtsphilosophie, JZ 2010, 1021 ff.; Schünemann, Das strafrechtliche Rückwirkungsverbot als Prüfstein des Rechtsbegriffs – Von den dogmatischen Untiefen strafrechtlicher Vergangenheitsbewältigungund der Wertlosigkeit der Radbruchschen Formel, in: Festschrift für Kristian Kühl, 2014, S. 457 ff.; Giuliano Vassali, Radbruchsche Formel undStrafrecht. Zur Bestrafung der „Staatsverbrechen" im postnazistischen und postkommunistischen Deutschland, 2010; Jing Zhao, Die RechtsphilosophieGustav Radbruchs unter dem Einfluss von Emil Lask. Eine Studie zur neukantianischen Begründung des Rechts (待出版); dies., On the Relation between Law and Morality. From the Separation to the Connection Thesisin Gustav Radbruch's Legal Philosophy, in: de Paula/Santacoloma Santacoloma (Hrsg.), Law and Morals. ARSP – Beiheft 158 (2019), S. 269 ff.。

① 强烈反对"变革论点"的如 Borowski, Begriff und Geltung des Rechts bei Gustav Radbruch. Gegen die These seiner natur – rechtlichen Bekehrung, in: Borowski/Paulson (Hrsg.), Die Natur des Rechts bei Gustav Radbruch, 2015, S. 119 ff.; Frommel JZ 2016, 913 ff. Anders Braun JZ 2017, 451 ff.; Ruüthers JZ 2017, 457 ff., 459。
② Gustav Radbruch – Gesamtausgabe, Heidelberg 1987ff. 下文以 "GRGA" 加编号的形式引用。
③ 在第7卷("Strafrecht I",由 Frommel 编纂)和第8卷("Strafrecht II",由 Arthur Kaufmann 编纂)中被证明。
④ 第11卷("Strafrechtsgeschichte",由 U. Neumann 编纂)。
⑤ 第10卷("Strafvollzug",由 Müller – Dietz 编纂)。
⑥ 第9卷("Strafrechtsreform",由 Wassermann 编纂)。
⑦ 例如参见 M. D. Klein, Demokratisches Denken bei Gustav Radbruch, 2007,以及 Pauly 主编文集中的论文(见上页注①)。

有关国家和民主理论的著作。① 他的学术求知欲和浓厚的文化兴趣体现在大量文学史和艺术史的著作中。② 除此之外，他还有着强烈的政治责任感，这种责任感不仅决定了他的人生，而且促使他两次担任帝国司法部长。在正式的政治工作之外，拉德布鲁赫也不断地对政治和社会问题发表意见，他特别关心公民教育，并将此落实在学校的课程中，他还希望看到成人教育的继续推进。③ 他这一生都拥护社会主义——并不是因为他相信社会主义的理论基础及其所主张的科学世界观和历史观，④ 而是出于对"贫穷者和受压迫者"的同情，他认为社会主义——以及它的基督教起源——就是这些贫穷者和受压迫者的运动。⑤

  用今天的话说，拉德布鲁赫是一名"开放的知识分子"，一名没有隐退在学术象牙塔中，而是有理有据地提出重要社会问题和政治决策的学者，担任帝国司法部长时期，他制定并实施了自己的政治决策。有的人尝试科学地论证世界观及其相应的政党计划，但拉德布鲁赫却对此持怀疑态度，他的政治立场很坚定，可以用"个人主义"、"人本主义"和"社会主义"来形容。他细致地区分了学术分析和政治计划、知识和信仰。与格奥尔格·耶利内克、马克斯·韦伯以及汉斯·凯尔森相连，他在价值判断的科学论证问题上所主张的相对主义，与其坚定的政治态度并不存在对立：

> 相对主义属于……理论理性，而非实践理性。它意味着对之前观点的科学论证的放弃，而非对观点本身的放弃。我们的相对主义与福音书中的彼拉多⑥无关，在此，理论理性和实践理性都销声匿迹（"什么是真理？"）了，而是与莱辛的纳坦⑦有关，对纳坦而言，理论上的沉默正是对实践理性的最强呼吁："你们要不遗

---

① 尤其是在全集的第 14 卷可以证明（"Staat und Verfassung"，由 H.-P. Schneider 编纂）；在第 12 卷和第 13 卷中也有部分（"Politischhe Schriftenausder Weimarer Zeit" I und II，由 A. Baratta 编纂）。
② 第 4 卷（"Kulturphilosophische und -historische Schriften"，由 Spendel 编纂）；第 5 卷（"Literatur- und kunsthistorische Schriften"，由 Klenner 编纂）
③ 典型文献：Radbruch, Die Aufgaben des staatsbürgerlichen Unterrichts (1924), GRGA 13, S. 239 ff.。
④ Radbruch, Der innere Weg, 1. Aufl.（出版于他逝世后的 1951 年，口述于 1945 年），GRGA 16, S. 167 ff., 196.
⑤ Radbruch, Kulturlehre des Sozialismus, 1. Aufl. 1922, GRGA 4, S. 51 ff., 74.
⑥ 根据《圣经·新约·四福音书》记载，彼拉多是罗马帝国犹太省的第五任总督，是他将耶稣钉上了十字架。在四福音书中，彼拉多是个优柔寡断的总督，他曾多次审问耶稣，原本不认为耶稣犯了什么罪，却在仇视耶稣的犹太宗教领袖的压力下，为了避免引起暴动，决定判处无罪的耶稣死刑，并将他钉上十字架，随后，彼拉多以洗手表明自己在这件事上是无辜的。——译者注
⑦ 纳坦出自德国戏剧家莱辛的《智者纳坦》，故事围绕"戒指寓言"展开。萨拉丁问哪个宗教才代表真理，纳坦讲了这样一个故事：有一枚戒指是传家之宝，它拥有让人欣悦上帝和人类的能力，戒指一代一代由父亲传给他最喜欢的儿子。直到有一天，戒指传到一个有三个儿子的父亲手中，这位父亲不分伯仲地爱着他的三个儿子。因此，他仿制了两枚以假乱真的戒指，并在临死前将三枚戒指分给了每个儿子。兄弟们对于谁拿到了真的戒指争论不休，一位智慧的法官告诉他们，目前没有办法鉴别真假，唯一能辨别的方法就是让他们各自持有戒指生活来证明自己手中戒指的能力，而不是坐等戒指的魔力显现。——译者注

余力地竞争,让自己戒指中宝石的力量昭然于世。"①

理论哲学为不同的世界观立场提供了开放的空间,只要它没有被政治怪物所利用,那么这种理论理性和实践理性的区分、理论哲学和实践哲学的区分就能够毫无阻力地保持下去。如果发生这种情况,比如人们因其种族属性而被剥夺了生命权,那么就有必要明确划出这一范围的界限。所以,在纳粹时期人权侵害最严重的影响下,牺牲相对主义,从而改变拉德布鲁赫哲学中可用(为相对主义的负责领域所决定)和不可用之间的界限,便是合乎逻辑的。② 与此相应的,是实践哲学支配领域的扩张,这在拉德布鲁赫的后期著作中起到了主导作用。

这并不意味着,拉德布鲁赫已经放弃了"理论"法哲学的基本立场。他对新康德主义方案的坚守虽然有所缓和,但是仍在继续坚持着;不能说这是一种向"自然法"的根本性转变。但是,在这种基本立场的范围内,拉德布鲁赫对当代历史变革的反应就像地震仪一样,这主要是以第一次世界大战和紧随其后的革命,③ 以及纳粹独裁体制的建立为标志的。④ 这不仅适用于价值相对主义的范围问题,适用于对法实证主义和法道德主义(自然法)的选择问题,而且在其关于自由法学说⑤、确信犯的适当处罚问题⑥或是死刑⑦等变化的观点中,反映出了时代的日往月来,时移势易。与此并行的,是一种从更以理论为导向到更以问题为导向的法哲学发展,方法二元论方案⑧的"缓和"为其典型表现,同时代表着拉德布鲁赫1949年对其法哲学所作的特征总结:它"不以

---

① Radbruch, Rechtsphilosophie (3. Aufl. 1932), GRGA 2, S. 206 ff., 236.
② Wapler, Wertrelativismus und Positivismus. Theoretische Grundlagen der Rechts – und Staatsphilosophie Gustav Radbruchs, in: Pauly (Hrsg.), Rechts – und Staatsphilosophie des Relativismus: Pluralismus, Demokratie und Rechtsgeltung bei Gustav Radbruch, 2011, S. 33 ff., 40. 正确地强调了1945年后,拉德布鲁赫思想关键性的转变与实证主义无关,而是与价值相对主义相关。
③ 此处指德国十一月革命。十一月革命,又称"德国1918~1919革命",是德国在第一次世界大战1918年至1919年发生的一系列事件,致使德意志帝国被推翻以及魏玛共和国建立。——译者注
④ 对此,参见 Arthur Kaufmann, Gustav Radbruch – Leben und Werk, GRGA 1, S. 8 ff., 45 f. (im Anschluss an Erik Wolf)。
⑤ 对此,参见 U. Neumann, Gustav Radbruch und die Freirechtsbewegung, in: Scritti per Luigi Lombardi Vallauri, volume secondo, 2016。
⑥ 在魏玛共和国右翼恐怖主义的影响下,对政治确信犯所建议的特权受到了限制(尤其是对拉特瑙的谋杀)。对此,参见 R. Dreier, Kontinuitäten und Diskontinuitäten in der Rechtsphilosophie Radbruchs, in: Borowski/Paulson (Hrsg.), Die Natur des Rechts bei Gustav Radbruch, 2015, S. 183 ff., 203; Arthur Kaufmann, Editionsbericht, in: GRGA 8, S. 389 f. ——原注。
拉特瑙是德国犹太实业家、作家和政治家,1922年任魏玛共和国外交部长。1922年4月,拉特瑙出席热那亚会议,为了打破当时德国在欧洲的孤立局面,同苏俄签订《拉巴洛条约》,同年6月24日,被德国右翼民族主义分子暗杀。——译者注
⑦ 参见 Radbruch, Rechtsphilosophie (3. Aufl. 1932), GRGA 2, S. 408 f.; ders., Abschaffung der Todesstrafe als Symbol der Strafrechtsreform (1931), GRGA 9, S. 321 f.。
⑧ 对此,参见下文三(二)2。

任何一种哲学方向作为衡量标准,而是以法律生活本身的需求作为衡量标准"。①

二 生平与著作

拉德布鲁赫,1878 年 11 月 21 日出生于吕贝克。② 在完成慕尼黑、莱比锡(他听了卡尔·宾丁的课)和柏林的学业后,他师从弗兰茨·冯·李斯特,并于 1902 年以《相当因果关系学说》获博士学位。大约一年半后,拉德布鲁赫以题为《刑法体系意义上的行为概念》的论文在海德堡大学获得授课资格。1904 年至 1914 年,他作为编外教师(从 1910 年开始作为编外教授)在海德堡大学授课。1913 年 8 月 17 日,拉德布鲁赫参加了奥古斯特·倍倍尔的葬礼,这对他来说是一段意义深远的经历。拉德布鲁赫在自传中写道:"这次重要的经历最终教会我,自己应该站在哪里。"③ 1914 年初,拉德布鲁赫获聘成为柯尼斯堡大学编外教授,并于 4 月 1 日接任,不久之后《法哲学的基本特征》一书出版。拉德布鲁赫在第一次世界大战时服过兵役,他表示自己"并不比别人更想去"。④ 战争期间,他与莉迪亚·阿德雅恩结婚;1915 年女儿蕾娜特出生,1918 年儿子安瑟姆出生。

1919 年至 1926 年,拉德布鲁赫在基尔大学任教授。⑤ 拉德布鲁赫在基尔时期发表了一系列法哲学著作,其中值得一提的是《法律理念与法律质料》一文,⑥ 它追随埃米尔·拉斯克发展出了"理念的质料确定性"思想,并且丰富了法律与其社会基础的关系。还有《法律理念的难题》一文,其中,拉德布鲁赫在比较《法哲学的基本特征》后,给公正性(Gerechtigkeit)概念下了新的定义。⑦

拉德布鲁赫参与了对卡普政变⑧的反抗,政变失败后,他又在基尔的"正常秩序重

---

① Radbruch, Entwurf für ein Nachwort zu einer Neuauflage der „Rechtsphilosophie", GRGA 20, S. 25 ff., 38.
② 关于拉德布鲁赫生平的详细介绍,特别参见 Arthur Kaufmann, Gustav Radbruch. Rechtsdenker, Philosoph, Sozialdemokrat, 1987; Spendel, Gustav Radbruch. Lebensbild eines Juristen, 1967; ders., Jurist in einer Zeitenwende. Gustav Radbruch zum 100. Geburtstag, 1979. 还参见 Kastner, Goethe in Leben und Werk Gustav Radbruchs, 1999, S. 6 ff.; J. Schröder, Gustav Radbruch, in: Kleinheyer/Schröder, Deutsche Juristen aus neun Jahrhunderten, 6. Aufl. 2017, S. 368 ff.; Paulson, On the Background and Significance of Gustav Radbruch's Post-War Papers, Oxford Journal of Legal Studies 26 (2006), 17 ff. (20–26); E. Wolf, Gustav Radbruch, in: ders., Große Rechtsdenker, 4. Aufl. 1963, S. 713–765. 集中介绍拉德布鲁赫政治立场与学术工作的参见 Klein, Demokratisches Denken bei Gustow Radbruch, 2007, S. 4–51。
③ Radbruch, Der innere Weg, 1. Aufl., GARA 13, S. 227.
④ Radbruch, Der innere Weg, 1. Aufl., GARA 13, S. 231.
⑤ 对此,参见 Otte, Gustav Radbruchs Kieler Jahre 1919–1926, 1982。
⑥ Radbruch, Rechtsidee und Rechtsstoff. Eine Skizze (1923/24), GRGA 2, S. 453 ff.
⑦ 参见下文三(三)2。
⑧ 卡普政变是一场企图推翻魏玛共和国的政变,其导火索是《凡尔赛条约》的签订。根据《凡尔赛条约》第 106 条,德国必须裁撤军备,正规军不得超过 10 万人,因此政府要遣散自由军团。这一解散命令遭到保皇派吕特维兹的坚决反对,1920 年 3 月 13 日,吕特维兹任命卡普组建新的"国民政府",意图取代魏玛政府。面对这一局面,德国社会民主党主席奥托·威尔斯在柏林发起大罢工,致使卡普建立的政府完全无法运作,仅仅 4 天,该政府就宣告解散。——译者注

建"①中发挥了重要作用,从而促使人们要求他作为德国社会民主党(SPD)的一员,参与竞选德意志共和国国民议会的席位。随后在1920年至1924年,拉德布鲁赫成为议会成员,并于1921年至1922年被任命为维尔特内阁司法部部长,1923年被任命为施特雷泽曼内阁司法部部长。在任期内,他实现了允许妇女以陪审员和陪审团成员②的身份工作,以及在法官办公室③工作的目标。作为一名"立法部长",刑法改革是其关注的重点。由他编纂的《德意志通用刑法典草案》(1922),作为"拉德布鲁赫草案"被载入刑法改革历史,该草案深受人文精神(放弃死刑、消除劳役刑、给予确信犯特权)影响,并且坚信报应刑法必然会被以目的为导向的刑法(采用矫正和保安处分)所取代。草案虽未成为制定法,却对联邦德国的立法改革产生了巨大影响。作为司法部长,拉德布鲁赫也负责制定因暗杀瓦尔特·拉特瑙而促成的《共和国保护法》,④该法针对严重的犯罪行为规定了死刑,拉德布鲁赫在其出版的学术著作(及其刑法草案)中一直反对死刑。⑤尽管他"内心不情愿"将死刑作为反抗"谋杀组织成员"的武器,但他又认为在这种"紧急和战斗状态"中,死刑乃是不可或缺的。⑥

1923年11月,拉德布鲁赫从施特雷泽曼内阁辞职。3年后(1926年),他接任海德堡大学⑦的教席,他觉得这是"回归自己古老的精神故乡"。⑧1928年,他回绝了再次担任帝国司法部长的请求。1932年,他的《法哲学》第三版付梓。1933年5月,拉德布鲁赫被免除教职,理由是根据其人品和到目前为止的活动,无法保证他现在会全心全意地支持民族国家。他利用这段迫不得已的空闲时间,撰写了本就已经计划好的费尔巴哈传记。⑨在这一阶段,他遭遇了生命中的双重打击:1939年3月,他的女儿蕾娜特在滑雪事故中身亡;1942年,他的儿子安瑟姆在斯大林格勒战役中身受重伤,死于军医院。

纳粹独裁统治结束后,拉德布鲁赫于1945年9月再次恢复教职并担任海德堡大学法学院院长。1946年,他在《南德法学家报》上发表《制定法的不正义与超制定法的

---

① Radbruch, Lebensbeschreibung, GRGA 16, S. 316 ff., 318.
② 《关于邀请妇女作为陪审员及陪审团成员的法案》:1922年4月25日(RGBl. I, S. 465)。
③ 《关于允许妇女进入司法系统任职和工作的法案》:1922年7月11日(RGBl. I, S. 573)。
④ 《共和国保护法》:1922年7月21日(RGBl I, S. 585)。在此之前有两项保护共和国的规定:1922年6月26日(RGBl. I, S. 521)和1922年6月29日(RGBl. I, S. 585)。
⑤ Radbruch, Rechtsphilosophie (3. Aufl. 1932), GRGA 2, S. 408f.; ders., Abschaffung der Todesstrafe als Symbol der Strafrechtsreform (1931), GRGA 9, S. 321f.
⑥ 给莉迪亚·拉德布鲁赫的书信:1922年6月30日,GRGA 18, S. 59。
⑦ 有关拉德布鲁赫生命中第二段"海德堡时期",参见 Küper, Gustav Radbruch als Heidelberger Rechtslehrer, Biographisches und Autobiographisches, in: ders. (Hrsg.), Heidelberger Strafrechtslehrer im 19. Und 20. Jahrhundert, 1986, S. 225 ff., 232 ff.。
⑧ Küper, Gustav Radbruch als Heidelberger Rechtslehrer, Biographisches und Autobiographisches, in: ders. (Hrsg.), Heidelberger Strafrechtslehrer im 19. Und 20. Jahrhundert, 1986, S. 232.
⑨ Radbruch, Paul Johann Anselm Feuerbach. Ein Juristenleben (1934), GRGA 6, S. 25 ff..

正义》① 一文，他在文中确定了不公正法律有（无）效力的标准，该标准便是之后举世闻名的"拉德布鲁赫公式"，它在很大程度上影响了法哲学讨论和司法判决。战后时期，在1946~1947冬季学期的讲座课上，拉德布鲁赫法哲学获得了一个总结性的、以教学为导向的介绍，两名听众经拉德布鲁赫授权，于1948年将笔记以《法哲学入门》为题出版。② 1948年7月，他再次加入1933年被纳粹政权禁止的德国社会民主党，但在政治上不再活跃。1949年11月23日，即他71岁生日后的两天，拉德布鲁赫在海德堡与世长辞。彼时，作为他法哲学思想连续及转变的最后证明，计划的新版《法哲学》后记尚未完成。③

三 发展

（一）趋势

关于拉德布鲁赫法律思想的转变，主要讨论的是他在1933年之前出版的著作和纳粹统治结束后（1945年）所撰写的文章之间的转折。不过，从《法哲学的基本特征》（1914年）到《法律理念的难题》（1924年）的转变也同样重要。④ 在《法哲学的基本特征》和原本计划的新版《法哲学》（1949年）⑤ 后记草稿之间，拉德布鲁赫的法哲学存在某种转变，如果尝试根据其显著的发展路线重新构建这种转变，那么就可以得出以下结论。

第一，这种转变所呈现的趋势，是从一种以专业哲学（新康德主义）⑥ 为导向的体

---

① Radbruch, Gesetzliches Unrecht und übergesetzliches Recht (1946), GRGA 3, S. 83 ff. = Süddeutsche Juristen-Zeitung, 1946, 105–108.
② Radbruch, Vorschule der Rechtsphilosophie (1948), GRGA 3, S. 121 ff. .
③ Abgedruckt in GRGA 20, S. 25 ff. 以及 Radbruch, Rechtsphilosophie, Studienausgabe, 2. Aufl. 2003, hrsg. von R. Dreier/Paulson, S. 194 ff. 。
④ R. Dreier, Kontinuitäten und Diskontinuitäten in der Rechtsphilosophie Radbruchs, in: Borowski/Paulson (Hrsg.), Die Natur des Rechts bei Gustav Radbruch, 2015, S. 183ff 中就已指出。拉德布鲁赫在1914~1932年的观念转变是否比后一阶段（参见 Dreier 文第184页）更"深入"，是个权重问题，在此持开放观点。Borowski, Begriff und Geltung des Rechts bei Gustav Radbruch. Gegen die These seiner naturrechtlichen Bekehrung, in: ders./Paulson (Hrsg.), Die Natur des Rechts bei Gustav Radbruch, 2015, S. 237 一文划分了拉德布鲁赫法哲学的三个阶段，第二阶段以《法律理念的难题》一文为起点，第三阶段以战后表述为重点。
⑤ 关于确切时间的问题，一方面参见 Kastner, Editionsbericht zu GRGA 20, S. 66 f; 另一方面参见 R. Dreier/Paulson, in: Studienausgabe, 2. Aufl. 2003, S. 193 。
⑥ 有关新康德主义对拉德布鲁赫哲学的影响，比如参见 Paulson, Ein „starker Intellektualismus". Badener Neukantianismus und Rechtsphilosophie, in: Senn/Puskás (Hrsg.), Rechtswissenschaft als Kulturwissenschaft? ARSP – Beiheft 115 (2007), S. 83ff.; Saliger, Radbruch und Kantorowicz, ARSP 93 (2007), 236ff., 243ff.; Ziemann, Neukantianisches Strafrechtsdenken. Die Philosophie des südwestdeutschen Neukantianismus und ihre Rezeption in der Strafrechtswissenschaft des frühen 20. Jahrhunderts, 2009, S. 66ff. 根据 von der Pfordten, Gustav Radbruch – Über den Charakter und das Bewahrenswerte seiner Rechtsphilosophie, JZ 2010, 1022, 拉德布鲁赫和新康德主义的联系并不紧密。这种看法被绝大多数人所接受。

系，发展为这样一种方案，它是在"法律学说本身产生知识需要"的时候去最终确定"法律生活本身的需要"，而不是"在法律之上强行给出哲学命题"。① 在此发展背景下，对新康德主义至关重要的方法二元论（从存在中无法推导出应当）也就发生了理解上的变化，它虽然没有被放弃，② 却通过引入和不断强调"事物本质"思想而有所缓和。③

第二，其特点是倾向于一种相对主义的相对化：可能存在科学知识的领域和（由相对主义原则主导的）信仰的领域，二者的界限正在向知识的领域偏移。此处，存在一个（从相对主义中提取出来的）公正性概念的"具象化"，拉德布鲁赫在《法哲学的基本特征》中仍然将其与（"绝对目的意义"上的）法律合目的性相等同。④ 1918 年以后，他最初以社会公正为题，⑤ 在 1932 年的《法哲学》中将正义概念视为平等对待的形式原则，⑥ 在《法哲学入门》中增加了实质法律原则，如司法独立，并丰富了这一概念。⑦

第三，它以一种二元论为起点，也就是"哲学的"（以公正为导向的）法律概念和法律技术的法律概念（这种法律概念会推导出，存在有效力的，从而具有约束力的"非法律"），但是 1945 年以后，这两种概念就紧密地联系在一起了。就此而言，法律的价值联系（哲学的法律概念）从一种先验的前提转变为一种有效力法律的实质标准：在"制定法极其不公正"的情况下，对这一被制定的法律而言，可以否定其效力。⑧ 如果连公正都做不到，那么该政权的命令就已经缺乏法律品质：它只能算是权力话语，而不是法律规范。⑨

（二）方法二元论

1. 方法二元论与方法一元论的对立

实然与应然的类别划分，乃理性思考和论证的基本条件。在"方法二元论"和"方法一元论"之间，有意义的争论在于这样一个问题，即应在（Sein - Sollende）能否通过参照存在（Seiende）而得到论证，在极端情况中，能否从实然中合乎逻辑地推

---

① Radbruch, Nachwort - Entwurf zu einer Neuauflage der „ Rechtsphilosophie " von 1932, GRGA 20, S. 25 ff., 38. 《法哲学》以此为开头："法哲学是哲学的一部分。所以，首先阐明法哲学的一般哲学前提是不可缺少的。"同时，参见拉德布鲁赫将"文德尔班（Windelband）、里克特（Rickert）以及拉斯克（Lask）的哲学理论"作为"背景"的详细论述。(GRGA 2, S. 205 ff., 211)
② 在新版《法哲学》手稿的前言中，拉德布鲁赫写道："法哲学的方法论建立在两种思想上：方法二元论和相对主义。这两种思想在此期间都发生了转变，但依然被坚持着。" (GRGA 20, S. 25 ff., 38)
③ 详见下文三（二）。
④ Radbruch, Grundzüge der Rechtsphilosophie (1914), GRGA 2, S. 9 ff., 91.
⑤ Radbruch, Ihr jungen Juristen! (1919), GRGA 13, S. 23 ff., 28.
⑥ Radbruch, Rechtsphilosophie (3. Aufl. 1932), GRGA 2, S. 303.
⑦ Radbruch, Vorschule der Rechtsphilosophie (1948), GRGA 3, S. 144.
⑧ Radbruch, Vorschule der Rechtsphilosophie (1948), GRGA 3, S. 154.
⑨ Radbruch, Vorschule der Rechtsphilosophie (1948), GRGA 3, S. 151.

导出应然。在《法哲学的基本特征》一书中，拉德布鲁赫坚定且一贯地否定了关于康德和新康德主义的这一问题。[①] 在此视角下，他不仅批判了自然法学说，而且批判了历史法学派，因为他们让人觉得"这种通过历史和民族精神而变得必要的东西就是正确的东西"，[②] 同时，他的观点和乃师弗兰茨·冯·李斯特所持的刑法史进化论观点也截然相反。[③]

2."理念的质料确定性"——"事物本质"

从方法一元论过渡到一种"适度的"方法二元论，这种过渡的特点，是努力缓和实然与应然之间的鲜明对立，这出现在1923年的《法律理念与法律质料》[④]一文中。"理念的质料确定性"原则，被理解为通过质料以及为了质料的理念确定性，按照拉德布鲁赫的说法，该原则在先验逻辑中具有体系性的地位，但是，当它应用于法秩序及其与当时社会关系的联系时，却被发展为经验因果原则。[⑤] 这种法律形式能在不同程度上与作为"法律质料"的社会、经济关系相适应。当时的私法忽略了实际存在的经济不平等；相反，社会政策和经济民主则意味着"法律形式向法律质料的重新靠近"。[⑥]

在科学理论上，法律质料和法律理念之间的关系，体现在法学概念和前法学（社会）概念的关系中。这里，拉德布鲁赫明确继承了拉斯克的"意义分化"[⑦]学说。法律的质料不是一种非结构性的，而是一种"借助社会概念的预设"事实。[⑧] 在法律适用中，"这种借助社会概念的预设事实，被包含在以此概念为模型的构成要件概念中"。[⑨] 在《法律理念与法律质料》之后的著作中，拉德布鲁赫提及了理念的质料确定性思想，现在，按照恩根·胡博的意思，该思想被理解为"理念"对法律"现实"的依赖，[⑩]

---

① 对此，参见 Neumann, „Methodendualismus" in der Rechtsphilosophie des Neukantianismus. Positionen zum Verhältnis von Sein und Sollen bei Gustav Radbruch, in: Brockmöller/Kirste/ders. (Hrsg.), Wert und Wahrheit in der Rechtswissenschaft, ARSP – Beiheft 145 (2015), S. 26ff.

② Radbruch, Grundzüge der Rechtsphilosophie (1914), GRGA 2, S. 26.

③ 详见 Neumann, „Methodendualismus" in der Rechtsphilosophie des Neukantianismus. Positionen zum Verhältnis von Sein und Sollen bei Gustav Radbruch, in: Brockmöller/Kirste/ders. (Hrsg.), Wert und Wahrheit in der Rechtswissenschaft, ARSP – Beiheft 145 (2015), S. 28f.

④ Radbruch, Rechtsidee und Rechtsstoff. Eine Skizze, GRGA 2, S. 453ff..

⑤ 同上注，S. 455.

⑥ 同上注，S. 456.

⑦ Lask, Die Logik der Philosophie und die Kategorienlehre, 1911, 1. Teil 4. Abschnitt. 意义分化理论通过拉德布鲁赫被继受了下来，有关于此，参见 Wapler, Werte und das Recht, 2008, S. 199 f.

⑧ Radbruch, Rechtsidee und Rechtsstoff, GRGA 2. S. 458, 459.——因此，正如维尔纳·麦霍弗（Werner Maihofer）所正确指出的，拉德布鲁赫将法律质料与雕塑家的材料相比较，这并非毫无问题的；Maihofer, Die Natur der Sache (1958), in: Arthur Kaufmann (Hrsg.), Die ontologische Begründung des Rechts, 1965, S. 52, 59。

⑨ Radbruch, Die Problematik der Rechtsidee (1924), GRGA 2, S. 459.

⑩ Radbruch, Rechtsphilosophie (3. Aufl. 1932), GRGA 2, S. 382.

并与事物本质相等同。"事物本质"思想在拉德布鲁赫的著作中得到显著发展。最初（1906年）被明确否认的是这样一种简单的论证，即从实然中人们"永远无法根据康德理论得出应然"。① 在《法哲学》中，它似乎是法律发现过程中的"直觉巧合"，否认了一种"认识方法"的特性。② 在明确与这种特性相区别后，1948年，拉德布鲁赫在劳恩纪念文集中发表《作为法学思维方式的事物本质》一文，该文指出"事物本质"是"严格理性方法的结果，而非所谓的'直觉巧合'"。③

然而，"事物本质"思维方式的意义并不局限于方法论上的关系；其中所具备的对方法二元论的"缓和"，也对法律结构理论具有重要意义。因此，在1936年发表的对韦尔策尔《刑法中的自然主义和价值哲学》的评论中，拉德布鲁赫虽然明确反对韦尔策尔的形而上学想法，却拥护"符合事实的价值具体化"观点，他对此写道：

> 指向现实某个特定部分的"指向效力"（Hingeltung），是每种价值所固有的，价值被视为这种指向效力，也就是说，价值正是为此量身定制并为其所共同决定的……④

事物本质概念代表着"由其基础所确定的价值共同确定性"学说；为了这一哲学阐释，拉斯克的"意义分化"⑤ 理论再次被参考。在《分类概念和次序概念》一文中，事物本质思想作为"将个案类型化和从类型中进行判断的思维方式"，与卡尔·施米特的具体秩序思想相等同。⑥ 1948年，拉德布鲁赫在劳恩纪念文集中发表的论文，将施米特的"具体秩序思想"刻画为一种产生于"事物本质"的思想，这一情况证明，这种参考并不是对时代精神的纯粹让步。⑦ 在其法律思想的这一阶段中，拉德布鲁赫认识到了"事物本质"的突出意义，有书信为证，信中，他将事物本质问题视为当代法哲学最重要的问题。⑧

（三）相对主义

第二种基本思想是相对主义，据拉德布鲁赫本人证实，"法哲学方法论……就建立

---

① Radbruch, Rechtswissenschaft als Rechtsschöpfung, GRGA 1, S. 409 ff., 420.
② Radbruch, Rechtsphilosophie (3. Aufl. 1932), GRGA 2, S. 232.
③ Radbruch, Die Natur der Sache als juristische Denkform (1948), GRGA 3 S. 229 ff., 235. 大致是1939年，在该文的前期稿本中已经对划分为纯粹的"直觉巧合"表示不赞同，in GRGA 20, S. 10 ff., 22。
④ Radbruch, Rezension zu Hans Welzel, „Naturalismus und Wertphilosophie im Strafrecht " (1933), GRGA 3, S. 29 ff., 31.
⑤ Lask, Die Logik der Philosophie und die Kategorienlehre, 1911, Erster Teil 4. Abschnitt.
⑥ Radbruch, Klassenbegriffe und Ordnungsbegriffe im Rechtsdenken, GRGA 3, S. 60 ff., 64.
⑦ Radbruch, Die Natur der Sache als juristische Denkform, GRGA 3, S. 229 ff., 230.
⑧ Radbruch, Brief an Thomas Würtenberger v. 14. November 1949, GRGA 18, S. 318.

在"这一思想之上,在其法律思想的发展过程中,该思想同样"发生了某些变化,却依然坚持了下来"。① 拉德布鲁赫的"相对主义"经常遭受尖锐的批评——被横加指责为这样一种立场,即这"简直就是毫无必要的伪科学",② 以及"对哲学家而言真乃荒谬绝伦"。③④ 这些批评忽视了拉德布鲁赫最初在其《法哲学的基本特征》中发展起来的相对主义方案。批评者们尤其没有把握准拉德布鲁赫在《法哲学中的相对主义》中,⑤ 以及他在后续的著作中所勾勒出来的相对主义构造。

1. 相对主义的基础

相对主义立场乃某种"产物",它来自作为"法律价值思考"的法哲学理解,来自方法二元论原则,以及对自然法的抛弃。倘若法哲学需要致力于(可能的)法律评价,但是"正确的"法律价值会摆脱科学知识的影响,那么任务也许就只是去确定法律目的并使其体系化,同时再对其结论与前提进行分析。⑥ 这一任务包括对世界观前提和政党计划暗含意思的分析。

拉德布鲁赫所看到的法哲学与政治的事实关系,在其"法哲学的党派理论"中有着清晰的表述,这一理论是其法哲学最独特的部分之一:就像哲学是对生命的阐释一样,法哲学是对日常政治的说明,党派斗争则是一场重大的法哲学争论。在这一关系中,拉德布鲁赫援引了贝尔罗兹海默的表述,并予以赞同,即政治是"法哲学的零钱"(Kleingeld der Rechtsphilosophie),法哲学则是"世纪尺度中的政治"。⑦

在拉德布鲁赫的年代,将各个党派具体分类到不同的法哲学立场,这一做法是受到时代限制的,也正是由于这种限制,该分类的成功并非轻而易举。⑧ 这尤其适用于受"事业价值"(Werkwerten)限制的"超人格主义",这一主义很难在政党派别的分布中——当时与现在——找到事例。但是,核心坐标系却是令人信服并具有指导力的,这一坐标系是指个人主义观点和超个人主义观点的不同方案,一边是契约模式,另一

---

① Radbruch, Entwurf eines Nachworts zur Neuauflage der „Rechtsphilosophie", GRGA 20, S. 25ff., 38.
② W. Sauer, Philosophie der Zukunft, 1923, S. 68.
③ C. A. Emge, Über das Grunddogmades rechtsphilosophischen Relativismus, 1916, S. 64.
④ 关于这些以及可对比的针对拉德布鲁赫相对主义的指责,参见 Arthur Kaufmann, Gustav Radbruch – Leben und Werk, in: GRGA 1, S. 7ff., 78f. 这篇文章(注释267)也提到艾姆格(Emge)之后改变了的评价。
⑤ Radbruch, Der Relativismus in der Rechtsphilosophie (1934), GRGA 3, S. 17ff..
⑥ Radbruch, Grundzüge der Rechtsphilosophie (1914), GRGA 2, S. 44.
⑦ Radbruch, Literaturbericht Rechtsphilosophie (1908), GRGA 1, S. 510.
⑧ 对此,更详细的阐述,参见 R. Dreier, Gustav Radbruchs rechtsphilosophische Parteienlehre, ARSP 85 (1999), 497ff. 对此,U. Neumann, Ralf Dreiers Radbruch, in: Alexy [Hrsg.], Integratives Verstehen. Zur Rechtsphilosophie Ralf Dreiers, 2005, S. 141ff., 153f.) 详细论证:Wiegand, Unrichtiges Recht. Gustav Radbruchs rechtsphilosophische Parteienlehre, 2004;此外,Poscher, Vom Wertrelativismus zu einer pluralistischen Demokratietheorie – Gustav Radbruchs rechtsphilosophisch begründete Parteienstaatslehre, in Gusy (Hrsg.), Demokratisches Denken in der Weimar Republik, 2000, S. 191ff.。

边是有机组织体思想。①

相对主义原则能够主张哪一块支配领域,取决于各个世界观(和党派)之间的争论在哪一点上结束。可以保守确定的是,在拉德布鲁赫法哲学的发展过程中,其支配领域的范围越来越受到限制。而摆脱了不同世界观之争的领域,则补充性地扩大了。

2. 从"合目的性"中解放出来的公正性

首先,与这一发展相关的,乃合目的性、公正性和法安定性之间的关系变化,作为法律理念的组成部分,拉德布鲁赫在其《法哲学》一书中对它们进行了二律背反式的对比。② 在"法律理念"概念尚未生成的《法哲学的基本特征》一书中,法律目的却十分重要,它标志着各个世界观之争以及各个党派之争的核心。与之相对,公正却只扮演着边缘性角色。这是因为,如果人们(与《法哲学的基本特征》的作者一起)在法律目的之下理解其"绝对的目的确定",那么正义就"与法律的合目的性没有区别了"。③ 因此,各个世界观之争和各个党派之争也同样涉及对公正理念内容的追问。④ 在该争论之外(并因此处在相对主义的支配领域之外)只有法安定性原则,无关法律的内容,法律仅凭其单纯的存在便可以满足这一原则。⑤

这一观点在拉德布鲁赫第一次世界大战之后的著作中发生了改变。在1924年发表的《法律理念的难题》中,拉德布鲁赫反对将公正性与合目的性等同看待,从那时起,它们就似乎具有"当下已经结束时代中的功利主义法哲学与实证主义法哲学"的特征。⑥ 在此,拉德布鲁赫也修正了他前期尤其是在《法哲学的基本特征》一书中所持的立场。重要的是,这种修正并不是哲学反思的结果,而是根据实践经验必然得出的;"也许不是哲学思考,而是政治经历"⑦ 创造了这一契机。

现在,公正性乃合目的性之外的法律理念的组成部分。在1932年的《法哲学》中,拉德布鲁赫清楚地写道,"相对主义的自我满足"只适用于"合目的性";法律理念的其他两个组成部分,也就是公正性和法安定性,则超然于"法律观点和国家观点的对立,以及党派的斗争"。⑧ 相对主义也同样失去了公正性(尽管只是形式公正)⑨ 的领地。

3. 作为实质法律原则基础的相对主义

但是,相对主义最极端的相对化,却出现在1934年以法语发表的《法哲学中的相对

---

① 也在这个意义上:R. Dreier, Gustav Radbruchs rechtsphilosophische Parteienlehre, ARSP 85 (1999), 497ff.
② Radbruch, Rechtsphilosophie (3. Aufl. 1932), GRGA 2, § 9.
③ Radbruch, Grundzüge der Rechtsphilosophie (1914), GRGA 2, S. 91.
④ Radbruch, Grundzüge der Rechtsphilosophie (1914), GRGA 2, S. 171.
⑤ 同上注。
⑥ Radbruch, Die Problematik der Rechtsidee (1924), GRGA 2, S. 460.
⑦ Radbruch, Die Problematik der Rechtsidee (1924), GRGA 2, S. 460.
⑧ Radbruch, Rechtsphilosophie (3. Aufl. 1932), GRGA 2, S. 303.
⑨ 同上注。

主义》一文中。① 在此，该文从相对主义方案中提出了对塑造政治生活的详细要求。② 从这一方案中，目前可以引申出由自然法所传达的要求③——对自由的要求，对法治国家的要求，对民主的要求，④ 此外，还有对实现社会主义社会秩序的要求，以及对确信犯的特别刑法的要求。拉德布鲁赫将这种转变称为"合乎逻辑的奇迹"。⑤

成功实现这一奇迹的前提，应当是在与争论的内容相比较的情况下，将那些特定的政治结构定位在另一个合乎逻辑的层面上。再有，该前提并不是以某一种处在竞争之中的政治观点为基础的，而是本身就属于这种竞争可能性的条件。⑥ 理念竞争以思想自由、宗教自由、出版自由为前提——如此一来，相对主义便会进入自由主义之中。作为理性讨论的理念竞争，进一步地以更强的理由（而不是以更强的人的理由）贯彻为前提。如果理念的力量应该发挥作用，那么就必须使可能发生的曲解中立化——相对主义汇入对社会秩序的要求中，用今天的术语来表达，这种社会秩序会使理性商谈的条件制度化，也就是涉及程序保障，而不是内容保护；涉及程序规则，而不是政治立场。至于对国家民主建设的核心要求，拉德布鲁赫在其《社会主义文化理论》一书的第三版后记中写得相当清楚："与其说民主是一种世界观，倒不如说它是一套用以解决社会中世界观矛盾的程序。"⑦

换言之，拉德布鲁赫的相对主义最终使其自身具有相对性，因为它为某些程序性的政治结构原则提供了根据，这些政治结构原则乃不同政治阵营间莫衷一是的分歧所产生的结论。因此，对拉德布鲁赫来说，民主和法治国家就不仅是他在自己生活的时代为之辩护的政治价值，而且是其哲学怀疑主义的结论。这不是没有道理的。谁妄图占有真理，谁就必然将宽容误解为不负责任，将民主错会为误入歧途的自由。只有怀疑者才能为民主和宽容提供同样是理论上的根据。

---

① Radbruch, Der Relativismus in der Rechtsphilosophie (1934), GRGA 3, S. 17ff.
② 对此已有如下论述：Neumann, Naturrecht und Positivismus im Denken Gustav Radbruchs. Kontinuitäten und Diskontinuitäten, in: Härle/B. Vogel (Hrsg.), „Vom Rechte, das mit uns geboren ist ". Aktuelle Probleme der Naturrechtslehre, 2007, S. 11 ff., 24 ff. 以下文献合理地强调了拉德布鲁赫相对主义的著作对于理解其法哲学的意义：Frommel, Rechtsphilosophie in den Trümmern der Nachkriegszeit, JZ 2016, 913 ff., 917; dies., Schlusswort, JZ 2017, 460 ff., 460。
③ Radbruch, Der Relativismus in der Rechtsphilosophie (1934), GRGA 3, S. 17ff.
④ 在„Rechtsphilosophie " (1932, GRGA 2, S. 214) 这本书的前言中，拉德布鲁赫写道："……相对主义是民主的思想前提……"
⑤ Radbruch, Der Relativismus in der Rechtsphilosophie (1934), GRGA 3, S. 21.
⑥ 关于拉德布鲁赫与凯尔森在这一点上的比较，参见 H. Dreier, Die Radbruchsche Formel – Erkenntnis oder Bekenntnis?, in: Borowski/Paulson (Hrsg.), Die Natur des Rechts bei Gustav Radbruch, 2015, S. 1 ff., 9; Volkmann, Rechtsphilosophie, 2018, § 2 Rn. 150。
⑦ Radbruch, Nachwort zur 3. Aufl. der „Kulturlehre des Sozialismus " (1949), GRGA 4, S. 99 ff., 160.

与此同时，这种推论也确实存在一个明显的弱点，① 因为如果程序原则刚好服务于冲突观点之间的竞争，那么就必须接受其中某一个观点的胜利。这既适用于超人格主义立场和超个人主义立场，也适用于个人主义立场。但是，对个人自由权利的边界来说，相较于以个人主义为基础的观点，以超人格主义为根据的观点却会产生不同的结论。

具体而言：有的国家受到这样一种"事业价值"的限制，也就是要实现人类（所谓）的宗教目的，与受到个人主义限制的自由国家制度相比，这种国家和宗教自由的关系会变得不同且更加紧张。人权和公民自由不只是各党派理性争论的前提，而且是党派本身——在个人主义的国家理解方面，以及在超人格主义和集体主义的观点面前。同时，由于它们是党派，因此危险便在于，一旦反对派大获全胜，它们就会被彻底清除。在拉德布鲁赫最初的体系中，并没有应对这一危险的保护措施。

4. 个人主义的不可放弃

1945年以后，这一情况在拉德布鲁赫的著作中发生了转变。对那些因立场失败而退居其次的成员而言，在拉德布鲁赫最初的方案中缺少"对少数派的保护"，他现在要求为国家秩序提供一种对自由权利的，也就是受个人主义方案制约的最小限度保障。在这个意义上，对拉德布鲁赫来说，自由主义此时就"在每一种，同样也在……专制观点中被视为必要的基本元素"。② 无论是出于超个人主义的立场，还是出于超人格主义的看法，对人权的完全否定现在都是"绝对不正确的法律"。③

（四）法律概念与法律效力

1. 哲学的法律概念和法学的法律概念

在拉德布鲁赫法哲学的后期，有些制定法会被评价为"绝对不正确的法"，这意味着相对主义的实质相对化，因为这种"绝对不正确的法"不只缺少道德上的尊严，而且也不具备效力，也就是不具有对公民和法官的约束力。拉德布鲁赫将1878年的《反社会主义非常法》视为"不良法律"，④ 并在自己前期的著作中否定了公民遵守"不良法律"的义务，⑤ 但他依然认为法官要受不公正制定法的约束。现在，如果道德标准对法律规范的法律效力意义重大，那么这就相当于哲学的法律概念和法学的法律概念在

---

① 对此的详细论证，参见 Ellscheid, Strukturen naturrechtlichen Denkens, in: Hassemer/U. Neumann/Saliger (Hrsg.), Einführung in die Rechtsphilosophie und Rechtstheorie der Gegenwart, 9. Aufl. 2016, S. 143ff., S. 153.
② Radbruch, Vorschule der Rechtsphilosophie (1948), GRGA 3, S. 147.
③ 同上注。
④ 《反对危害公共安全的社会民主主义法》，1878年10月21日（RGBl. S. 351）。
⑤ Radbruch, Die Problematik der Rechtsidee (1924), GRGA 2, S. 466; Radbruch, Rechtsphilosophie (3. Aufl. 1932), GRGA 2, S. 315.

相互靠拢。

拉德布鲁赫最初将"哲学的"法律概念发展为先验哲学的概念，并——与西南德意志学派新康德主义的文化哲学相联结——通过"价值关系"的中立理解来定义它。法律是"能成为公正性的判断对象，也同样能成为不公正性的判断对象的所有情况……不论现实上是不是公正的法律，它都应当是公正的"。[①] 在较后期的著作中，除了法学上的法律概念，还涉及以道德为内容的法律概念。在《法律理念的难题》（1924年）一文中，他是这样说的：

> 相同之事相同对待，不同之事不同对待，一种连这样的意愿都不具备的规定，以及针对某些特定个人或群体的例外规定，在实证意义上都可能有效力，都可能合目的，这当然必要并因此绝对有效。但是，人们应该拒绝赋予它们法律的名义，因为法律只服务于公正，至少以此为目的……公正性乃用于确立正当行为的法律理念。[②]

因此，可能存在有效力的非法律（Nicht-Recht），这一点是得到承认的。在这一关系中，拉德布鲁赫在对马克斯·吕莫林《法律面前的平等》一文的评论中，明确运用了"非法律"这一概念。[③] 在《法哲学》中，拉德布鲁赫写道："事实上，我们根据以公正为目的的标准来决定，某一规定是否根本上具备法律的性质，是否符合法律的概念。"[④] 在《法律的目的》中，对于规制个别情况的制定法，拉德布鲁赫虽然没有否定其效力，却拒绝承认它的法律品质。其中说道，针对某些个别人的规定"不具有法律的特质"。因此，它失去的"不仅是'法律'的名义，而且还有在其名义之下震荡不安、难以形容的全部激情和为其提供根据的道德力量"。[⑤]

2. 作为法律概念功能的制定法（无）效力

拉德布鲁赫1945年以后走出了关键的一步，即，在当时一些特定前提之下，他不仅否定了不公正制定法的法律品质，而且凭借法律品质否定了不公正制定法的效力：

> 在"公正不曾被追求过的地方，在构成公正性核心的平等于确立制定法时被有意拒绝的地方，制定法都不仅仅是'不正确的法'，而且还在根本上缺少法律的性质"。[⑥]

[①] Radbruch, Grundzüge der Rechtsphilosophie (1914), GRGA 2, S. 54.
[②] Radbruch, Die Problematik der Rechtsidee (1924), GRGA 2, S. 462.
[③] Radbruch, Rezension zu Max Rümelin, Die Gleichheit vor dem Gesetz, 1928, GRGA 1, S. 546.
[④] Radbruch, Rechtsphilosophie (3. Aufl. 1932), GRGA 2, S. 305.
[⑤] Radbruch, Der Zweck des Rechts (1937年用法语作演讲的德译版), GRGA 3, S. 39ff., 43.
[⑥] Radbruch, Gesetzliches Unrecht und übergesetzliches Recht (1946), GRGA, S. 89.

在此，拉德布鲁赫区分了内容上不公正的法律与非法律。前者是指，倘若"实定性的制定法与公正性的矛盾达到了如此不能容忍的程度，以至于作为'不正确法律'的制定法必然偏离公正"（不能容忍公式），那么（只有）在这种情况下，制定法才应当失去效力；后者是指，此时制定法的效力还会因法律的品质而遭到拒绝（拒绝承认公式）。这两种情况的实践结果相同：①制定法是不具有约束力的法律，它既不能规制公民，也不能限制法律适用者。但是，二者的法哲学根据却不尽相同。

在"不能容忍公式"的适用范围中，制定法规范被否定的是效力，而不是法律品质。逻辑一贯的是，在《法哲学入门》中，该公式是在法律效力一章中进行论述的。②与此相对，拉德布鲁赫却将"拒绝承认公式"定位在法律概念研究的语境中。③凭借"拒绝承认公式"，他可以关联到法律概念的确定上，拉德布鲁赫在《法哲学的基本特征》和《法哲学》中已经给出过这种确定：法律的定义涉及法律价值和公正两个方面。毋庸置疑的是，"拒绝承认公式"的理由应当架起法律价值和公正之间的桥梁：

> 这是因为，根据其意义，规定（Ordnung）和法规（Satzung）被指明要为公正服务，除此之外，人们根本不可能对包括实定法在内的法律下其他定义。④

其中，为了从拉德布鲁赫的新康德主义出发点（关于价值方面的法律定义）达至由"拒绝承认公式"所强调的立场，至少需要两个步骤。

第一步，构建先验的法律概念，且在具有方法论意义的价值方面，必须被主观化并由此与实定法规范创制者的意图有关。在《法律理念的难题》中，⑤拉德布鲁赫已经迈出了这一步。就像他在后来的《法哲学》⑥中所得出的结论一样，一个连相同之事相同对待的意愿都不曾具备的规定，不可能被称为"法律"。第二步，法律品质的缺失必然会导致法律的无效。如上所述，这是拉德布鲁赫1945年以后的转变。在结论上，拉德布鲁赫更早前所支持的法伦理要求，此时已经变为法律效力的条件。这主要适用于对人权的尊重，拉德布鲁赫之前一再将其表述为政治上的要求。⑦

---

① 区分：von der Pfordten, Rechtsethik, 2. Aufl. 2011, S. 195 ff.
② Radbruch, Vorschule der Rechtsphilosophie (1948), GRGA 3, § 12, S. 54.
③ Radbruch, Vorschule der Rechtsphilosophie (1948), GRGA 3, § 11, S. 54.
④ Radbruch, Gesetzliches Unrecht und übergesetzliches Recht (1946), GRGA, S. 89.
⑤ Radbruch, Die Problematik der Rechtsidee (1924), GRGA 2, S. 462.
⑥ Radbruch, Rechtsphilosophie (3. Aufl. 1932), GRGA 2, S. 305.
⑦ 典型文献：Radbruch, Republikanische Pflichtenlehre (1926), GRGA 14, S. 85 ff., 89; ders., Der Geist der deutschen Reichsverfassung (1926), GRGA 14, S. 94 ff., 98; ders., Reichstagsrede v. 6. April 1922, GRGA 19, S. 107 ff., 108。

(五) 从"法实证主义者"到"自然法主义者"?

倘若拉德布鲁赫凭借拒绝承认公式和不能容忍公式,完成了从法实证主义者到自然法主义者的转变,① 那么它又是如何被这样反复宣称的?② 对此应从三个理由出发予以否定。第一,拉德布鲁赫1945年以前不是"实证主义者";③ 第二,他在1945年以后不是"自然法主义者";第三,为了使一种特殊的法哲学方案变得有理有据,"自然法或法实证主义"方案已经被他严重剪裁过了。④

1. 第一个传说:前期的拉德布鲁赫是实证主义者

1933年以前,拉德布鲁赫的法律概念能否被视为"实证主义的",就这个问题而言,首先要区分哲学的法律概念和法学的法律概念。哲学的法律概念,是根据新康德主义的科学理论,通过援引公正的法律价值来定义的,对此,有的法律观点将其归类到"实证主义",这从一开始就会被排除。⑤ 但是,法学的(实践的)法律概念也不具有"实证主义的"意义,亦即,法律的效力(约束力)将完全独立于它的道德品质。这是因为,在经过一番十分特殊的、从不同方面来阐述问题的讨论之后,《法哲学的基本特征》一书早已认为,只有对法官阶层,而不是对公民而言,才应当肯定不公正制定法的严格约束。⑥

第一次世界大战之后的数年间,拉德布鲁赫将实证主义视为"权力崇拜"的表达,并予以强力回绝。在权力崇拜的时代(也就是在帝国趋向末期的时代),天主教哲学与自然法思想绑定在一起,在1918年,这看起来是"不可磨灭的光荣称号",⑦ 天主教哲学家约瑟夫·毛斯巴赫的作品曾被拉德布鲁赫评论为"对实证主义相当可信的反驳"。⑧ 在同年出版的对莱昂纳德·尼尔森的评论中,他还提到"当代法哲学中的反理念实证主义"。⑨

显而易见,拉德布鲁赫看待实证主义,和补充性地看待自然法的立场,在此关键

---

① 对于战后时期的自然法讨论和拉德布鲁赫在争论中的立场,参见 Foljanty, Recht oder Gesetz. Juristische Identität und Autorität in den Naturrechtsdebatten der Nachkriegszeit, 2013 的详细分析。
② 最近一次又被这样宣称:Rüthers JZ 2017, 457ff., 459 (反对 Frommel, Rechtsphilosophie in den Trümmern der Nachkriegszeit, JZ 2016, 913 ff. 917)。
③ 对此,令人信服的尤其是:Paulson, Ein ewiger Mythos: Gustav Radbruch als Rechtspositivist, JZ 2008, 105ff.。
④ 同样:Frommel JZ 2017, 460ff. 对此及以下内容,也参见 Neumann, Zum Verhältnis von Rechtsgeltung und Rechtsbegriff, in: Borowski/Paulson (Hrsg.), Die Natur des Rechts bei Gustav Radbruch, 2015, S. 130. Arthur Kaufmann, Gustav Radbruch – Leben und Werk, GRGA 1, S. 7ff., 85. 这本书将拉德布鲁赫的立场视为"超越实证主义和自然法"的立场。
⑤ 因此妥当的是:Saliger, Radbruchsche Formel und Rechtsstaat, 1995, S. 23;同意的观点:Paulson, Ein ewiger Mythos: Gustav Radbruch als Rechtspositivist, JZ 2008, 106。
⑥ Radbruch, Grundzüge der Rechtsphilosophie (1914), GRGA 2, S. 171.
⑦ Radbruch, Rezension zu Josef Mausbach, Naturrecht und Völkerrecht, 1918, GRGA 1, S. 534.
⑧ 同上注。
⑨ Radbruch, Rezension zu Leonard Nelson, Rechtswissenschaft ohne Recht, 1917, GRGA 1, S. 533.

性地受到了当代历史事件的影响。这是因为，在第一次世界大战爆发前几年，他就将天主教哲学家维克多·卡特莱茵的作品讽刺性地放在"偏僻的角落"，"那里远离现代科学的主干道，在天主教堂的树荫下，自然法今天依旧在茁壮成长"。① 拉德布鲁赫是用这样的语言来评价他与"当下业已结束时代中的功利主义法哲学与实证主义法哲学"的距离的："一件更好的事情，也许没有教给他（作者）哲学上的空想，不过却传授了他政治上的体验。"② 这不应该仅仅从形成经验的、传记—心理的意义上来加以理解。这种表述所澄清的，乃是拉德布鲁赫希望将实证主义和自然法同其各种结论相比较，1945年以后的观点将证实并详细证明这一点。

法律理念的结构，连同其公正性、合目的性与法安定性的三重架构，开启了对于这种受当代史制约的、不同价值判断的哲学空间。③ 法律理念的这些组成部分处于相互矛盾的状态，应当将重点放在哪一部分，无法通过其结构去预先设定。不可放弃的是，要去适当地审视每一个组成部分。从这个意义上来说，在第一次世界大战结束后的几年中，拉德布鲁赫就已经结束了对"实证主义"法安定性的过分强调：

> 所以，在致命的片面性中，法实证主义的过去时代只看到了法律的实证性和安定性，其影响在于，对合目的性甚至对制定法化法律的公正性的有计划研究，皆长期处在停滞状态，十年间，法哲学和法政治学都近乎沉默。④

这个"永恒的传说"⑤讲述的是这样一个故事，即，在纳粹独裁之前的那段时期，拉德布鲁赫的法哲学受到了实证主义的塑造，但它终归会作为传说被揭穿。

2. 第二个传说：后期的拉德布鲁赫是"自然法主义者"

同样的情况也适用于这个传说，那便是1945年以后拉德布鲁赫变成了自然法主义者。⑥ 主要以"不能容忍命题"为表现的"拉德布鲁赫公式"，指明了法道德主义的基本特点，这自然是正确的。同样正确的还有，拉德布鲁赫1945年以后反复强调不可放弃对"超制定法法律"的想象，"尽管它们被浇铸成制定法的形式，但不正义却依旧停留在严格的不法之上"。⑦ 最后，正确的是，拉德布鲁赫借助已经声名远扬的

---

① Radbruch, Rezension zu Viktor Cathrein, Naturrecht und positives Recht, 2. Aufl. 1909, GRGA 1, S. 528.
② Radbruch, Die Problematik der Rechtsidee (1924), GRGA 2, S. 460.
③ Radbruch, Rechtsphilosophie (3. Aufl. 1932), GRGA 2, § 9, S. 302ff.
④ Radbruch, Die Problematik der Rechtsidee (1924), GRGA 2, S. 467. 行文上一致：Radbruch, Rechtsphilosophie (3. Aufl. 1932), GRGA 2, S. 306f.
⑤ Paulson, Ein ewiger Mythos: Gustav Radbruch als Rechtspositivist, JZ 2008, S. 105ff.
⑥ 不久前有这样说的：Rüthers JZ 2017, 457ff., 459。
⑦ Radbruch, Die Erneuerung des Rechts (1947), GRGA 4, S. 107ff., 108. 更多的引注整理，参见 Braun JZ 2017, 451ff.。这些引注可能被认为是拉德布鲁赫1945年之后对自然法立场的主张。

"无防御力命题",认为实证主义对国家社会主义不正义体制负有共同责任。[1] 但是,这些法哲学的马赛克拼片,却无法拼出"自然法主义者"古斯塔夫·拉德布鲁赫的完整图景。

(1) 拒绝对"自然法"的存在论理解

在拉德布鲁赫那里,只要"自然法"这一概念被肯定性地使用,那么它指向的就不是法律的存在论;它所涉及的不是这样一种想象,即存在预先设定好的法律秩序,它仅仅具有法律伦理和法律实践的意义。已经很清楚的是,"自然法"、"上帝法"和"理性法"一道,同时被称为超制定法法律的可能模型。[2] 有这样一个问题,那就是位阶最高的法源应不应该是上帝、人类理性或是"自然"?[3] 对"自然法主义者"而言,这个问题绝不能被搁置一旁。拉德布鲁赫亲自告诫道:"如今,人们将超制定法法律和更早以前的自然法相等同。"[4] 他所关心的是排除极端不公正制定法的法律约束力。[5] 这一为超实证法所独有的排除功能体现在"消极自然法"[6] 的概念中,阿图尔·考夫曼在总结拉德布鲁赫的后期作品时使用过这个概念。[7] 不过,应当注意的是,由于存在论的想象,自然法的概念在传统上被施加了很多负担,这些存在论的想象难以与拉德布鲁赫的知识论批判主义相协调。[8]

(2) 制定法的约束和法安定性的基本优先地位

事先说明,在纳粹政权结束后的10年中,拉德布鲁赫的"无防御力命题"[9] 曾获

---

[1] "实证主义……借助其'制定法就是制定法'的信念,使德国法律界无力抵抗拥有恣意和犯罪内容的制定法"; Radbruch, Gesetzliches Unrecht und übergesetzliches Recht (1946), GRGA 3, S. 88.——1945年之后,关于处在普遍支配地位的"反实证主义图景"的详细分析: Foljanty, Recht oder Gesetz. Juristische Identität und Autorität in den Naturrechtsdebatten der Nachkriegszeit, 2013, S. 23ff. 。

[2] 有必要再回忆一下这段话,存在"一种高于制定法的法律,一种自然法,一种上帝法,一种理性法,简言之,一种超制定法的法律……"; Radbruch, Die Erneuerung des Rechts (1947), GRGA 3, S. 107ff. 108. 同样: Radbruch, Privatissimum der Rechtspflege (1947), GRGA 14, S. 150ff. ,152.

[3] 在更严格的意义上,"自然法"这一概念明显是在"自然法、上帝法、理性法"的三重架构中被使用的。

[4] Radbruch, Neue Probleme in der Rechtswissenschaft (1952), GRGA 4, S. 232ff. ,234.

[5] 另可参见 Frommel JZ 2017, 460ff. ,461f. 。

[6] 笔者的强调。

[7] Arthur Kaufmann, Die Radbruchsche Formel vom gesetzlichen Unrecht und vom übergesetzlichen Recht in der Diskussion um das im Namen der DDR begangene Unrecht, NJW 1995, 81ff. , 85. 在其他地方,考夫曼将拉德布鲁赫的立场总结为"超越实证主义和自然法的第三条道路": Kaufmann, Gustav Radbruch – Leben und Werk, GRGA 1, S. 7ff. , 85. 通过参照拉德布鲁赫公式,谈及一种"缓和的自然法理论"的,另可参见 Grote, Auf der Suche nach einem „dritten Weg". Zur Rechtsphilosophie Arthur Kaufmanns, 2006, S. 217; Koller, Theorie des Rechts, 2. Aufl. 1997, S. 33。

[8] 存在这样一种区分: 一方面是"经典自然法"的方法论和知识论缺陷;另一方面是其要进行实证评价的事实要求 [参见 Radbruch, Der Relativismus in der Rechtsphilosophie (1934), GRGA 3, S. 22],拉德布鲁赫在1945年以后也没有放弃这种区分。

[9] 参见 Radbruch, Gesetzliches Unrecht und übergesetzliches Recht (1946), GRGA 3, S. 88。

得过一致的赞同,① 如今,该命题却遭到反驳。② 这当然不意味着,它无法根本性地确定拉德布鲁赫1945年以后对法实证主义的态度。事实上,与"无防御力命题"所能宣扬的内容相比,从拉德布鲁赫对法实证主义的态度中会得出本质上更为不同的结论。

在对"未经制定法化的"不正义的封锁中,这首先涉及法实证主义的贯彻能力。倘若对人权的侵害有可能在没有制定法基础的情况下,或者在无视制定法禁令的情况下发生,那么实证主义就会建立起一道防波堤。此处不仅涉及理论上的关联,而且可以在纳粹体制时期直接找到支持实证主义保护功能的例证,拉德布鲁赫揭示了这一点。他的根据是,纳粹法学家对屠杀行动所作的反抗,这些屠杀行动便是以希特勒的安乐死秘密法令为依据的。面对国家社会主义的这些"极端侵害行为","法学上的实证主义甚至还能有勇气站出来"。③ 不过,在"制定法化的"不正义的情形中,对实证主义的回顾也基本上是肯定性的。在"拉德布鲁赫公式"的"不能容忍命题"框架下,不正义制定法对法官的约束原则上已经被肯定了。在违反公正性的情形中,约束力与无约束力之间的关系也指明了一种"规则—例外"的结构:

> 公正性与法安定性之间的冲突应当可以这样解决:即使内容上不公正或者不具有合目的性,为立法和权力所保障的实证性法律也依然享有优先地位,除非④制定法与公正性的矛盾达到了如此不能容忍的程度,以至于作为"不正确法律"的制定法必须向公正性让步。⑤

拉德布鲁赫在别的作品中所作的表述,说明了他想给"不能容忍的"不正义设置了多高的标杆,只有在"制定法与公正性之间的矛盾闻所未闻"的情况下,人们才可以根据超制定法的法律,使形式上符合规定的制定法失去法律效力。⑥ 其背后所体现

---

① 典型的证明:H. Dreier, Die Radbruchsche Formel – Erkenntnis oder Bekenntnis?, in: Borowski/Paulson (Hrsg.), Die Natur des Rechts bei Gustav Radbruch, 2015, S. 2f.。
② 典型的论述:H. Dreier, Die Radbruchsche Formel – Erkenntnis oder Bekenntnis?, in: Borowski/Paulson (Hrsg.), Die Natur des Rechts bei Gustav Radbruch, 2015, S. 20; Ellscheid, Strukturen naturrechtlichen Denkens, in: Hassemer/U. Neumann/Saliger (Hrsg.), Einführung in die Rechtsphilosophie und Rechtstheorie der Gegenwart, 9. Aufl. 2016, S. 146; Rottleuthner, Gustav Radbruch und der „Unrechtsstaat", in: Borowski/Paulson, (Hrsg.), Die Natur des Rechts bei Gustav Radbruch, 2015, S. 91ff., 94. 在结构上,与其说纳粹的法律思想符合法实证主义模型,不如说它更符合自然法模型,通过详细分析揭示这一点的论述,参见 Wittreck, Nationalsozialistische Rechtslehre und Naturrecht, 2008。
③ Radbruch, Privatissimum der Rechtspflege (1947), GRGA 14, S. 150.
④ 笔者的强调。
⑤ Radbruch, Gesetzliches Unrecht und übergesetzliches Recht (1946), GRGA 3, S. 89.
⑥ Radbruch, Privatissimum der Rechtspflege (1947), GRGA 14, S. 152. 在《法哲学入门》一书中,他谈到"可怕的不公正制定法的例外情况"。Vorschule der Rechtsphilosophie (1948), GRGA 3, S. 154.

的，是他1945年以后一再表达的对法安定性的担忧。① 拉德布鲁赫发现，"超制定法法律的概念和制定法化的不正义的概念……正好会给我们迫切要求的法安定性"带来巨大的危险。他在《法学教程》一书的结论中这样写道：

> 我们已经完全意识到了承认超制定法法律的危险，这种承认肯定会首先招来作为其反对者的实证主义。无论出现何种情况，在法实证主义的未来，对无视内容价值的制定法的承认都必然保有最后的话语权。有这样一些情况给人们提供了援引超制定法法律的动机，比如那些从紧靠我们的时代中所产生出来的情况，或者那些但愿再也不要发生的情况，未来，只有在这些情况下，人们才必须保持对援引超制定法法律的限制。②

3. 法安定性与公正性在实践上的协调一致

从上文的论述中可以得出两个结论。第一个结论：1945年以后，拉德布鲁赫的法哲学既不属于"自然法的"法律模型，也不属于严格的实证主义的法律模型。第二个结论：如果让仅仅被逐条专题化的"拒绝承认公式"淡出视野，③ 那么只凭借该公式的实践结果就会实现对实证主义及其对立面的评价。这涉及的是一种"实践上的协调一致"，一边是法安定性的保障，另一边是防止最严重的不正义。受关注的不是理论推论，而是法伦理评价。在实践哲学中，拉德布鲁赫后期的法哲学有其逻辑上的一席之地。④

人们能够借助今天可使用的概念，将拉德布鲁赫后期的立场表述为一种"包容性的非实证主义"。⑤ 与"超包容性的非实证主义"⑥ 相反，这种"包容性的实证主义"不仅将规范的内容缺陷视为评价标准，而且认为它是有（无）效力的标准。但是，这

---

① 在顾及超实定法的情况下，拉德布鲁赫对此产生的矛盾心情，参见 Foljanty, Recht oder Gesetz. Juristische Identität und Autorität in den Naturrechtsdebatten der Nachkriegszeit, 2013, S. 63 ff. 。
② Radbruch, Privatissimum der Rechtspflege (1947), GRGA 14, S. 152 f. 。
③ 就算是在"拒绝承认公式"那里，其所涉及的也不是法的形而上学，而是诸多概念。
④ 已有论述参见 Neumann, Zum Verhältnis von Rechtsgeltung und Rechtsbegriff, in: Borowski/Paulson (Hrsg.), Die Natur des Rechts bei Gustav Radbruch, 2015, S. 149；赞同的观点参见 U. - J. Schröder, Rez. Zu Borowski/Paulson (Hrsg.), Die Natur des Rechts bei Gustav Radbruch, 2015, in: Rechtsphilosophie. Zeitschrift für die Grundlagen des Rechts 2019, 103 ff., 117 。
⑤ 已有论述参见 Alexy, Gustav Radbruchs Rechtsbegriff, in: von Arnauld/I. Augsberg/Meyer - Pritzl (Hrsg.), 350 Jahre Rechtswissenschaftliche Fakultät der Christian - Albrechts - Universität zu Kiel, 2018, S. 249；为了"纯粹的包容性" (inklusiven Nichtpositivismus)，拉德布鲁赫放弃了他之前所持的"超包容性的非实证主义" (superinklusiven Nichtpositivismus) 立场。
⑥ 不能同时放弃对（作为"不公正"）制定法的内容评价，在这个前提之下，"超包容性的非实证主义"在术语上，将传统上被表述为"实证主义的"立场（极其不公正的制定法也具有无限制的效力）置到非实证主义的阵营中，就这一点来说，"超包容性的非实证主义"这一概念并不是没有问题的。

种作为"非实证主义"的分类却不可以掩盖这样一种情况,即1945年以后的拉德布鲁赫也承认,原则上,法安定性优先于正义,他在这个意义上选择支持"实证性的"法律观点。另一方面,不应当混淆的是,1945年以后的拉德布鲁赫本人和以前一样反复表达过他对"自然法"立场的偏爱。对此,他并没有在传统的意义上涉及对自然法的存在论理解,这一结论乃是从所援引的更加清晰的几个段落中得出的。

四　总结

拉德布鲁赫的法哲学始于新康德主义哲学。特别是方法二元论原则①,以及通过价值关系的文化现象(比如法律)得出的构建原则,它们奠定了拉德布鲁赫法哲学的基础,同时,这也是他在后期依然坚持的原则。② 其法哲学的"基本定理"③ 是:"法律是一种具有服务于法律价值和法律理念意义的现实",④ 1945年以后,该"基本定理"构建了以"拒绝承认命题"为表现形式的拉德布鲁赫公式的概念基础。⑤ 但是,法律理念最初纯粹先验的、方法论上的法律联系,却在1945年以后的法哲学中获得了一种效力理论上的继而是实践上的意义。连正义都不追求的制定法,或者与正义存在难以忍受之对立的制定法,根本就没有约束力,公民和法官均不必遵守。

不同的观点会产生不同的结果,在此,拉德布鲁赫的法哲学和其他方面一样,越来越多地指向这些实践上的、用于法律道德评价的结果;就此而言,他转向了实践哲学。这是在深刻的政治转变的印象下——最初是第一次世界大战和革命,之后是纳粹独裁——发生的。拉德布鲁赫改变前期观点的动因,公开显示为基于经验的评价。对此,有最后一个例证。他在遗著的一个文本中写道:

> 我们这个时代依然保留了赋予法官背离国家制定法的权利。我们还亲身经历了罪恶的当权者如何强占法律机器,将纯粹的恣意升格为制定法,将不正义升格为"法律"。传统的实证主义受到谴责,因为它对这种制定法束手无策。⑥

再清楚不过的是,拉德布鲁赫关于"法实证主义/自然法"的一系列问题的观点,

---

① 有关拉德布鲁赫方法二元论的转变,参见上文三(二)2。
② Frommel JZ 2017, 460ff., 462一文指出了拉德布鲁赫新康德主义立场的连续性。
③ 相同表述参见 Alexy, Gustav Radbruchs Rechtsbegriff, in: von Arnauld/I. Augsberg/Meyer - Pritzl (Hrsg.), 350 Jahre Rechtswissenschaftliche Fakultät der Christian - Albrechts - Universität zu Kiel, 2018, S. 242。
④ Radbruch, Rechtsphilosophie (3. Aufl. 1932), GRGA 2, S. 255 (在拉德布鲁赫的文本中用斜体加以强调),早在《法哲学的基本特征》的第54页就写道:"法律,就应当是公正的法律,不论它现实上是不是公正的法律。"[作者所强调的]
⑤ 对此,参见上文三(四)2。
⑥ Radbruch, Neue Probleme in der Rechtswissenschaft, GRGA 4, S. 232 ff., 233.

在法哲学上既不是认识,也不是认知,而是评价。1945年以后,拉德布鲁赫放弃了所有形式的法律形而上学,同时,他在这个问题上依然坚持新康德主义的出发点。这同样适用于"法律与宗教"这个主题。1945年以后拉德布鲁赫写道,法律需要"宗教般的庄重",① 这并不意味着对一种宗教自然法的信仰,或者更普遍地讲,并不意味着法律固定在神灵启示中。这涉及的是法律社会感知的实践—政治方面。拉德布鲁赫附上一句话,明确表达道:"我们所有人都亲身经历过,欠缺更加庄重感觉的法律会去往何处。"② 这与拉德布鲁赫前期的法律激情有关,而不是从宗教派生而来的。③

拉德布鲁赫一直反对20世纪30年代的非理性主义,而拥护理性主义所形成的思想体系,"那个理性主义,'想要留在黑夜中的理性主义,人们称之为启蒙运动'(拉伦茨语)"。④ 即使1945年以后的外部条件有所变化,他也始终坚持这种理性主义。理性主义是指:拒绝形而上学的推测,"忠于对问题的感知"。⑤ 公开评价并承认无法消除的矛盾。这是一种被启蒙的法哲学典范。

---

① Radbruch, Die Erneuerung des Rechts (1947), GRGA 3, S. 107 ff., 113; ders., Vorschule der Rechtsphilosophie (1948), GRGA 3, S. 160.
② Radbruch, Vorschule der Rechtsphilosophie (1948), GRGA 3, S. 160. Ähnlich ders., Die Erneuerung des Rechts, GRGA 3, S. 107 ff., 113:"欠缺宗教庄重感的法律有多微弱,我们在纳粹主义蔑视法律的艰难时代中,就已经体会到足够的苦涩了。"
③ 参见 R. Dreier, Gustav Radbruchs Religionsphilosophie, in: Festschrift für Ulfrid Neumann, 2017, S. 107.
④ Kirste, Rechtsidee und Elemente der Gerechtigkeit bei Gustav Radbruch, in: Pauly (Hrsg.), Rechts - und Staatsphilosophie des Relativismus: Pluralismus, Demokratie und Rechtsgeltung bei Gustav Radbruch, 2011, S. 57 ff. 82.
⑤ Kirste, Rechtsidee und Elemente der Gerechtigkeit bei Gustav Radbruch, in: Pauly (Fn. 1), S. 57 ff. 82.

拉德布鲁赫和康特洛维茨[*]

[德] 弗兰克·萨利格 文[**]　段　蓓 译[***]

摘　要：尽管拉德布鲁赫和康特洛维茨的生平与作品存在显著的共同性，但有关两者间的议题却一直未被广泛地讨论。此外，对于两人在法哲学和法律理论领域的关系，也存在诸多误解。本文首先讨论拉德布鲁赫和康特洛维茨生平和作品上明显的相似及共同处，其次阐释相对主义和三元论是否以及在多大程度上形成了共同的新康德主义的基础，最后探讨自由法运动是否为两位学者提供了共同的方法论基础。本文得出的结论是：尽管拉德布鲁赫和康特洛维茨之间有明显的不同，但两人也存在共同的确信。

关键词：拉德布鲁赫　康特洛维茨　自由法运动　新康德主义　相对主义三元论

一　主题

"拉德布鲁赫和康特洛维茨"[①]的主题看起来似乎没有什么论证的必要。但两人长达几十年的友谊，两人在法学不同领域所创作出的大量作品，以及他们对政治所表现出的热忱，特别是对帝国时期和魏玛共和国时期所作的政治分析，都使他们思想中存在的共同点表现出了巨大的魅力。因此，对于拉德布鲁赫被认为是20世纪最有影响力的法学思想家，而康特洛维茨在德语区却几乎被遗忘的事实而言，是不公平的（这一点从其著作《为法学而斗争》中可见一斑）。

这样的区别需要被解释，但令人惊讶的是，到现在为止相应的主题都没有被大范围地讨论过。尽管涉及拉德布鲁赫和康特洛维茨的个别著作也包含了一些对二人的评述，但数量极为有限。[②] 例如，两人间的一部分关联，即对于正当法的批评，已经在另

---

[*] 本文为2006年1月13日至1月14日在英国布鲁塞尔举办的题为"古斯塔夫·拉德布鲁赫（1876－1949）和当代法学"国际研讨会上的报告。
[**] 弗兰克·萨利格，德国慕尼黑大学刑法学、刑事诉讼法学、经济刑法学和法哲学教席教授。
[***] 段蓓，清华大学法学院与德国弗莱堡大学联合培养博士生。
[①] 在此感谢Stanley L. Paulson对于这一论题的建议。
[②] 参见诸如 Arthur Kaufmann, in: Fuchs, Gerechtigkeitswissenschaft, 1965, 4 f. m. Radbruch, Der innere Weg. Aufriß meines Lebens, 2. Aufl. 1961; ders., Hermann Kantorowicz, in: SchwZStR, Jg. 60 (1946). wiederabgedruckt in GRGA, Bd. 16, 1988; Karlheinz Muscheler, Hermann Ulrich Kantorowicz. Eine Biographie, 1984; ders., Gustav Radbruch. Rechtsdenker, Philosoph, Sozialdemokrat, 1987, 48 ff., 137 und 140; A. S. Foulkes, in: GedS－Radbruch, 1968, 231 ff.; Karlheinz Muscheler, Relativismus und Freirecht. （转下页注）

一篇文章中得到了研究。① 尽管如此,据笔者所知,迄今为止,关于"拉德布鲁赫与康特洛维茨"之间的联系尚未被作为主题进行广泛且独立的讨论。②

基于这一点,对于本文的期待也应当减少:受篇幅所限,下文论述必然无法涵盖所有拉德布鲁赫与康特洛维茨之间的关联。我将介绍两位法学家在生活及作品中的相似之处——当然不可能毫无遗漏,但至于两人作品中的详细观点,则会进行限缩。

出于以下两点理由,我的限缩将涉及法哲学和法律理论方面的内容:其一,两位法学家在这些领域给后世所留下的印象是极为显著的;其二,仔细观察会发现,人们对拉德布鲁赫和康特洛维茨在这些领域的关联存在误解,这些误解应当被澄清和纠正。

以此为背景,我将通过三部分阐释"拉德布鲁赫和康特洛维茨"这一主题。第一部分涉及的是两人生平和作品中的相同及相似之处(下文二);第二部分涉及的是相对主义以及三元论是否以及在多大程度上可以被视作共同的新康德主义基础(下文三);第三部分尝试探讨,对拉德布鲁赫和康特洛维茨而言,自由法运动是否是共同的方法论基础(下文四)。

二 两人生平及作品中的相同及相似之处

古斯塔夫·拉德布鲁赫(1878年生于吕贝克,1949年逝于海德堡)和赫尔曼·康特洛维茨(1877年生于波兹南,1940年逝于剑桥)的生平及作品都显露出了相当多的相同和相似之处。

(一)拉德布鲁赫和康特洛维茨的友谊

首先要提及的是两人长达一生的友谊,这在两人频繁往来的书信中③被一一记录。④

(接上页注②) Ein Versuch über Hermann Kantorowicz, 1984, 43 ff., 56 ff.; ders., Hermann Ulrich Kantorowicz. Eine Biographie, 1984, 17 ff.; Sebastian Silberg, Hermann Kantorowicz und die Freirechtsbewegung, 2004, 78ff.。

① Monika Frommel, in: Phillipps/Scholler (Hrsg.), Jenseits des Funktionalismus, 1989, 43ff.。

② 两人之间的联系同样也没有在拉德布鲁赫的纪念文集(der Fest – (Beiträge zur Kultur – und Rechtsphilosophie, 1948. Für die Her ausgabe verantwortlich zeichnete E. Falkenberg)和祝寿文集(Arthur Kaufmann [Hrsg.], Gedächtnisschrift für Gustav Radbruch)中出现。

③ Muscheler, Biographie Hermann Ulrich Kantorowicz. Eine Biographie, 1984, 25 So Würtenberger, in: Kantorowicz, Hrsg. von Thomas Würtenberger in der Reihe „Freiburger rechts – und staatswissenschaftliche Abhandlungen", Vorwort, 5 f. Vgl. auch Hans – Peter Schneider, in: Radbruch, Rechtsphilosophie, Nachwort, 354, Gründlich zu Radbruchs Aufenthalt in Oxford Carola Vulpius, Gustav Radbruch in Oxford, 1995; ders., Gründlich zu Radbruchs Aufenthalt in Oxford Carola Vulpius, Gustav Radbruch in Oxford, 1995. 中指出,仅在弗莱堡康特洛维茨的遗物中就找到了写给拉德布鲁赫的240封信件。拉德布鲁赫写给康特洛维茨的信件可参见Günter Spendel bearbeiteten Brief – Bände Bd. 17 (1991) und 18 (1995) der von Arthur Kaufmann herausgegebenen GRGA。

④ 参见以下: vgl. Muscheler, Hermann Ulrich Kantorowicz. Eine Biographie, 1984; A. Kaufmann, Gustav Radbruch. Rechtsdenker, Philosoph, Sozialdemokrat, 1987; Frommel, in: Kritische Justiz (Hrsg.), Streitbare Juristen, 1989, 243 ff.; Radbruch, Der innere Weg. Aufriß meines Lebens, 2. Aufl. 1961, S. 70 ff.; ders., Hermann Kantorowicz, in: SchwZStR, Jg. 60 (1946), 262 ff. wiederabgedruckt in GRGA, Bd. 16, 1988, 75 ff.。

1903年，两人相识于柏林弗朗茨·冯·李斯特的犯罪学研讨班，① 当时他们都取得了博士学位，拉德布鲁赫时年25岁，康特洛维茨年长一岁。这一次的相识给两人都留下了深刻的印象，并且随即展开了之后的种种共同活动。1904~1906年，当康特洛维茨在佛罗伦萨创作《甘地努斯》一书时，曾两次邀请拉德布鲁赫，拉德布鲁赫也因此首次踏上了意大利之旅。② 此外值得一提的是，5个年纪相仿的法律系学生在李斯特课堂的学期中开展了晚间研讨会，并被康特洛维茨命名为"法学理论的聚会"。在这一聚会中，拉德布鲁赫和康特洛维茨都发挥了重要作用。③ 同时，聚会中被讨论的思想，也被记录在康特洛维茨于1906年发表的著名且富有争议的作品《为法学而斗争》中（作品发表时，康特洛维茨用了Gnaeus Plavius的笔名）④。对于这一自由法运动纲领性文件的刊发而言，拉德布鲁赫曾积极地参与到了前期的筹备工作中，如小册子内容中关于作者化名的问题以及同出版商的商谈。⑤ 拉德布鲁赫和康特洛维茨于1910年认识的自由法学者恩斯特·福克斯（Ernst Fuchs）曾对两人作出过如下描述，康特洛维茨应当被认为是"幽默的、极富洞察力、思维敏捷的"，而拉德布鲁赫则被认为是"独立的、明智的、能够深入思考的低地德国人"。⑥

1933年前，拉德布鲁赫和康特洛维茨的科研历程也显现出了两人之间紧密的联系。1903年，拉德布鲁赫在海德堡大学卡尔·冯·利林塔尔（v. Lilienthal）教授的指导下完成了题为《行为概念及其对刑法体系的意义》的教授资格论文，并获得刑法、刑事诉讼法以及法哲学的任教资格。1904~1910年受聘为助教，1910~1914年受聘为非公立、非在编教授。1914~1919年担任柯尼斯堡大学刑法学非在编教授。1919年获聘为基尔大学的教授。在此期间，拉德布鲁赫加入了社会民主党并且担任过两届内阁司法部长。1926年他重回海德堡大学任教，直至1933年。在第三帝国时期，由于其基本的政治态度——社会主义，拉德布鲁赫的学术生涯陷入了困境。

同样，康特洛维茨的学术轨迹也颇为坎坷。他未能在海德堡大学顺利完成教授资

---

① 拉德布鲁赫于1902年以《相当因果关系理论》为题在李斯特门下攻读博士学位，康特洛维茨于1900年在利林塔尔门下攻读博士学位。
② 根据A. Kaufmann, Gus tav Radbruch. Rechtsdenker, Philosoph, Sozialdemokrat, 1987，第50页和第137页中的描述，这次旅行为拉德布鲁赫后期关于《米开朗琪罗：美第奇小教堂》的研究播下了种子，为其打开了佛罗伦萨艺术的大门，同时也记录着拉德布鲁赫和坎托洛维茨之间的友谊。
③ 根据拉德布鲁赫 Der innere Weg. Aufriß meines Lebens, 2. Aufl., 1961, 71，这一研讨圈包括他自己、Kantorowicz、Flix Genzmer (1878 – 1959)、Theodor Sternberg (1878 – 1950) 以及 Ernst Wolff. Muscheler, Hermann Ulrich Kantorowicz. Eine Biographie, 1984, 28, Ernst Delaquis (1878 – 1950)。
④ 据说公元前300年前后 Gnaeus Flavius 出版了一系列诉讼和商业惯例的合集，打破了司法神甫的解释和垄断。参见 Muscheler, Relativismus und Freirecht. Ein Versuch über Hermann Kantorowicz, 1984, 97; Radbruch, Der innere Weg. Aufriß meines Lebens, 2. Aufl. 1961; ders, GRGA, Bd. 18; ders, GRGA, Bd. 17。
⑤ 同样参见拉德布鲁赫给康特洛维茨的第78、80、87和89封信件。GRGA Bd. 17, 79ff.。
⑥ Foulkes, in: GedS – Radbruch, 1968, 235.

格论文，之后在在理查德·施密特（Richard Schmidt）的指导下，才于1908年在弗莱堡大学完成了历史法学和理论法学方面的教授资格论文《阿尔波图斯·甘地努斯和经院刑法》，并获得了刑法、历史法学和法哲学的教授资格。1908～1929年，他先后担任弗莱堡大学的私人讲师（1908～1913年）和预算外编外教授（1913～1923年），在经过激烈的政治冲突后，他最终于1923年开始担任"法律辅助学科"的预算内编外教授。1929年，即在他取得教授资格的21年后，51岁的康特洛维茨在拉德布鲁赫的干预下，再次经过政治冲突后才获聘为基尔大学的教授，直到1933年。对康特洛维茨来说，其学术生涯的坎坷有着多种原因：首先，第三帝国时期，他犹太人的身份以及自由民主的立场是其事业的主要阻碍；其次，他作为《为法学而斗争》的作者这一事实被周知后，对他也产生了不利的影响，其中最主要的影响就是导致他未能在海德堡大学完成教授资格论文。魏玛共和国时期，亲近社会民主党的康特洛维茨发表了煽动性的政治著述，特别是对俾斯麦政府的批判，以及在有关战争罪责的评述中将第一次世界大战的爆发归咎于奥匈帝国和德国。这些政治言论也阻碍了其学术生涯的发展。[1] 除此之外，康特洛维茨的性格特征也是其学术生涯不畅的原因之一，他在学界树敌很多。拉德布鲁赫在自传中写道：

> 他（康特洛维茨）理所当然地认为，其他人也能经受得住批评并能从中感知乐趣。但他往往低估了人们精神层面耿耿于怀的程度以及因为虚假的自尊心而产生的对他人的反感，并且从未留意过这些。任何人都不可避免有虚荣心（谁能做到毫不虚荣呢？），但他一再地伤害到了他人的虚荣心。这些行为方式对于一个人的学术生涯来说都是极为危险的。[2]

自1933年纳粹夺取政权后，拉德布鲁赫和康特洛维茨就成为第一批因政治活动而被免职的大学教授。在拉德布鲁赫向内流亡时，康特洛维茨却不得不向外流亡。尽管康特洛维茨的家庭于1933年搬迁到了剑桥，但他先是于1933～1934年间在纽约的"流亡大学"任教，1934年才回到英国并先后在不同大学任教，直至1940年逝世：起

---

[1] Kantorowicz, Gutachten zur Kriegsschuldfrage 1914, von Imanuel Geiss erst 1967 veröffentlicht.
[2] Radbruch, Der innere Weg. Aufriß meines Lebens, 2. Aufl. 1961, 72, 同样参见拉德布鲁赫在1929年11月29日写给艾瑞克·沃尔夫（Erik Wolf）的书信，GRGA, Bd. 18, 91f. 以及拉德布鲁赫为康特洛维茨写的纪念性文章，in: SchwZsTRr 1946, 276。在1906年5月29日写给康特洛维茨的书信中，拉德布鲁赫提到了他们在法学方法论工作方面的不同反应："有一些人，比如您，对一切作不利解释，而有一些人，只作有利解释，比如我。"（GRGA, Bd. 17, 9）Ibbetson 在一篇富有启发性的关于 Kantorowiz 和 Ullmann 的文章中作了如下批评：他们都有着相同的人格特质，特别显著的是在涉及学术评判过程中坚信自己是正确的这一点上，他们对于其不赞同的观点往往会有不太客观的批评（270）[In: Beatson/Zimmermann（Hrsg.）, sg., Jurists Uprooted. German-Speaking Émigré Lawyers in Twentieth Century Britain, 2005, 269ff.]。

初任教于伦敦经济学院,之后于 1935~1937 年在剑桥大学任教,最后在牛津大学万灵学院任教。在此期间,他也曾多次与拉德布鲁赫会面:1935~1936 年,在拉德布鲁赫到牛津大学访学的时间里,两人经常见面,这一点在拉德布鲁赫的专著《英国法的思想》中也有体现。① 这本专著也再一次呈现了当时传统思想的激烈交锋。1935 年秋天,拉德布鲁赫与他的儿子同康特洛维茨一家生活在伦敦。1938 年,拉德布鲁赫最终接受了康特洛维茨的邀请,撰写巨著《法律科学的牛津历史》中的一章,但本书因康特洛维茨的逝世而未能问世。②

我们可以说,拉德布鲁赫和康特洛维茨之间有着长达一生的、超越世事沉浮的友谊,尽管两人的观点有着本质上的分歧,但这段友谊对于两人来说都是非常重要的。③ 他们相互间的通信、彼此为对方作品所作的题词④以及拉德布鲁赫为康特洛维茨撰写的三篇讣告无一不反映着这一点。⑤ 而其中最能反映两人深刻联系的是他们的信件往来内容。在 1937 年 11 月 21 日给拉德布鲁赫的信中,康特洛维茨这样写道:

> 这就是为什么这段关系对我来说如此无价,在我心中仅有少数人占据了一席之地,而其中只有你在很多年前就占据了首要地位,并将会一直如此……我们的友谊建立在互补的基础之上,因此即便存在观点上的深层次分歧,如你所指出的……这些分歧也不会对我们之间的关系有任何改变(拉德布鲁赫曾对康特洛维茨的《行为和责任》作出批判)⑥。相较于我们思想上的共同之处,那些分歧是微不足道的。⑦

收到康特洛维茨逝世的消息后,拉德布鲁赫在 1940 年 3 月 4 日给他儿子安瑟姆

---

① Gründlich zu Radbruchs Aufenthalt in Oxford Carola Vulpius, Gustav Radbruch in Oxford, 1995,特别是第 36 页以下提及了拉德布鲁赫和康特洛维茨间的会面。Vulpius 持以下观点(同上,第 87 页):"《英国法的精神》并非其在英国的直接成果,更确切地说是他自身提炼后的总结,这些也是他十年后……的基本观点。"该观点和拉德布鲁赫自身的说法不一样。同样参见其著作,Gustav Radbruch/archibald H. Campbell:Briefwechsel 1935 – 1949, 2005。
② 更接近康特洛维茨在美国和英国的时间。Hrsg. von Beatson/Zimmermann, Jurists Uprooted. German‐Speaking Émigré Lawyers in Twentieth Century Britain, 2005, 227ff. .
③ Erik Wolf 认为甚至可以说康特洛维茨是拉德布鲁赫唯一的朋友。(Wolf, Gustav Radbruch Leben und Werk, in: Radbruch,Rechtsphilosophie,8,Aufl. 1973, 42)
④ 在拉德布鲁赫所有重要的作品中,康特洛维茨在其中都有题词。(1914 年的《法哲学导论》、1932 年的《法哲学》以及 19477 年的《法哲学入门》。)
⑤ Radbruch, Der innere Weg. Aufriß meines Lebens, 1946, 262 ff. ; ders. , In memoriam Hermann Kantorowicz, in: Die Gegenwart, Jg. 1, 1946, Nr. 14/15, 22(wiederabgedruckt in GRGA, Bd. 16, 1988, 73 f.);letzterer Nachruf gekürzt abgedruckt auch in Schleswig‐Holsteinische Volks‐Zeitung v. 17. 08. 1946.
⑥ In der SchwZStrafR 51(1937), 249 ff. ; wiederabgedruckt in GRGA, Bd. 8, bearb. von A. Kaufmann, 1998, 305 ff. .
⑦ 根据 Muscheler 的引证,Hermann Ulrich Kantorowicz. Eine Biographie, 1984, 26。

(Anselm)的信中写道:"你也许可以想到我究竟失去了什么,他是我近四十年的好友,是我所认识的最博学、最富有思想的人。同他的每次谈话不仅能带给我思想上的启发,而且都富有幽默感,并让人有好的心情。我对他的感谢无以言表,不仅仅是知识方面的,还有人生方面的。"① 在1929年11月12日给艾瑞克·沃尔夫(Erik Wolf)的信中,拉德布鲁赫写道:"我相信,并且也坚定地代表康特洛维茨认为,尽管我们有着本质上的不同,但我们的友谊永不消逝。"②

(二) 拉德布鲁赫和康特洛维茨作品中的相似处

鉴于拉德布鲁赫和康特洛维茨精神上的深厚友谊,两人作品中所显示出的大量相似之处也就不足为奇了。

第一个相似之处表现为两人作品中所呈现出的巨大的多样性,这种多样性在今天已经很少见了。拉德布鲁赫和康特洛维茨不仅涉足于法学各领域的论述,而且也积极投身其他文化领域的创作。在法学领域,两人主要涉足的有法哲学、法学方法论、法社会学、法政治学、刑事历史法学、比较法学、刑法与国家理论。此外,他们还积极投身政治、艺术以及文学作品的撰写和创作。古斯塔夫·拉德布鲁赫全集共有20卷,这并非没有理由。迄今为止,康特洛维茨的作品尚缺乏完整版,只有最重要的法学理论著作包含在《法学和社会学:科学理论著作精选》(1962年)之中。③ 此外,他创作的关于历史法学的短篇文章在《法律史论文集》(1970年)中被重新编辑出版。④ 值得庆幸的是,在穆舍勒(Muscheler)涉及康特洛维茨的博士论文中,以令人称赞的方式列出了相应(可能是)完整的作品的细目。⑤ 在法学领域以外,康特洛维茨在文学领域也创作了大量作品,除了上文提及的政治性论述外,还有例如他化名为库诺·兹威曼(Kuno Zwymann)同海因里希·格施(Heinrich Gösch)发表的第一部作品《乔治诗歌》,⑥ 以及他于1921年撰写的《文本批判方法导论》,这本书对于语言学家和法学家而言,是一部有关文本批判原则的系统性介绍的论著。

除了有着共同的广泛兴趣外,拉德布鲁赫和康特洛维茨各自的研究领域也表现出了相似点。抛开下文要提到的法哲学和法学理论领域,首先必须提及的便是他们对刑法的研究。两人都将大量的精力投入刑法总论的研究中:如上文所提及,拉德布鲁赫

---

① GRGA, Bd. 18, 157.
② GRGA, Bd. 18, 91.
③ Hrsg. von Thomas Würtenberger in der Reihe „Freiburger rechts- und staatswissenschaftliche Abhandlungen".
④ Hrsg. von Heimut Coing und Gerhard Immel, 与 Hrsg. von Thomas Würtenberger „Freiburger rechts- und staatswissenschaftliche Abhandlungen" 为同一系列。
⑤ Muscheler, Relativismus und Freirecht. Ein Versuch über Hermann Kantorowicz, 1984, 233ff..
⑥ Ästhetik der Lzrik I. Das Georgesche Gedicht, 1902.

的博士论文是有关因果关系的内容,教授资格论文涉及的是行为概念,[1]而康特洛维茨在1903年完成了他的《行为和责任》。此外,两人的另一个爱好是撰写人物传记,如拉德布鲁赫撰写的费尔巴哈传,[2]以及康特洛维茨则在书中关于迪普瓦塔留斯(Diplovatatius)的记述。[3]最后要提及的一点是,两人都是亲英派并且都作了和英国相关的研究,拉德布鲁赫于1947年撰写了短篇《英国法的精神》,康特洛维茨则完成了一本内容丰富的著作《英国政治精神和封锁德国的幽灵》。

至于两个思想家最主要的区别,则表现为研究方法和研究重点的不同。就法哲学而言,可以认为价值论—超验论在拉德布鲁赫的思想体系中占据优势,并且在1945年后拓展到实体性元素部分。[4]与此相对,由于受到了埃尔里希(Ehrlich)和韦伯社会现实主义思潮的强烈影响和启发,法律理论和系统论在康特洛维茨的思想体系中占据了主导地位。[5]并且完全不同于拉德布鲁赫的是,康特洛维茨在理论—社会学方面表现出了极大的兴趣。[6]同时,康特洛维茨的这些兴趣使其对盎格鲁-撒克逊的法律思想产生了深远影响。此处值得一提的是他发表于1934年的《对现实主义的理性批评》一文,[7]这篇文章被认为是对美国法现实主义思潮的最佳批判[8],同时这篇文章也在某种程度上遏制了该种思潮所带来的影响。[9]相较于康特洛维茨更为明显的综合性色彩,拉德布鲁赫则在分析性批判的道路上走得更远。[10]但遗憾的是,康特洛维茨自成一体的法哲学理

---

[1] 见拉德布鲁赫1902年以《相当因果关系理论》为题在李斯特门下攻读博士学位,康特洛维茨在利林塔尔门下攻读博士学位。

[2] Radbruch, Paul Johann Anselm Feuerbach. Ein Juristenleben, 1934.

[3] Kantorowicz, Lebensgeschichtliche Einleitung, in ders./Schulz (Hrsg.), Thomas Diplovatatius. De claris iuris consultis, 1919, 1 ff..

[4] 更多参见 Saliger, Radbruchsche Formel und Rechtsstaat, 1995, 7 ff. (23ff.)。

[5] 参见康特洛维茨的作品(Hrsg. von Thomas Würtenberger „Freiburger rechts - und staatswissenschaftliche Abhandlungen"),特别是《法学与社会学》(1910/1911)、《社会学建构》(1923)以及《国家理论》(1925)。

[6] 对康特洛维茨关于法社会学的详细描述参见 Ulrich Schrömbges, Die soziologische Rechtskonzeption von Hemann Kantorowicz, 1984. 他指出,康特洛维茨发展了社会学上的法律概念,这一概念相较于当下占主导地位的强制理论更具有优越性。

[7] In: Yale Law Journal, Vol. 43 (1934), 1240 ff., 康特洛维茨也刊发了德文翻译的版本(Hrsg. von Thomas Würtenberger „Freiburger rechts - und staatswissenschaftliche Abhandlungen"), 101 ff. 题为„Rationalistische Bemerkungen über Realismus"。此外还有„Legal Science, A Summary of its Methodology" in: Columbia Law Review, Vol. 28, No. 6, 1928, 679 ff., 德文„Die Rechtswissenschaft - eine kurze Zusammenfassung ihrer Methodologie" in Kantorowicz (Hrsg. von Thomas Würtenberger „Freiburger rechts - und staatswissenschaftliche Abhandlungen"), 83 ff.。

[8] E. W. Pattterson, Jurisprudence, 1953, 541.

[9] 参见 A. L. Goodhart 在其导论中对康特洛维茨的介绍,Der Begriff des Rechts, 1963 (engl. 1958), 11.。

[10] 在《行为与责任》一书中,康特洛维茨在1933年自我批评道:"迄今为止我更多做的是批判性的工作,但如何对之进行完善却涉及的特别少。"(ebenda, VI)

论最终都未能完成。[1]

拉德布鲁赫和康特洛维茨在法制史方面也有着不同的研究方法和对象。康特洛维茨在对原始材料谨慎选取的基础上，特别是对中世纪文献的选取，以一种独特的方式将法律方法论和法制史相结合。[2] 这一结合在康特洛维茨《法学的纪元》[3] 中取得了极大的成功，该篇文章以极紧凑的篇幅描述了十个世纪以来形式主义和目的主义两种法律思想间的冲突。康特洛维茨后来回顾时，认为这篇文章是他最好的作品。[4] 拉德布鲁赫也认为康特洛维茨是"中世纪罗马法领域……甚至可能是整个科学领域杰出的研究者"。[5] 拉德布鲁赫在其历史学作品中沿袭了一种社会—历史文化的方法。他与海因里希·格温纳（Heinrich Gwinner）合著的《犯罪史》采用了"历史犯罪学尝试"的副标题。文章的任务是，通过对不同文化时期犯罪观的比较，来揭示特定时期的思想和环境对犯罪的影响。[6]

我们可以从以上对拉德布鲁赫和康特洛维茨生平及作品的简要回顾中推断出，为什么康特洛维茨的作品没能产生和他的朋友拉德布鲁赫一样的影响力。首先是外部的不利环境。康特洛维茨的学术生涯进展得极为缓慢，他在相当晚的时期才取得教授职位，但四年后当希特勒上台时又被解聘。而他在流亡时期的早逝，不仅让他未能完成有关法学理论的著述，而且也使他无法培养自己的学生，进而无法对自己的作品进行维护和发展。[7] 此外，当康特洛维茨在刑法领域中的主要作品《行为与责任》首次出版时，已不再是一个能够产生足够多积极反馈的时代了。[8] 最后一方面或许是，康特洛维茨法律理论本身的复杂程度提升了其被接受的困难程度，这在拉德布鲁赫的法哲学理论中也有所体现，这也是一些争议至今仍然存在的原因，即拉德布鲁赫和康特洛维茨都意识到了一种动态发展要素的存在，并且认识到了一种明确的发展趋势。对这些发

---

[1] A. H. Campbell 于 1958 年对康特洛维茨的遗物进行整理后，将其在牛津未完成的项目进行整理并以 "The Definition of Law"（德语：Der Begriff des Rechts, 1963（engl. 1958））为题进行了出版。

[2] Coing 认为康特洛维茨是历史法学者。Einleitung, in: Kantorowicz, Rechtshistorische Schriften（Hrsg. von Heimut Coing und Gerhard Immel.），IX ff.；, Der innere Weg. Aufriß meines Lebens, 2. Aufl. 1961, 1946, 265 ff.

[3] Wiederabgedruckt in Kantorowicz, Rechtshistorische Schriften（Hrsg. von Heimut Coing und Gerhard Immel.），1ff..

[4] 见 Muscheler, Hermann Ulrich Kantorowicz. Eine Biographie, 1984, 39. 拉德布鲁赫在其文章《法哲学入门》中有所提及（第 24 章）。

[5] Radbruch, in memoriam（Hrsg. von Beatson/Zimmermann, Jurists Uprooted. German – Speaking Émigré Lawyers in Twentieth Century Britain, 2005）aaO.

[6] Radbruch/Gwinner, Geschichte des Verbrechens, wiederabgedruckt in: GRGA Bd. 11, 2001, hrsg. von Ulfrid Neumann, Vorwort, 22. Dazu eingehend U. Neumann, aaO., Einleitung 1 ff. mwNw.

[7] Vgl. Hrsg. von Beatson/Zimmermann, Jurists Uprooted. German – Speaking Émigré Lawyers in Twentieth Century Britain, 2005, 270.

[8] 此处需要提一下当时的外部环境：这部作品完成于德国，发表于意大利，修订于英国并且在瑞士出版。见 Kantorowicz, Tat und Schuld, IX.

展方面的进一步阐明也促使我们转向这样一个问题:拉德布鲁赫和康特洛维茨是否以及在多大程度上有着共同的新康德主义和法学方法论的基础,这是文章后面要解决的问题。

三 共同的新康德主义基础:相对主义和三元论?

拉德布鲁赫的法哲学给人这样一种印象:似乎他和康特洛维茨共同以新康德主义为基础并且以二元论和三元论为表现形式。这里的标志性例子是他自 1932 年以来的法哲学。① 在对相对主义进行注解的脚注中,拉德布鲁赫指出,"相对主义的基本观点来源于与为本书进行题词之人的思想交流之中",并且他引用了康特洛维茨 1909 年发表的著作《正当法理论》。② 不久,其在对三元论的概念进行注解时指出:"康特洛维茨将三元论和相对主义结合了起来",并且引注了康特洛维茨 1911 年的《法律和社会学》以及 1925 年的《国家理论》来作为证明。③ 特别要指出的是,联系拉德布鲁赫的这些评述,早期文献认为康特洛维茨"同拉德布鲁赫一样……受到了当时占据支配地位的德国西南部新康德主义的影响"。④ 然而,尽管拉德布鲁赫和其密友康特洛维茨在哲学领域显示出了相同的兴趣,也不能免除我们对两人在法律思想远近方面的检验。最新的文献也同样对此也进行了检验。⑤

(一)拉德布鲁赫:西南新康德主义学派

要回答这一部分所涉及的问题,首先要回顾拉德布鲁赫的新康德主义法哲学理论。⑥ 新康德主义反对实证主义和古典的自然法思想。根据对实证法的正义要求,两者都绕过了其中存在的超验论问题。实证主义的缺陷在于,其在法律思维中隐藏了这些问题,而只保有了一般性的法律理论;而前康德自然法的误区则在于,将法律价值上升为法律现实化,同时也使实证法的自治性超越了其特定效力和历史具体性。而新康德主义的目标是建立具有科学性(针对古典自然法思想)和批判性(针对实证主义思

---

① 参见其 Grundzüge der Rechtsphilosophie (1914) 中 S. 24 mit GRGA, Bd. 18。
② Radbruch, Rechtsphilosophie, 8. Aufl. 1973, § 2, 99.
③ Radbruch, Rechtsphilosophie, 8. Aufl. 1973, § 3, 114f. mit Monika Frommel, in: Phillipps/Scholler (Hrsg.), Jenseits des Funktionalismus, 1989。
④ So Würtenberger, in: Kantorowicz, Hrsg. von Thomas Würtenberger in der Reihe „Freiburger rechts - und staatswissenschaftliche Abhandlungen", Vorwort, 5 f. Vgl. auch Hans - Peter Schneider, in: Radbruch, Rechtsphilosophie, Nachwort, 354 Gründlich zu Radbruchs Aufenthalt in Oxford Carola Vulpius, Gustav Radbruch in Oxford, 1995; Gustav Radbruch/archibald H. Campbell: Briefwechsel 1935 - 1949, 2005。
⑤ Muscheler, Relativismus und Freirecht. Ein Versuch über Hermann Kantorowicz, 1984, 43 ff.; 56 ff.; Sebastian Silberg, Hermann Kantorowicz und die Freirechtsbewegung, 2004, 78 ff..
⑥ 更多参见 Saliger, Radbruchsche Formel und Rechtsstaat, 9 ff.; Dreier/Paulson, in: Radbruch, Rechtsphilosophie. Studienausgabe, 1999, 235 ff.。

想）的法哲学。对这样一种法哲学思想的构建而言，拉德布鲁赫的指导原则是二元方法论（即实然与应然分属于两个不同的领域）和相对主义（最高的应然原理并不是知识，而是信仰）。①

二元方法论确保了法哲学的科学性，其以康德哲学为背景，认为从实然中无法推导出应然，同样从应然中也不可能推导出实然。基于此，拉德布鲁赫反对其导师李斯特倡导的一元论，即将现存事实视为历史事实，并试图从将来事实中推导现存事实。②当然，法哲学不能在二元方法论下停滞不前，因为法律同其他文化现象一样，不可能不涉及价值层面［李凯尔特（Rickert）的理论价值关系］，因而必须从二元论过渡到三元论，而文化则是实然（自然）和应然（理想）之间的第三领域。基于此，三元论将法哲学转化成了一种法律文化哲学。③

在拉德布鲁赫的法哲学理念中，二元论和三元论被认为是常数。④ 就相对主义而言，也同样适用该原则，但其并非没有发展。需要看到，拉德布鲁赫的相对主义是二维的，包含着"理论"和"实证"两个面向。⑤ 理论面向涉及的是最高应然原理的不可认知性（不可知论理论），从而确保了法哲学的科学性。由于新康德主义同时具有批判性，因而使得理论相对主义通向了实证性面向。因此，拉德布鲁赫一开始就认为相对主义不仅是科学的一个先决条件，而且同时也对正当法内容的确定有着重要贡献。⑥相对主义在以下三个方面使批判成为可能：第一，科学能够推动实现目标的中间批判；第二，能够解释价值判断的最终前提条件；第三，能够建立一个完整的、系统性的价值评判体系。⑦ 在这个意义上，相对主义为拉德布鲁赫设定了一个思想上的前提，即"理论理性上的缄默就是对实践理性的强烈诉求"。⑧

直至1933年，不可知论才最终在拉德布鲁赫的理论中占据了主导地位。拉德布鲁赫将其本质限定于一个"完整"价值体系的展现，这个体系通过个人主义（自由）、超个人主义（权力）以及超人格主义（文化）三方面来建立。⑨ 尽管自1932年起拉德

---

① Radbruch, Rechtsphilosophie, 8. Aufl. 1973, §2, 93ff..
② 例如 Radbruch, Grundzüge der Rechtsphilosophie, 17f.。
③ Radbruch, Rechtsphilosophie, 8. Aufl. 1973, §3, 114iVm. §1, 87ff..
④ 1945年后拉德布鲁赫也致力于事物本质的工作，目的在于缓和实然与应然间完全对立的关系，而不是放弃它。Radbruch, Vorschule der Rechtsphilosophie, 2. Aufl. 1959, §6IV2b, 22.
⑤ 参见 Saliger, Radbruchsche Formel und Rechtsstaat, 24ff..
⑥ Radbruch, Grundzüge der Rechtsphilosophie, 24f..
⑦ Radbruch, Rechtsphilosophie, §2, 96 ff.; ders., Grundzüge der Rechtsphilosophie, 24 ff.; vgl. dazu Max Weber, Die „Objektivität" sozialwissenschaftlicher und sozialpolitischer Erkenntnis, in; ders., Gesammelte Aufsätze zur Wissenschaftslehre, 1922, 149 ff..
⑧ Radbruch, Grundzüge der Rechtsphilosophie, 28; ders., Rechtsphilosophie, §2, 100.
⑨ Radbruch, Grundzüge der Rechtsphilosophie, 84 ff.; ders., Rechtsphilosophie, §7, 143 ff..

布鲁赫就将相对主义解释为民主的思想前提，[1]但在目的设定正当性中，不可知论依然阻碍了对"民主"的认知。1933年后这一图景得到了改变：拉德布鲁赫在1934年作的关于相对主义的报告中，公开论证了"相对主义的道德性"。[2]从这一相对主义出发，他推导出了现代理性法的核心要求：法律的实证性、自由主义、法治国、民主政体以及社会主义。相对主义被认为是"具有普遍宽容性的——只是不容忍不宽容"。[3]基于此，拉德布鲁赫的实证相对主义获得了绝对性的内容，也被认为是法哲学的基石。1945年之后，拉德布鲁赫又对实证相对主义的规范性前提条件进行了补充，例如事物的本质，纯粹公正性、人性以及社会法等，从而将更多的独立性要素纳入其中。[4]由此，伦理相对主义也最终从理论相对主义中得到了解放。

（二）康特洛维茨：融合的新康德主义

至1933年，拉德布鲁赫在其法哲学中肯定了西南学派新康德主义的传统，那么应如何评价康特洛维茨对新康德主义的态度呢？由于康特洛维茨的法律思想也经历了一系列的发展，因此这一评价也绝非易事。

我们以康特洛维茨是否赞同二元方法论作为回答上述问题的出发点。至少可以肯定的是，早期的康特洛维茨对这一问题是持否定态度的，他在《为法学而斗争》中强调，方法二元论过分强调了社会科学是什么、法律科学应当是什么。这种二元论忽略了，所有应然都是一种存在："应然就是意愿，尽管只是一种特殊类型的意愿。当应然被承认，那么就是自身的意愿，而若应然未被承认，则是他人的意愿"，因为"存在就可以仅仅被评价为存在本身"。[5]早期的康特洛维茨也是一名现实心理学一元论者，但这并不表明，康特洛维茨也反对李斯特作的尝试，即通过法律比较从已获知的将来事实中推导出应然。康特洛维茨对李斯特的批判并非认为这一点将导向错误的自然主义结论，而是认为从作为他人意愿的法律比较中并不能推导出对于意愿主体自身（自身意愿）有效的正当法。[6]

1910年以前，现实心理学也是早期康特洛维茨的相对主义。康特洛维茨指出，现实心理学并不是规范性的科学，它仅仅提供了某种规范性的知识。但他将这种规范性

---

[1] Radbruch, Rechtsphilosophie, Vorwort, 82.
[2] Radbruch, in: ders., Der Mensch im Recht, 1957, 80ff. (81).
[3] Ebenda, 86.
[4] Radbruch, Vorschule der Rechtsphilosophie, 2. Aufl. 1959, § 6, 20 ff., § 7, 26 f., § 32, 97 ff., § 33, 100 ff. Allgemein zu Kontinuitäten und Diskontinuitäten in der juristischen Methodendiskussion nach 1945 Rückert, in: Karl Acham u. a. (Hrsg.), Erkenntnisgewinne, Erkenntnisverluste, 1998, 113 ff..
[5] Kantorowicz (= Gnaeus Flavius), Der Kampf um die Rechtswissenschaft, 1906, 34. Vgl. auch ders., MschrKrimPsych 1907. 65 ff. (80).
[6] Kantorowicz, MSchrKrimPsych 1907, 80; auch ders., Der Kampf um die Rechtswissenschaft, 34. Näher dazu Muscheler, Relativismus und Freirecht. Ein Versuch über Hermann Kantorowicz, 1984, 30 ff. (32 ff.).

视为一种经验性的给定的质料（Stoff）。① 因此，拉德布鲁赫早期的相对主义是心理—历史—现实主义层面的。科学可以将单个的经验价值要素进行收集并整理，对其含义进行解释，对其在文化价值上的关系进行分析，并构建相应的理想法以及必要时进行目的和方法的批判，但对于其自身历史价值目标的评估，则是不太可能的。② 康特洛维茨与拉德布鲁赫相对主义的区别在于，早期的康特洛维茨将理想法的建立同经验历史性的价值评判捆绑在一起，而拉德布鲁赫则力图从新康德主义中构建出一个包含全部可能价值评判的完整体系。因此，前者的相对主义是主观历史性的，而后者的则是客观超验性的。

康特洛维茨毫不掩饰自己观点的转变。他在1933年写道，在第一次发现的喜悦中，他高估了价值判断以及自由意志中意志决定论的影响，以及相对主义仍然仅能通过历史主观性得以论证。③ 事实表明，康特洛维茨自1911年起便在法教义学和法社会学之间划定了非常清晰的界限。即便康特洛维茨在对恩斯特·福克斯的批判中指出，用社会学代替法学将会存在怎样的谬误，但直到1906年他也没有清楚地认识到这两个学科在原理性、科学理论性上的区别。④ 借助李凯尔特的科学理论，康特洛维茨最终区分了作为科学理论的法社会学和作为法规范内容和体系理论的教义法学，他认为法社会学是对涉及法目的文化价值的社会生活真实性的研究。⑤

那么，是否能因此认为康特洛维茨是一个二元方法论者呢？答案是否定的。他在1925年指出，在同凯尔森的争议中，对三元论的解释，必须从对以实然和应然为基础的二元论的反驳出发。⑥ 康特洛维茨以三元论为背景理解如下这一命题：任何一种认知对象都可以通过以下三种不同的途径被理解：作为现实的组成部分（定在）（Da‑Sein），作为客观意义图景（Sinngebilde）（如是—存在）（So‑Sein）以及价值（应然—存在）（Sollen‑Sein）。以三元论为基础，结合李凯尔特关于个别性和一般性科学的区分，康特洛维茨形成了关于整体法学的结构性导引。他区分了六种法律学科：法律实现的个别性与一般性科学＝法制史与法社会学；法意义的个别性和一般性科学＝法教义学与一般性法律理论；法价值的个别性和一般性科学＝法政治学与法哲学。⑦ 这种三元论并不是二元方法论意义上的，因为根据康特洛维茨的观点，法学不仅仅是经

---

① Kantorowicz, Zur Lehre vom richtigen Recht, 1909, 7.
② Ebeda, 7 und 28.
③ Kantorowicz, Tat und Schuld, 1933, 31 und 25 Der Begriff des Rechts, 1963（engl. 1958）.
④ Kantorowicz, Der Kampf um die Rechtswissenschaft, 34.
⑤ Kantorowicz, Rechtswissenschaft und Soziologie, in: ders. GRGA, Bd. 18, 133ff.（134）.
⑥ Kantorowicz, Staatsauffassungen, in: ders. Hrsg. von Thomas Würtenberger in der Reihe „Freiburger rechts‑ und staatswissenschaftliche Abhandlungen", 80.
⑦ Ebenda, 69ff.（72）; auch ders. „Die Rechtswissenschaft – eine kurze Zusammenfassung ihrer Methodologie" in Kantorowicz, 84ff..

验性的（存在论意义）、建构性的（意义），而且是批判性的（价值论层面）。①

魏玛时期康特洛维茨的相对主义有了一个新的发展。② 此时的康特洛维茨肯定了价值的客观有效性，这一价值一般仅在理论方面，而非实践价值方面有效。实践价值的有效性与个体的优先认知是相关的，因此具有相对性。③ 同拉德布鲁赫一样，这种个体有效性的相对主义也赞同所有可被想象的价值判断的构建和系统化。

（三）评价

对拉德布鲁赫和康特洛维茨立场的比较，并不能得出两人间存在明显区别的结论。尽管康特洛维茨从未像拉德布鲁赫一样是新康德主义意义上的二元方法论者，同时两人对于三元论的理解也存在明显的不同。此外，尽管两人对于实然（自然）和应然（价值）的范围在本质上是一致的，但对于法学的第三个决定性领域的理解则存在明显的区别：拉德布鲁赫强调文化价值，而康特洛维茨则强调客观意义。这些在法律的概念中都有体现：就拉德布鲁赫而言，其受西南新康德主义传统的影响，认为法律是价值指涉的文化决定，并认为在这一意义上，法律理念得以实现。④ 基于这一限定，文化有着介于实然和应然间的中间缓冲地带的机能，因此拉德布鲁赫的法律概念并不是实证主义的。相反，康特洛维茨认为客观意义是现实思考的一个独立分类，而不会在其他两种思考方式中起中介作用。⑤ 所以康特洛维茨能够在一般性的法律理论意义以及纯粹的实证-现实的方式上确定法律，而不涉及观念。据此他认为，法律仅仅是社会规则的集合，规定着外部行为并被认为具有实现公正之能力。⑥ 对魏玛时期拉德布鲁赫和康特洛维茨的相对主义而言，唯一值得关注的相似点是，康特洛维茨之后放弃了其早前的理解。但这样的相似性并没有持续长久：由于拉德布鲁赫的相对主义在1933年之后发展出了实证性的一面，尤其是在1945年后进一步发展成实证价值哲学后，两人再一次渐行渐远。⑦

---

① Manfred Rehbinder, Rechtssoziologie, 5. Aufl. 2003, Rz 1 以及 Rz4 中将法的三元理论和一种国际性法理论相结合作为一种被承认的理论。
② Vgl. die Selbsteinschätzung bei Kantorowicz, Tat und Schuld, 35.
③ Kantorowicz, „Die Rechtswissenschaft – eine kurze Zusammenfassung ihrer Methodologie" in Kantorowicz, 86 f. Vgl. auch Radbruch Der innere Weg. Aufriß meines Lebens, 1946, 77 f. Einge hende Analyse und Kritik des Relativismus Kantorowiczs bei Muscheler, Relativismus und Freirecht. Ein Versuch über Hermann Kantorowicz, 198, 65 ff..
④ Radbruch, Rechtsphilosophie, § 1, 91.
⑤ Kantorowicz, Staatsauffassungen, in: ders. Hrsg. von Thomas Würtenberger in der Reihe „Freiburger rechts- und staatswissenschaftliche Abhandlungen", 69; ders., „Die Rechtswissenschaft – eine kurze Zusammenfassung ihrer Methodologie" in Kantorowicz, 84 ff..
⑥ Kantorowicz, Der Begriff des Rechts, 1963, 90; ders., „Die Rechtswissenschaft – eine kurze Zusammenfassung ihrer Methodologie" in Kantorowicz, 89 ff..
⑦ Vgl. auch die Analysen von Muscheler, Relativismus und Freirecht. Ein Versuch über Hermann Kantorowicz, 1984, 43 ff. und 56 ff.; ders., Hermann Ulrich Kantorowicz. Eine Biographie, 27; Silberg, Hermann Kantorowicz und die Freirechtsbewegung, 2004, 78 ff..

整体来看，拉德布鲁赫和康特洛维茨思想上的共同点[①]更多地体现在基本原则上，体现在两人的整体性定位与所处的时代思想潮流相互对立。也就是说，拉德布鲁赫和康特洛维茨终其一生都是前康德主义自然法思想和法律实证主义的反对者。并且两人都曾就法哲学的再次复苏这一议题同施塔姆勒有过论战。因此两人都被归入新康德主义的阵营，只是定位完全不同。拉德布鲁赫隶属于西南新康德主义学派，而康特洛维茨以独创的方式将新康德主义中的现象学、社会学以及价值理论学的元素进行了融合。[②]

四 共同的方法论基础：自由法运动？

如果此时对拉德布鲁赫和康特洛维茨法律思想中的共同点下结论的话，那么还为时过早。接下来要回答的问题是，二人是否均从自由法运动中获得了共同的方法论基础。这一问题极具争议，特别是在是否以及在多大程度上可以将拉德布鲁赫归入自由法学者的层面。就这一问题而言，存在四种不同的见解：第一种见解认为，拉德布鲁赫是自由法学者，[③]并且康特洛维茨本人也提到拉德布鲁赫是自由法理论的代言人；[④]第二种见解认为，早期的拉德布鲁赫是自由法运动的拥护者，但自1932年起他就同自由法渐行渐远；[⑤]第三种观点认为，只能说拉德布鲁赫比较接近自由法运动，但不能将其归类到自由法学者之中；[⑥]第四种观点将第三种观点走到了极端，认为拉德布鲁赫和康特洛维茨之间不存在共同的自由法确信。[⑦]

对这些争论作出一个决断是极其艰难的。康特洛维茨是自由法学者是毫无疑问的，其专著《为法学而斗争》被认为是自由法的纲领性著作。[⑧]同样，康特洛维茨的自由法

[①] Oben II. 1. mit Karlheinz Muscheler, Relativismus und Freirecht. Ein Versuch über Hermann Kantorowicz, 1984; ders., Hermann Ulrich Kantorowicz. Eine Biographie, 1984.

[②] 康特洛维茨特别受到了 Adolf Reinach 的影响了。参见 Muscheler, Relativismus und Freirecht. Ein Versuch über Hermann Kantorowicz, 1984, 58ff. (61ff.)。

[③] Etwa Luigi Lombardi Vallauri, Geschichte des Freirechts, 1971, 44 ff.; vgl. auch die briefliche Äußerung Lydia Radbruchs gegenüber Foulkes, derzufolge man ihren Mann mit vollem Recht als Gesinnungsgenossen von Ernst Fuchs bezeichnen könne; siehe Foulkes, in: GedS – Radbruch, 1968, 241.

[④] Kantorowicz, Tat und Schuld, 26; ders., Some rationalism about realism, in: ders. Hrsg. von Thomas Würtenberger in der Reihe „Freiburger rechts – und staatswissenschaftliche Abhandlungen", 103.

[⑤] Foulkes, in: GedS – Radbruch, 1968, 232.

[⑥] A. Kaufmann, in: Fuchs, Gerechtigkeitswissenschaft, 1965; ders., Gustav Radbruch. Rechtsdenker, Philosoph, Sozialdemokrat, 1987, 4; Radbruch, Der innere Weg. Aufriß meines Lebens, 2. Aufl. 1961; Karlheinz Muscheler, Hermann Ulrich Kantorowicz. Eine Biographie, 1984.

[⑦] Muscheler, Relativismus und Freirecht. Ein Versuch über Hermann Kantorowicz, 1984, 27 unter Berufung auf A. Kaufmann.

[⑧] Vgl. exemplarisch Luis Legaz y Lacambra, Rechtsphilosophie, 1965, 151 und 494；在拉德布鲁赫所有重要的作品中，康特洛维茨在其中都有题词（1914年的《法哲学导论》、1932年的《法哲学》以及1947年的《法哲学入门》）。

理论中有着盎格鲁—美国法律圈的印记。① 但在此之外，要确定拉德布鲁赫在自由法理论上的立场，还面临着难以将自由法运动重构为在一般性概念、原理及规定等方面有着精确准则的统一理论的问题。也是在这一点上，可以推断出拉德布鲁赫的定位。当然，在笔者看来，这一重构工作至今尚未完成，同时鉴于自由法运动的多样性，若缺少某种专断性的话，这一重构工作是很难完成的。若这一结论正确的话，那么这一专断性要素在我们问题的回答中就将起到决定性的作用。据此，是否可以认为拉德布鲁赫同他的朋友康特洛维茨一样是自由法学者，取决于在多远或多近的意义上提及自由法概念。

我们且将目光从自由法概念这一抽象问题中抽离，而转向到康特洛维茨与拉德布鲁赫的具体联系点上。对此，首先可以确定的是，拉德布鲁赫直接并且深入地参与了自由法运动的诞生以及康特洛维茨《为法学而斗争》这一纲领性著作中。他是法学理论界的权威性人物，推动了作品的发表②并且认为该作品"极为出色"，与此同时，他还保护了该作品免受不合理的攻击。③ 这些迹象似乎都意味着拉德布鲁赫是自由法理论的支持者。

但如果将康特洛维茨的代表性著作与拉德布鲁赫的《作为法律创作的法律科学》一文进行比较的话，就会得出明显对立的结论。④ 康特洛维茨在他的代表性著作中首先对实证主义、概念法学和法律无漏洞的教条发起了总攻。他从一个广泛的概念漏洞出发，即假定当某一条文不包含任何决定的话，那么漏洞就存在，进而得出他的命题：法律条文并不会比文辞的漏洞少。这些漏洞需要被填补，但由于传统法律渊源理论仅强调法律形式，故无法实现这一目的。因此，这些漏洞的填补需要通过自由法中法官对法律的续造来完成。也是在这一意义上，自由法运动首先是唯意志论的、反教条学的（反唯理论主义）、心理—社会科学的以及无神论的。以此为基础，自由意义上的法官对法律漏洞作出决定时，首先要考虑的是，当一个案件摆在眼前时，国家权力机关应当依据其信念作出怎样的决定。若法官并不能依据这些信念作出决定，那么其就应当依据自由法作出判断，特别复杂的情况下甚至可以依据任意性进行判断。这样做的目标在于，在司法中将法律续造的事实与法律适用的理论相结合，从而获得公正性的决断。⑤

---

① Zum Einfluß auf Karl Llewellyn siehe Fikentscher, Methoden des Rechts, Bd. 2, 1975, 282 mwNw. in Anm. 31 und S. 312 f. Einen Einfluß Kantorowiczs auf Ronald Dworkin bejaht Ibbetson , Hrsg. von Beatson/Zimmermann, Jurists Uprooted. German – Speaking Émigré Lawyers in Twentieth Century Britain, 2005, 284.
② Siehe stellvertretend die sorgfältige Arbeit von Vallauri, Geschichte des Freirechts, 141ff..
③ Zu beidem oben II. 1.
④ Radbruch, ZStW 27 (1907), 241 in: GRGA, Bd. 1, 1987, bearb. von A. Kaufmann, 480 ff..
⑤ AfS 22 (1906), 355, GRGA, Bd. 1, 409 ff..

与之相反，拉德布鲁赫文章中的基础论述则呈现出明显的别样图景。① 他并没有像康特洛维茨一样从法律的需要性理论中得出司法续造的必要性，而是"剥去了迄今为止所有的思想并且建立了相反的观点"。② 拉德布鲁赫得出的法律续造理论不止来源于法律体系的基本性结构问题。其出发点来源于这样一种观察，法律体系对于法律运用来说是不足够的。禁止拒绝裁判原则要求法官必须对所有的案件都作出决断，但根据国家权力分配原则，法官在作出决断之时不得进行任何法律续造。由于法律不可能十全十美，因此禁止法律续造是不现实的。解决这种困境的一个办法是认为法律是完美的，但这纯粹是虚幻的。因而拉德布鲁赫没有依循法律续造（国家权力分配）有限被许可的观点。其认为，通过法官的法律续造，不仅日常发生的事情被承认，而且法律与民族也得到了和解。③

显然，在拉德布鲁赫的论述中，并没有像康特洛维茨一样，怀疑要求进行法律裁决是违法的。与之相对，拉德布鲁赫在其论证中，以国家权力分配为原则，以法安定性原则为边界，这从一开始就将大量的误解进行了排除。此处我无法描述康特洛维茨的努力，虽然这些努力被证明都是徒劳的，但他一生都在反驳认为他"违背制定法"的批评，他认为这是一种无稽之谈并且是对他最大的不公，尽管他在这一论战中也有夸张的成分。④ 在这一点上重要的是：对拉德布鲁赫有关法律续造的作品的分析表明，他在晚期并没有转向自由法理论。⑤

反对意见特别引用了拉德布鲁赫 1913 年 1 月 14 日给恩斯特·福克斯（Ernst Fuchs）的信件。拉德布鲁赫在信中写道：

> 顺便提一下，自由法的胜利对我而言是胜利与失败并存的——如果您认为我是一个天生的新派的法学家，那么您就误解我了。我完全是一个旧派，并且通过自我观察让我有能力看清旧理论中存在的问题。⑥

这段话和下文提到的《法哲学入门》都不能证明拉德布鲁赫对自由法律理论态度的转变。拉德布鲁赫在其 1947 年的《法哲学入门》中指出："当下，人们不必过度强

---

① Kantorowicz, Der Kampf um die Rechtswissenschaft, 1906, 7 ff., 14 ff., 19 ff., 41, 42 ff., 46 f..
② In die gleiche Richtung Adachi/Teifke, in: Radbruch, Rechtsphilosophische Tagesfragen, 2004, 12 f..
③ Ebenda, 8.
④ Radbruch, ZStW 27 (1907), 241 in: GRGA, Bd. 1, 1987, bearb. von A. Kaufmann, 409ff. (412f., 415, 417, 422).
⑤ 对自由法的详细说明和分类见康特洛维茨的代表作：Tat und Schuld, 25ff (30)；此外还可参见 Rechtswissenschaft und Soziologie (1910/1911), in: ders. Hrsg. von Thomas Würtenberger in der Reihe „Freiburger rechts – und staatswissenschaftliche Abhandlungen", 117ff. (124ff.); ders., DRiZ1911, 258ff.。
⑥ 引自 Foulkes, in: GedS – Radbruch, 1968, 238。

调自由法运动的既定结果,同样,也不必强调这种限制,即通过法的安定性需求来确定其目标。"① 而至于基础性的紧张对立关系,除了拉德布鲁赫一开始就致力于解决的自由法中的法律续造问题以外,没有什么需要强调的:这一紧张关系存在于禁止拒绝裁判或者说公正性,与权力分配或者说法安定性之间。② 没有争议的是,1945年后拉德布鲁赫出于可以被理解的原因而改变了强调的重点。③

至此我们可以确定的是:拉德布鲁赫从未在任何一个时间节点上改变过对自由法理论的态度。就这一点上来说,不存在早期和晚期的拉德布鲁赫之分。如果认为康特洛维茨和拉德布鲁赫没有任何自由法上的确信,则是不正确的。这里我提及的仅仅是法律中不完整性的接纳,法律续造的出现(这也涉及更深层次的法律渊源理论),以及对于平衡民族和法律这一目标。④ 此外,至于拉德布鲁赫是否是一个自由法学者或只是接近自由法运动,主要是一个概念性的问题。正如之前所提到的,脱离任意性是很难对这一问题进行回答的。

五　总结

本文得出的结论如下。

第一,尽管有着不同的性格特征,但拉德布鲁赫和康特洛维茨之间有着长达一生的深厚友谊。

第二,两人都创作了广泛的作品并且有着大量的相似性。

第三,可以认为拉德布鲁赫和康特洛维茨都属于新康德主义者。但他们所隶属的不同方向,以及康特洛维茨的融合型新康德主义造成了两人明显的区别。

第四,尽管康特洛维茨和拉德布鲁赫之间的总体观点并不相同,但两人都有着共同的自由法确信。

---

① Radbruch, Vorschule der Rechtsphilosophie, §26, 82.
② 因此拉德布鲁赫也在其法哲学的基础(198, GRGA Bd. 17)中认为有可能使得法律续造和法律约束进行和解。自由法运动在1932年的法哲学中并未提及,这或许可以从魏玛共和国末期对于法安定性的威胁中得到解释。
③ A. A. Foulkes, in: GedS – Radbruch, 1968, 230f., 237f..
④ 详细参见 Kantorowicz, Der Kampf um die Rechtswissenschaft, 44f.。

古斯塔夫·拉德布鲁赫
——法哲学家与政治家[*]

〔德〕乌尔弗里德·诺伊曼[**] 文　邓卓行[***] 译

摘　要：古斯塔夫·拉德布鲁赫无疑是20世纪最享有盛誉的法学家之一，他的人生跌宕起伏，颇具传奇色彩。他不仅在法哲学领域贡献卓著，而且在政治领域亦多有建树。他的相对主义法哲学与其政治实践具有内在关联。他认为法哲学的任务不是"迫使"他人进行立场选择，而是促成人们相互间的自由沟通，需要采纳的是更有力的理由，而不是更有力者的理由。拉德布鲁赫的法哲学立场，在现实面前看似转变巨大，实则前后一致。以他名字命名的"拉德布鲁赫公式"既影响了各个时期的司法实践，也在法哲学界掀起了无尽的波澜。拉德布鲁赫首先是一名学者，不过却是在实践中历练过的学者，并始终是政治上的"参与观察者"，诚如其所言，"只有当过一段时间行动者的人，才能充分理解行动者的世界"。

关键词：法哲学　相对主义　拉德布鲁赫公式　参与观察者

一　说明

"古斯塔夫·拉德布鲁赫——法哲学家与政治家。"这里的"与"指的是什么？倘若人们想正确评价拉德布鲁赫本人及其作品，那么也许就不可以在"既……又……"的意义上相加式地理解这个"与"字。也就是说，在拉德布鲁赫的法哲学及其政治活动之间，是否有着内在的关联？拉德布鲁赫的法哲学是不是对政治的哲学式反思？或者，他是否曾力图将自己的法权、正义想象运用于政治实践——一项危险的行动，就像人们自柏拉图的叙拉古冒险以来所知道的那样，很容易终结于奴隶市场？又或者，这究竟是不是人生的偶然，是这些偶然将学者拉德布鲁赫推入政治——之后又重新将其引回学术？

---

[*]　文章出处：Ulfrid Neumann, Gustav Radbruch - Rechtsphilosiph und Politiker, Festschrift für Wilfried Küper zum 70. Geburtstag, S. 381 - 388。译者已获得作者翻译授权，感谢郑童博士、申屠晓莉博士、唐志威博士、陈晰博士为本文翻译提供的帮助。以下为原文内容：本文修改自我2002年7月12日在海德堡大学老礼堂的演讲稿，当时正值主题为"古斯塔夫·拉德布鲁赫——法哲学家与政治家"的展览会开幕式，寿星也有所出席。我怀着最大的敬意与真诚，将这篇文章献给维尔弗里德·库珀（Wilfried Küper）。

[**]　乌尔弗里德·诺伊曼，德国美茵河畔法兰克福大学法哲学、法社会学、刑法学与刑事诉讼法学荣休教授。

[***]　邓卓行，北京大学法学院与慕尼黑大学联合培养博士生。

二 生平

追忆:① 1904 年至 1914 年,拉德布鲁赫是海德堡的编外讲师和教授,② 并于 1914 年前往柯尼斯堡(Königsberg)工作,1919 年赴基尔(Kiel)任职。在基尔期间,③ 他的政治活动达到顶峰:1920 年至 1924 年担任帝国议会议员,1921 年至 1922 年入维尔特(Wirth)内阁,1923 年在施特雷泽曼(Stresemann)内阁担任帝国司法部长。三年后的 1926 年,拉德布鲁赫被返聘回海德堡大学;④ 他将此视为"回归自己古老的精神故乡"。⑤ 1928 年,他拒绝了重新接手帝国司法部的提议。1933 年 5 月,拉德布鲁赫被免除教授职位——理由是,根据其个性以及到目前为止的活动,他无法保证当下毫无保留地支持民族国家。在纳粹独裁统治结束以后,他于 1945 年 9 月重新开始自己的教职,并成为海德堡大学法学院院长。1948 年 7 月,他复又加入德国社会民主党(SPD),但是在政治上却不再活跃。1949 年 11 月 23 日,在他 71 岁生日的几天之后,古斯塔夫·拉德布鲁赫逝世于海德堡。

三 法哲学上的相对主义

(一)知识与信仰

拉德布鲁赫关于法权与国家的思考是否曾驱使他投身政治——为了这样一种柏拉图式的尝试,亦即,帮助已受认可的真理成为社会现实?这一问题的提出本身,就意味着否定的答案。拉德布鲁赫的法哲学立场是怀疑式的、防御式的,更确切地说,他的立场是知识批判,而不是存在论上的乐观主义。拉德布鲁赫的精神故乡是新康德主义⑥——这

---

① 对拉德布鲁赫生平更详细的阐述,尤其是:Arthur Kaufmann, Gustav Radbruch. Rechtsdenker, Philosoph, Sozialdemokrat, 1987; Spendel, Gustav Radbruch. Lebensbild eines Juristen, 1967; ders., Jurist in einer Zeitenwende. Gustav Radbruch zum 100. Geburtstag, 1979. 此外,参见 Kastner, Goethe in Leben und Werk Gustav Radbruchs, 1999, S. 6 ff.; Jan Schröder, Gustav Radbruch, in: Kleinheyer/Schröder, Deutsche Jristen aus fünf jahrhunderten. 3. Aufl. 1989, S. 228 – 232; Stanley L. Paulson, On the Background and Significance of Gustav Radbruch's Post – War Papers, in: Oxford Journal of Legal Studies 26 (2006), S. 17 ff., (20 – 26); Erik Wolf, Gustav Radbruch, in: ders., Große Rechtsdenker, 4. Aufl. 1963, S. 713 – 765。
② 对此:Küper, Gustav Radbruch als Heidelberger Rechtslehrer. Biographisches und Autobiographisches, in: ders., (Hrsg.), Heidelberger Strafrechtslehrer im 19. und 20. Jahrhundert, 1986, S. 225 ff. (S. 225 – 232)。
③ 对此:Holger Otte, Gustav Radbruchs Kieler Jahre 1919 – 1926, Frankfurt a. M. 1982。
④ 关于拉德布鲁赫生命中的第二段"海德堡时期":Küper, Gustav Radbruch(同上注②),S. 232 – 241。
⑤ Küper, Gustav Radbruch(同上注②),S. 232.
⑥ 对此,尤其是:Marc André Wiegand, Unrichtiges Recht. Gustav Radbruchs rechtsphilosophische Parteienlehre, 2004; 此外:Ralf Dreier, Gustav Radbruch, Hans Kelsen, Carl Schmitt, FS Günter Winkler, 1997, S. 193 ff. 以及:Ulfrid Neumann, Wissenschaftstheorie der Rechtswissenschaft bei Hans Kelsen und Gustav Radbruch. Zwei „neukantianische" Perspektiven, in: Paulson/Stolleis (Hrsg.), Hans Kelsen. Staatsrechtslehrer und Rechtstheoretiker des 20. Jahrhunderts, 2005, S. 35 ff.。

尤其意味着：严格区分实然与应然，无论是为了承认，还是为了纠正政治现实，人们都不可能从关于正确行为的现存标准中获取答案。因此，拉德布鲁赫坚决反对乃师弗兰茨·冯·李斯特的观点，①后者将未来实然等同于已定应然，对李斯特而言，这一规范性问题就由此被归结为一种恰当的预测。关于已定应然的阐述，最终并不具有知识的能力。②这是拉德布鲁赫相对主义的核心，它与马克斯·韦伯、格奥尔格·耶利内克和汉斯·凯尔森联结在一起。相对主义并非意味着漠不关心——评价是不可避免的，并且以更一般的评价为根据，直至达到一个明确的要点。但是，最终的评价却会避开令人信服的理由。法哲学不能要求个人在不同的基本立场之间作出选择。这些基本立场不是知识问题，而是信仰问题。③对此，信仰问题也同样是政治上的站队，尤其是这样一种基本决断，即对国家与法权的理解究竟是个人性的还是集体性的。④

从这个意义说，拉德布鲁赫的政治参与是否会附丽于纯粹的信仰，并由此在法哲学上被中立化？事情可能并非如此简单。拉德布鲁赫当然不缺少明确的信仰：与某种特殊的法哲学方案所产生的结论相比，他对人权、⑤国际精神、⑥避难者的人道对待、⑦世界主义⑧和国际法院⑨的支持，更可能是一种关于人道主义参与的强烈表达。但是在拉德布鲁赫那里，政治与哲学的联结程度，可能要比一开始所设想的、严格区分实然与应然的新康德主义方案来得更加紧密。在分析层面上，这首先适用于政治与法哲学的事实关联。但最初令人意外的是，这也同样适用于规范性问题，亦即，从关于国家和法权形态的法哲学知识中——并非信仰！——能够以及必须得出哪些实践结论。

（二）法哲学与政治

拉德布鲁赫所认为的法哲学与政治之间的事实关联，可以在其"法哲学的政党理论"（Rechtsphilosophische Parteienlehre）中找到清晰的表达，该理论是其法哲学最初始的组成部分之一：就像哲学只不过是对生命的阐释一样，法哲学乃是对日常政治的说明，相反，党派斗争则是一场重大的法哲学争论。在这一关联中，拉德布鲁赫赞同性地援引了贝尔罗兹海默（Berolzheimer）的表述，即政治是"法哲学的零钱"（Kleingeld

---

① v. Liszt, Das „richtige Recht" in der Strafgesetzgebung, ZStW 26 (1906), 556 f.; ZStW 27 (1907), 95 ff..
② Radbruch, Über die Methode der Rechtsvergleichung (1905/1906), in: Gustav Radbruch Gesamtausgabe (GRGA), Bd. 15, S. 152 ff., 154.
③ 对此：§ 2 der „Rechtsphilosophie", GRGA Bd. 2, S. 206 ff., 230 ff..
④ 对此：§ 8 der „Rechtsphilosophie", GRGA Bd. 2, S. 206 ff., 290 ff.。
⑤ 典型的：„Vorschule der Rechtsphilosophie", GRGA Bd. 3, S. 121 ff., 146 f.。
⑥ „Die Internationale des Geistes", GRGA Bd. 15, S. 369 ff..
⑦ 参见 Radbruchs Reichstagsrede vom 23. Februar 1922, GRGA Bd. 19, S. 94 ff.。
⑧ „Die Internationale des Geistes", GRGA Bd. 15, S. 369 ff., 371.
⑨ „Die Internationale des Geistes", GRGA Bd. 15, S. 369 ff., 371.

der Rechtsphilosophie），相反，法哲学是"世纪尺度中的政治"（Politik im Jahrhundertmaßstab）。① 在拉德布鲁赫那里，将各个党派具体分类到不同的法哲学立场这一做法是受到时代限制的，同时，也是由于这种限制，该分类的成功并非轻而易举。② 但是，核心的坐标系却是令人信服的，并且今天依然具有指导力，详言之，这一坐标系是指在个人性的观点和超个人性的观点之间作出选择，一边是契约模式，另一边是有机的组织体思想。③

就实证主义对国家社会主义不法政权的共同负责而言，拉德布鲁赫的观点也涉及法哲学和政治之间的事实关联。拉德布鲁赫的著名格言曾谓，实证主义"使德国法律界无力抵抗拥有恣意、犯罪内容的法律"。④ 这种责任分配首先得到了赞同性的采纳；⑤ 在战后初期的判决中，它符合一种在当代史上容易理解，却在方法上未经思考的自然法复兴潮流。⑥ 其根据不必在此讨论。只说这么多：作为观念史上的关联重建，这种"无抵抗力命题"如今遭到了极大的质疑。⑦ 理所当然的是：因为实证主义并不是国家社会主义法权思想的基本模型，堕落不堪的法权现实也同样违反法定化法权的规范。不过需要坚持的是，实证主义凭借其对法伦理问题的系统性排除，至少在法伦理方面导致了法学家们问题意识的萎缩。⑧

人们愿意在细节上争论法哲学与政治之间的这种事实关联——由于上述表达的限制，本文认为拉德布鲁赫的分析在两点上是令人信服的，那便是法哲学的政党理论和"无抵抗力命题"。更大的困难会引出这样一种规范性结论，该结论是拉德布鲁赫从关

---

① Radbruch, Literaturbericht Rechtsphilosophie (1908), GRGA Bd. 1, S. 510.
② 对此，更详细的阐述：Ralf Dreier, Gustav Radbruchs rechtsphilosophische Parteienlehre, ARSP 85 (1999), 497 ff.；对此：Ulfrid Neumann, Ralf Dreiers Radbruch, in: Alexy (Hrsg.), Integratives Verstehen. Zur Rechtsphilosophie Ralf Dreiers, 2005, S. 141 ff.，153 f. 详细阐述：Marc André Wiegand, Unrichtiges Recht. Gustav Radbruchs rechtsphilosophische Parteienlehre, 2004。
③ 在这个意义上，同样：Ralf Dreier, ARSP 85 (1999), 497 ff.。
④ Radbruch, Gesetzliches Unrecht und übergesetzliches Recht (1946), GRGA Bd. 3, S. 83 ff.，88；同样：ders., Fünf Minuten Rechtsphilosophie (1945), GRGA Bd. 3, S. 78；ders., Gesetz und Recht (1947), GRGA Bd. 3, S. 96 ff.，ders., Die Erneuerung des Rechts (1947), GRGA Bd. 3, S. 107 ff.，108.
⑤ 例如：Schorn, Der Richter im dritten Reich, 1963. 以及：Weinkauff, Die deutsche Justiz und der Nationalsozialismus, 1968。
⑥ 对此，更详细的阐述：Ulfrid Neumann, Rechtsphilosophie in Deutschland seit 1945, in: Dieter Simon (Hrsg.), Rechtswissenschaft in der Bonner Republik. Studien zur Wissenschaftsgeschichte der Jurisprudenz, 1994, S. 173 ff.，178 ff.。
⑦ 比如参见 Horst Dreier, Die Radbruchsche Formel – Erkenntnis oder Bekenntnis?, in: FS Robert Walter, 1991, S. 120 ff.；Hasso Hofmann, Einführung in die Rechts – und Staatsphilosophie, 3. Aufl. 2006, S. 115；Rottleuthner, Rechtspositivismus und Nationalsozialismus, in: Demokratie und Recht, 1987, S. 374 ff.，383 ff.；M. Wahlther, Hat der juristische Positivismus die deutschen Juristen wehrlos gemacht?, KJ 1988, 263 ff.。
⑧ Ralf Dreier, Recht und Moral (1980), in: ders., Recht – Moral – Ideologie, Studien zur Rechtstheorie, 1981, S. 180 ff.，192. 不同者也有：Alexy, A Defence of Radbruch's Formula, in: D. Dyzenhaus (Ed.), Recrafting the Rule of Law: The Limits of Legal Order, Oxford – Portland Oregon, 1999, 15 ff.，16（参照：S. Paulson）。

于正确政治秩序形态的法哲学中——从他自己的法哲学中——得出的。以相对主义和实然与应然的区分为基础，或许应当期待这样一种观点，该观点将国家与社会的不同模式之间的决断解释为个人信仰问题。

四 法哲学相对主义的规范性结论

众所周知，这一期待并未得到证实。因为，拉德布鲁赫从相对主义的方案中得出了关于政治生活形态的详细结论。在拉德布鲁赫看来，相对主义会产生业已传达的自然法要求[①]——对自由、法治国家、民主的要求，此外，还有对实现社会主义社会秩序的要求，对关于确信犯的特别刑法的要求。拉德布鲁赫将这种转换表达为"合乎逻辑的奇迹"[②]。谁不相信奇迹——至少不相信逻辑——谁就会试图在这里设想一个论据上的诡辩。

尽管如此，拉德布鲁赫仍然是正确的。这是因为，在诸多处于竞争状态的政治观点中，被要求的政治结构并不是以某一种政治观点为基础的，而是本身就属于这种竞争可能性的条件。观念竞争以言论自由、宗教自由、出版自由为前提——如此一来，相对主义便会进入自由主义之中。作为理性竞争的观念竞争，进一步以这样一种情况为前提，即被普遍接受的乃是更有力的理由，而不是更有力者的理由。如果观念的力量应该发挥作用，那么就必须使非理性的权力中立化——相对主义进入对社会秩序的要求中，该社会秩序——现代性地表达——会使理性商谈的条件制度化。也就是说，拉德布鲁赫的相对主义在结论上使其自身具有相对性，因为他为某些程序上的政治结构原则提供了根据，这些政治结构原则乃是不同政治阵营间莫衷一是的分歧所产生的结论。[③]

因此，对拉德布鲁赫来说，民主、人权和法治国家就不仅是他在自己生活的时代为之辩护的政治价值，而且同时也是其哲学怀疑主义的必然结论。谁妄图占有真理，谁就必然将宽容误解为不负责任，将民主错会为误入歧途的自由。只有怀疑者才能为民主和宽容提供同样是理论上的根据。

五 "拉德布鲁赫公式"的实践意义

本文还想探讨最后一个要点，这比其他任何要点都更能表现拉德布鲁赫法哲学持续产生影响的实践意义。此处涉及的乃不法实制定的约束力问题，以及对"法律的不

---

① Der Relativismus in der Rechtsphilosophie (1934), GRGA Bd. 3, S. 17 ff..
② 比如同上注，S. 21。
③ 对此：Poscher, Vom Wertrelativismus zu einer pluralistischen Demokratietheorie – Gustav Radbruchs rechtsphilosophisch begründete Parteienstaatslehre, in: Christoph Gusy (Hrsg.), Demokratisches Denken in der Weimarer Republik, 2000, S. 191 ff. 。

法"的评价。很少发生联邦最高法院在判例中求助法哲学著作这种事。在两个法律与政治上引起巨大争议的判例阶段，拉德布鲁赫1946年发表的题为《法律的不法与超法律的法》① 这篇论文实质性地影响了联邦法院的裁判实践：联邦共和国初期，对纳粹体系中符合制定法的不法行为所作的刑事处理，② 以及1989年之后，对从前东德符合体系与法律的不法行为所作的法律评价，后者的重要意义主要与所谓的"柏林墙射杀案诉讼"有关。

联邦法院曾在一些案件中肯定了杀死"逾越边境者"行为的可罚性，根据当时的东德法律，这些案件中的犯行具有正当性，对此，联邦法院关键性地援引了古斯塔夫·拉德布鲁赫的观点来作为依据。③ 其实，在一些犯罪时的法律已经覆盖到犯行的案件中，拉德布鲁赫那篇1946年的论文也赋予了对纳粹犯罪人进行处罚的正当性。在极度违反正义的情况下，制定法便不是具有约束力的法，也就是说，法定的正当化事由缺少合法的效力。按照他在文中拟订的标准，"柏林墙射杀案"的判决是否能够持久，则是一个有争议的、在此无须深入探讨的问题。④ 令人感兴趣的是这样一个问题，亦即，相对主义方案必然导向实证法观点——每一项正确颁布的法律都具有约束力，据此，拉德布鲁赫是如何能够得出严重不法的制定法不具有普遍约束力这一看法的。我们是否要重新将之与"合乎逻辑的奇迹"联系起来，或者，拉德布鲁赫是否在纳粹体系迄今难以想象的"法律的不法"的印象下，于1945年之后修正了自己的实证主义法

---

① GRGA Bd. 3，S. 83 ff. 【本文的德文题目是 Gesetzliches Unrecht und übergesetzliches Recht，我国学界将之翻译为"法律的不法与超法律的法"，但是译者认为，将此处的 Recht/Unrecht 译为正义/非正义或许更为恰当，因为在以实定法为前提的刑法教义学中，Unrecht 指的是犯罪论体系中的不法阶层，它是在实定法确立之后认定行为是否符合构成要件且不具有违法阻却事由的问题。对这篇论文而言，其中的 Recht/Uurecht 涉及的却是前实定法的正义问题，虽然将此翻译成"不法"并无大碍，在德语中也可作此理解，比如"不法政权"，却容易给国内读者造成某种误解。译者无意另创一套译法，仅在此略作说明。——译者注】
② 比如，在判决中提及拉德布鲁赫公式：BGHSt 2，173 (177)；BGHSt 3，357 (362 ff.)；BVerfGE 23.，98.
③ BGHSt 39，1 (15 f.)；BGHSt 41，101 (105 ff.). 同样求助于拉德布鲁赫公式的联邦宪法法院，将这一理由和宪法上的回溯禁止限制联结在了一起（BVerfGE 95，96）。法哲学的文献，比如参见 Horst Dreier, Gustav Radbruch und die Mauerschützen, JZ 1997, 421 ff.；Forschner, Die Radbruchsche Formel in den höchstrichterlichen „Mauerschützenurteilen", Diss. Tübingen 2003；Frommel, Die Mauerschützenprozesse – eine unerwartete Aktualität der Radbruch'schen Formel, in: FS Arthur Kaufmann, 1993, 81 ff.；Felix Herzog, Zur strafrechtlichen Verantwortlichkeit von Todesschützen an der innerdeutschen Grenze, NJ 1993, 13 ff.；Arthur Kaufmann, Die Radbruchsche Formel vom gesetzlichen Unrecht und vom übergesetzlichen Recht in der Diskussion um das im Namen der DDR begangene Unrecht, NJW 1995, 81 ff.；Rosenau, Tödliche Schüsse im staatlichen Auftrag. Die strafrechtliche Verantwortung von Grenzsoldaten für den Schußwaffengebrauch an der deutsch–deutschen Grenze, 2. Aufl. 1998；Seidel, Rechtsphilosophische Aspekte der „Mauerschützen" – Prozesse, 1999；Sieckmann, Die „Radbruch'schen Formel" und die Mauerschützen, ARSP 87 (2001), 496 ff.。
④ 给予这一问题肯定回答的，比如：Saliger, Radbruchsche Formel und Rechtsstaat, 1995, S. 33 ff.；给予否定回答的：Ralf Dreier, Gesetzliches Unrecht im SRD – Staat? 例如，DDR – Grenzgesetzes, in: FS Arthur Kaufmann, 1993, S. 57 ff., 66。

律观?①

这不是一个纯学术问题,也不只是研讨课、祝寿文集论文和法学博士学位论文中的问题。因为这涉及法哲学立场相对于明显受期待的实践结果是否前后一致的问题。如果人们可以将柏拉图的命运变成一种隐喻,那么哲学是否就会在此成为政治的奴隶?具体问之:拉德布鲁赫是否在处罚需求可以被理解,理论上却无法被证明的印象下,没有公开修正地暗中拒绝了自己以往的法哲学方案?

本文认为:非也。这是因为,无论何时,拉德布鲁赫都不是一个将法安定性无条件放在正义之上的极端实证主义者。② 法安定性、正义、法的合目的性,一开始都是法观念的组成部分,③ 所有的实证法方案皆与此有关。④ 正确的是,在这些重大价值的相互关系中,它们各自强调的重点有所不同:⑤ 如果说在1932年的法哲学中,法安定性还显然很关键,那么在1945年之后,正义就获得了相对更大的重要性。但是,后期的拉德布鲁赫也同样赋予了内容不法的制定法和由此而来的法安定性优先于正义的地位⑥——例外是不法制定法"难以被忍受"的情况。相反,早期的拉德布鲁赫也从来没有将不法制定法的效力绝对化。虽然,其实我们会在1932年的法哲学中读到这样令人诧异的句子:"我们鄙视布道时反对自己信仰的牧师,但是我们尊敬这样的法官,他不会被自己法忠诚中抵触的法感情所迷惑。"⑦ 但是,在同样的位置上,公民却被施加了遵守"不良法律"的义务。⑧ 因此,法官受到的严格法律约束,不如说看起来是一种特殊的、受角色制约的,并且在魏玛共和国时代尤其具有现实意义的义务,因为这表达的是一种

---

① 在法实证主义和法道德主义(自然法)的争论中,关于拉德布鲁赫立场的连续性或非连续性问题的大量文献,比如参见 Horst Dreier, Horst Dreier, Die Radbruchsche Formel – Erkenntnis oder Bekenntnis?, in: FS Robert Walter, 1991, S. 128 f.; Ralf Dreier/Stanley L. Paulson, Einführung in die Rechtsphilosophie Radbruchs, in: Gustav Radbruch, Rechtsphilosophie, Studienausgabe (hrsg. von Ralf Dreier und Stanley L. Paulson), 2. Aufl. 2003, S. 237 ff., 242 ff.; Arthur Kaufmann, Gustav Radbruch – Leben und Werk, in: GRGA Bd. 1, S. 45 ff., 81 ff.; Frank Saliger, Radbruchsche Formel und Rechtsstaat, 1995, S. 13; Erik Wolf, Umbruch oder Entwicklung in Gustav Radbruchs Rechtsphilosophie? ARSP 45 (1959), 481 ff.。

② 今天的主流评价也依然如此(参见上注中所提到的作者)。不同观点比如: Fritz von Hippel, Gustav Radbruch als rechtphilosophischer Denker, 1951. 该书作者是以拉德布鲁赫法哲学中的根本转变为出发点的("大马色体验", S. 36.)("大马色体验"又译为"回心历程",故事参见《圣经·新约·使徒行传》第9章。——译者注)。同样: Fritz Bauer, Das „gesetzliche Unrecht" des Nationalsozialismus und die deutsche Strafrechtspflege, in: GedS Radbruch, 1986, S. 302 ff.。该书作者谈的乃是拉德布鲁赫法思想中的"重大飞跃"(Salto vitale)。

③ Rechtsphilosophie, GRGA Bd. 2, S. 278 f.。

④ Rechtsphilosophie, GRGA Bd. 2, S. 227。

⑤ 对此: Arthur Kaufmann, Gustav Radbruch. Rechtsdenker, Philosoph, Sozialdemokrat, 1987, S. 152ff.。

⑥ 1945年以后,拉德布鲁赫同样认为,基本上,"即使内容具有不法性以及不合目的性,实证的、通过法规和权力来保障的法权也依然享有优先地位。"(Gesetzliches Unrecht und übergesetzliches Recht [1946], GRGA Bd. 3, S. 89)

⑦ Rechtsphilosophie, GRGA Bd. 2, S. 206 ff., 316。

⑧ Rechtsphilosophie, GRGA Bd. 2, S. 315。

不受限制的实证主义方案。

六 作为政治 "参与观察者" 的法哲学家？

"古斯塔夫·拉德布鲁赫——法哲学家与政治家"为描绘两者关系而产生的图景与阿图尔·考夫曼的论断相得益彰，在拉德布鲁赫身上，生活和事业乃不可分割的整体。[1] 尤其在刑法改革领域，拉德布鲁赫从事了很多工作，这些工作不仅符合拉德布鲁赫本人的政治与伦理信仰，而且也符合他的法哲学认知。[2] 然而，不容忽视的是，拉德布鲁赫是迫不得已才妥协成为政治家的，这一妥协给法哲学家拉德布鲁赫的信念带来了权力。同意在《共和国保护法》[3] 中引入死刑，对这位信念坚定的死刑反对者来说[4] 可能是最痛苦的事。在此种意义上，这位想参与政治的法哲学家就会在某种比喻的意义上遭遇古希腊哲学家的命运，他被拖出来去塑造理想的共和国。由于这种知性的牺牲（或曰美德的牺牲），拉德布鲁赫一再受到批评，[5] 但他寻得了谅解。[6] 在其自传式的札记《心路历程》(Der innere Weg) 中，[7] 他承认自己是一名学者，对学者而言，与其说政治活动具有塑造功能，不如说最终只有知识功能。与他重返海德堡（1926）的表现相关，拉德布鲁赫写道："我曾有意识地从以政治为主要活动重新转向以学术为自己的主要职业，我认为自己的沉思气质多于行动本性，对此，从参加活动中获得的最终只是沉思的意义——只有当过一段时间行动者的人，才能充分理解行动者的世界。"[8] 由此观之，学者的角色在政治中或许是：一种参与观察者的角色。

---

[1] Arthur Kaufmann, Gustav Radbruch. Rechtsdenker, Philosoph, Sozialdemokrat, 1987, S. 15.
[2] 对此更详细的阐述：Ulfrid Neumann, Gustav Radbruchs Beitrag zur Strafrechtsreform, KJ 2004, 431 ff.。
[3] 1922 年 7 月 22 日 "旨在保护共和国的立法"（RGBl I S. 585），对此，拉德布鲁赫作为帝国司法部长承担了这一责任。
[4] 参见 Radbruch, Zur Todesstrafe (1928), GRGA Bd. 9, S. 302; ders., Abschaffung der Todesstrafe als Symbol der Strafrechtsreform (1931), GRGA Bd. 9, S. 321 f.。
[5] 比如，Spendel, Gustav Radbruch. Lebensbild eines Juristen, 1967; ders., Jurist in einer Zeitenwende. Gustav Radbruch zum 100. Geburtstag, 1979, S. 18 f.。
[6] 比如参见 Hans-Jochen Vogel, Gustav Radbruch – ein Rechtsdenker und Rechtspolitiker der deutschen Sozialdemokratie, in: Küper (Hrsg.), Heidelberger Strafrechtslehrer im 19. und 20. Jahrhundert, 1986,, S. 243 ff., 259.。
[7] GRGA Bd. 16, S. 167 ff..
[8] GRGA Bd. 16, S. 279.

专 论

大清律·刑律
——传统中国的法理思维*

〔日〕谷井阳子** 文 伍 跃*** 译

摘　要： 律是前近代中国的成文法中具有代表意义的法典，也是构成传统中国法理思维的基础。相对于唐律来说，现今保存着大量的明清律注释著作。明清时期的律学是惠及后世的中国史上最为丰硕的成果之一。所有这些，有助于后人理解传统中国法理思维的发展变化。律所见法理思维的中心是，在断罪量刑时会考虑到诸种因素。在前近代中国法学家的法理思维的深处，"杖八十"与"杖九十"这种在今人看来无甚区别的量刑恰恰涉及问题的本质，即反映社会应有秩序的结构。沈之奇撰《大清律辑注》是在继承中国传统的律及律学发展的基础上，承袭了明代中叶以后律学研究成果的集大成著作。该书在充分吸收清代以前积累的法理思维的基础上，通过附以"沈注"的形式阐述了其对律文的独到见解。因此，该书不仅代表着清律注释的最高水准，也代表着前近代中国法理思维所达到的高度。

关键词： 传统中国　法理思维　清律　沈之奇　大清律辑注

〔译文背景说明〕

2019 年，日本天理大学谷井阳子教授在已故的谷井俊仁教授之遗作《大清律辑注考释》的基础上，通过十数年的不懈努力，完成了 2 册本的《大清律·刑律——传统中国的法理思维》（日文版原题：大清律·刑律——伝統中国の法的思考）一书，交由平凡社，作为"东洋文库"的第 893 册和第 894 册刊行问世。

谷井伉俪曾经负笈于京都大学，专攻东洋史学，除本书外，还曾联袂翻译过孔飞力的《叫魂》一书（日文译版原题：中国近世の霊魂泥棒，平凡社，1996）。二人在中国近世制度史、法制史和律学研究等领域中发表的一系列研究成果，深受学界重视。其中，已故的滋贺秀三教授生前曾分别为二人撰写的论文写过书评，给予鞭策和鼓励（见《法制史研究》40 号，1989；《法制史研究》46 号，1996）。

---

* 本文系从谷井俊仁、谷井阳子《大清律·刑律——伝統中国の法的思考》（平凡社，2019）的序文翻译而来。
** 谷井阳子，京都大学文学博士，天理大学文学部教授。
*** 伍跃，京都大学文学博士，大阪经济法科大学国际学部教授。

谷井俊仁参加过滋贺秀三主持的研究计划——从史料文献看中国法制史。该计划的初衷之一是为后学者指示门径，系统地介绍从西周金文直至当代中国的法制文献，参加的各位学者堪称各领域的翘楚。其研究成果最终结集为《中国法制史：基本资料の研究》（滋贺秀三编，东京大学出版会，1993初版，1994再版），其中的"清律"部分由谷井俊仁担纲执笔。在该文展望清律研究之发展的部分，谷井俊仁写道，今人尚未充分理解清律的基本理论，为了解决这一问题，有必要熟读《读律佩觿》《大清律辑注》的总注和沈之奇注，以及雍正律总注。他本人身体力行，在详细阅读《大清律辑注》的基础上，于1999年至2004年连续发表了《大清律辑注考释》的第一~六（三重大学人文学部文化学科《人文论丛》，第16~21号），着重解读了《大清律例·刑律》的"人命"和"斗殴"部分。正如谷井阳子所说，这些文章根植于对清律的理解之上，而且研读的对象——《大清律辑注》的对象是专操刑名之人——并非通俗著作，故对于接触清律不久的读者来说或许会感到难解。

2007年以后，谷井阳子在上述未竟事业的基础上，竟十数年之苦功，以一人之努力，完成了对《大清律辑注》中"刑律"部分的日文译解。该工作主要有如下几个方面。其一，为了使更多的读者理解清律，谷井阳子将夫君谷井俊仁原作中原文引用的律文和小注译成现代日语，并且解释了原文照录的固有名词，由此为全书规定了译解凡例；其二，在依据上述凡例全面改写"人命"和"斗殴"部分之外，还完成了对"贼盗"、"骂詈"、"诉讼"、"受赃"、"诈伪"、"犯奸"、"杂犯"、"捕亡"和"断狱"各篇的日文译解。恰如谷井阳子所说，希望通过该书向学界介绍传统中国的法理思维，使后人理解传统中国法学家们的所思所考，理解一个充满丰富法学知识和追求严密解释、独具特色的法律世界。需要指出的是，在如此繁重的日文译解过程中，谷井阳子教授还独力完成了巨著《八旗制度の研究》（京都大学学术出版会，2015）。

本文译者自负笈京都大学以来，在求学和研究等不同场合深得两位作者谷井俊仁、谷井阳子的教益，既有紧张的调查旅行，也有轻松的茶余饭后，更多的是研究会上的切磋琢磨。值此翻译克成之际，除向中国人民大学尤陈俊先生、四川大学刘昕杰先生致谢外，特向谷井阳子教授表示感谢，并寄托对故友的遥思。

伍　跃

2020年4月9日 大阪进入"新冠肺炎紧急状态"后第二日

前　言

本书是在参考沈之奇撰《大清律辑注》的基础上，翻译注解清朝法典——《大清律》全书三十卷中的卷十八至卷二十八，即《刑律》部分，重点在于分析研究传统中国的法理思维。

众所周知，律是前近代中国的成文法中具有代表意义的法典，尤其是唐律和唐令给予古代日本很大的影响。唐律虽然在唐朝灭亡之后依然被承袭，维持了较长时间的生命力。但唐律毕竟是完成于8世纪前期的法典，在其后的数百年间，其既有规定与社会实际相乖离的部分逐渐增多。14世纪后期制定的明律，是以唐律为基础，吸收了元代以前历代法典的规定，并在结构上作了极大调整之后编纂而成的。清律基本上承袭了明律，虽有为数不多的修订，但终究没有超出微调的范围。由于保留至今的唐代以前的律文几乎都是零篇断简，相比之下，目前可以看到的较为完整的中国律大致只有两种，即唐律和明清律。

唐律在构成上十分均整，堪称典范。这一点已经获得学界的认同。明清律带有唐代以后社会变化的种种烙印。两种律虽然各有特点，但唐律在官方注释的《律疏》（通称为《唐律疏议》）以外基本看不到稍成体系的注释书，明清律却拥有唐律在数量上难以比拟的注释著作，其中一些堪称优秀。在论及同时代人对律的研究时，明清律学是惠及后世的中国史上最为丰硕的成果之一。只要读一读本书就可以体会到，只有和注释一起阅读才能真正理解律文本身的含义。甚至可以说，究竟能在何种程度上深入地理解律文，完全有赖于注释的存在。因此，笔者在翻译清律条文的同时，尤其着力于根据同一时代的注释书进行解说。这不仅是介绍前近代中国的法律，更是用于理解传统中国法理思维的最高发展形态。

清律由以下两部分构成，即相当于总则的《名例律》和相当于分则的《吏律》、《户律》、《礼律》、《兵律》、《刑律》和《工律》。本书选择的是其中的《刑律》部分。如此处理固然有对篇幅的考虑，但更重要的是在分则各篇当中《刑律》的使用频度最高，该部分注释充实程度也远超其他部分，借此可以更好地了解当时法理思维所达到的水平。属于总则的《名例律》在阅读《刑律》时是必须参照的。但如果仅仅阅读《名例律》，则恐怕难以理解。本书有鉴于此，摘录《名例律》中的一部分要点，将其作为"清律的基础知识"的一节，供读者在阅读时参考。

本书在注释《大清律·刑律》时，主要参考了《大清律辑注》，而没有博取众家之说。如此处理是为了避免出现以下情况，即随心所欲地博取众家之说，结果导致解释时会出现前后矛盾的情况（当然，当遇到《大清律辑注》没有相关说明，或者学说各异的情况时，会在说明情况的前提下采取他家之说）。之所以选取《大清律辑注》，是因为该书堪称明代中期以后律学研究的集大成之作，也是清代普及程度最广、影响力最大的注释书。因此，可以将本书基于《大清律辑注》的解说视为清律尚具有实际功效时广泛使用的标准解释。

一 律与传统中国的法

律令作为前近代中国成文法的代表久为学界公认。但是，令与律同时作为法典共存的时期实际上并不长。就中国历史的整体而言，律始终居于成文法的中心。律属于一种刑法典，由刑法典占据法的中心位置，也许让现代的日本人略感费解。但是，如果从传统中国秩序观念的角度观察的话就会发现，这实际上是理所当然的。

在中国传统的世界观中，约束社会秩序的规范是"礼"。礼是按照父子、夫妇、君臣等名分，对人们相互之间所应采取行动施以约束的规范。当人们在行动中根据各自的立场、遵循礼的原则的情况下，社会秩序才有可能形成。教育并引导人们遵循礼的原则是天子的义务。但是，遵循礼的原则取决于个人的自觉，天子的"教化"只能诱导，不能强制。这就是说，当行为出现违反礼的原则时，礼本身无法对其施以处罚。这样，由于"礼"本身并不具备强制手段，尽管十分遗憾，但必须承认，礼本身无法根绝那些无时不在的、超脱常轨的恶行，故无法对社会提供保护。在这种情况下就不得不需要一种对抗措施，即"法"。

远溯古史可以知道，以孔子为代表的儒家主张在礼与教化的基础上建立社会秩序。在周王朝权威趋于衰弱、礼崩乐坏的春秋时代，孔子试图以周公制定的礼为行为规范，重塑天下大乱的社会。孔子学说在他身后得到了继承，但是在旧有秩序面临崩溃的战国时代，所谓的诸子百家为了建立新秩序都在四处游说。其中，以商鞅和韩非子为代表的法家主张，应该通过平等的、有广泛适用性的法来规范人们的行为，从而达到富国强兵的目的。

随着采纳了法家学说的秦实现了一统天下，儒家作为法家的对手受到了镇压。但是，秦的严法统治遭到了人们的反对，秦始皇死后不久秦也归于灭亡。汉高祖面对那些苦于秦之繁文冗法的人们，以"法三章"，即惩罚杀人、伤人、盗窃相约，受到了广泛的欢迎。不过，所谓的"法三章"不过是收买人心的宣传口号，汉朝在实际上继承了秦的法律体系。在此基础上，汉朝鉴于秦朝的失败，淘汰了秦朝法律中苛酷烦琐的部分，形成了一个比较简洁的法律体系。这就是说，法治在秦汉易代之际得到了继承。

尽管如此，单纯依赖运用法律规范社会行为的法家思想开始受到批判，儒家思想的影响力日渐复兴，最终在汉武帝时期确立了独尊儒术的方针。其结果导致汉朝形成了以儒家学说为指针、以法家之术为手段的统治体制。"礼禁未然之前，法施已然之后"[①]，这

---

① 《史记·太史公自序》。

就是说，礼告诉人应该如何作为，法则告诉人应该如何对待已经发生的行为。由此可见，礼与法相辅相成，共同构成了社会秩序赖以存立的准则。

治理天下乃天子的义务，天子一方面教化民众遵礼，另一方面用法来取缔民众的非为。"法施已然之后"就是说法负责事后的制裁，故法必然伴随着制裁的手段——刑。在这种秩序观念的背景之下，国家为实施刑罚而制定的规则自然成为最重要的法。律在中国史上作为成文法的中心的理由，概由于此。

法作为君主统治民众、维护社会秩序的工具得以发展。在约束人们行为的时候，最受重视的是法对社会的安宁究竟可以给予何种程度的影响。以私法为中心发展起来的欧洲法十分关注个人与集团的权利，中国法在这一点上却是完全不同的。因此，中国固然也存在私人之间的借贷和继承等问题，但这些问题无论对于当事者来说是多么重大，从法的角度来说却被视为轻微之事。当今民法中涵括的诸多行为中，除了一部分被视为禁止对象的行为（如借债不还、强占他人土地之类）属于法的范围，至于何种契约具有何种效力等问题，根本就没有成为依法规定的对象。

在律之外，还存在类似于唐代的格和明清时代的条例等居于次要地位的法典或法规性编纂物，以及无数的单行法规，这些均位于律之下。与律并称的法典只有令，即关于行政机构的规定及其相关规则，但是令并没有形成如同律所具有的体系，且已经消亡。相比之下，律自秦汉时代初具规模以来，与时俱进，不断增补修改，直到近代法制度传入为止，始终占据着基本法典的地位。

在蒙古人统治的元代，虽然废除了前朝旧律，但未能制定新律，只得用单行法规和实用法令集进行统治。即便是在如此特殊的时代，还出现了看似奇妙的现象，即刊行已经失效的唐律。在没有本朝现行律的时代，却刻意要去阅读已经不具效力的前朝旧律，这是因为需要"法理思考的教科书"。[①] 此外，作为前近代中国法有着如下一条基本原则，即在实际的运用当中，次要法典优先于作为基本法典的律，而单行法规又优先于次要法典。因此，在明清律保有效力的时代，随着条例与单行法规的逐渐增加，律的适用频度在相应下降。即便如此，律始终没有丧失作为最重要、必须学习的法的地位，其原因就在于此。这就是说，律在前近代中国既是基本法典，也是构成法理思维的基础。

二 律所见传统中国的法理思维

律所见法理思维的中心是，在断罪时考虑到诸种因素，然后统一处以相应的刑罚。

[①] 滋贺秀三：《中国法制史論集·法典と刑罰》，创文社，2003，第182页。

律规定的刑罚有"杖六十""徒一年"等，与现代日本刑法中规定的处"〇年以下惩役"等不同，在量刑时没有对刑罚范围的规定。罪与刑采用一对一的形式，法官没有裁量加减的余地。

在现实的审判之中，对于比较轻微的犯罪甚至可以不适用律的规定，既不援引律的规定，也不援引其他法规的规定，常常是根据法官的判断决定处罚的内容与形式。但是，对于那些相对较重的罪行，在审判时必须以律（或者其他法规）的规定为基础。在这种场合，法官只能根据律的规定决定刑罚的内容与形式，不得任意轻重。

由于罪与刑必须严格对应，故在针对某项犯罪行为决定适用某项律的规定时，必须满足该项律所规定的所有条件。但这并不是说，没有满足律所规定的所有条件就不能断罪处罚。这是因为在传统中国基本的犯罪观念中，只要是属于道义上的恶行就属于犯罪。

当确有罪行，但律本身缺乏准确定罪条文时，允许进行"比附"即适用类推的方法。援引与所犯之罪相近的条文，再根据具体情况对刑罚稍加轻重。此外，针对比较轻微的犯罪行为有"不应为"的规定，据此可以处罚那些作了"不应作之事"的罪行。对法律中没有明确规定的行为进行断罪，在现今日本社会的常识来看是非常严重的、难以容忍之事。但是，中国传统的思维方式认为，倘以法律本身没有相应规定为由免除对那些做了坏事的人进行处罚，是完全没有道理的。

"比附"一词至少可以追溯到《汉书·刑法志》中的相关记述。唐律中也有关于"比附"的规定，明清律继承了这一点。根据明清律的规定，当法官决定采用比附时必须通过上司向刑部报告，最终必须经过上奏寻求皇帝的许可，严禁通过随意解释法律来作出判决（《名例律·断罪无正条》）。这就是说，当律文中没有合适的条文，而又需要对某项罪行作出判决的时候，必须以既定法条为基准，顾及刑罚之间的均衡，经过全国审判机构的中枢——刑部——的审议，最终要得到皇帝的认可。应该说，这是为了对所犯之罪科以适当刑罚而规定的十分慎重的手续。

此外，即便是某项犯罪行为具有处以相应罚则的所有条件，在考虑到特殊情况，并有必要酌情处理的时候，也需要在援引相关法条的前提之下，通过上奏请求适当地增减刑罚。如果得到许可，也只能就该项犯罪行为适用与律文规定稍有不同的刑罚。鉴于律本身不允许量刑时存在可以任意增减的空间，故当出现与律的设想有所不同的情况时，审判者试图通过逐一的个别判断来保证罪状与刑罚之间的平衡。

类似这种为弥补律文不足所作的判决最终会成为判例，并且被积累起来。原则上不允许根据判例作出判决，当类似案例日渐增多时，会以公布单行法规的形式确定今后的断罪标准。当这些单行法规逐渐增多之后，会选择其中重要的部分编为次要法典。

当出现律文本身无法准确判断的罪行和酌情处理的条件时，就会不断地增加单行法规。随着单行法规的不断增加，法本身就会出现难以把握的状况。这是中国自古以来每隔一段时间必定会发生的现象。

当发生此种现象时，如果犯罪行为或犯人本身的条件略有不同时，通常会被科以彼此不同的刑罚。决定刑罚时，不仅会考虑犯罪的种类和程度，还会考虑犯人的身份、地位、年龄、性别等要素，尤其会考虑到犯人与受害者之间的关系（例如亲属关系或官制上的统属关系等），对上述诸种关系综合考虑之后作出判决，同时必须保持彼此之间的均衡。中国人认为，脱序行为及行为人之间存在多种多样的组合形式，它们必须置于刑罚体系（在唐律诞生以后，该刑罚体系是以所谓的"五刑"，即笞、杖、徒、流、死为基础的）上的恰当位置。这就是说，社会应有的秩序也被投射在刑罚之上。

从常识上来说，编制一张与各种犯罪相对应的刑罚一览表在现实中几乎是不可能的。因此，律文作为刑法典实际上是包罗万象的，即"罪·刑对照表"的基本框架。类似唐律和明清律那样具有较长法律效力的律文作为刑法的整体框架保持着均衡，也发挥了作为量刑标准的机能。

现在，唐律与明清律都几乎完好地保留着同时代形成的注释。这些注释首先说明针对某种犯罪行为应该课以某种刑罚，进而如此科罪的理由。如本书所述，明代中期以后出现了大量的律学书，它们十分关注量刑中的差异，甚至由此发现了许多重要问题。我们通常会认为，杖八十与杖九十、徒一年与徒一年半之间应该没有什么太大的区别，但是传统中国的法学者却认为这一点恰恰涉及问题的本质。这是因为，这种认识——量刑的差异实际上是社会应有秩序的反映——牢固地存在于传统中国法理思维的深层。

三 律及其注释

（一）中国律的历史

通常认为，中国传统成文法的历史可以上溯到战国时代魏文侯（公元前445～前396年在位）之师李悝所制定的《法经》。《大清律辑注》在记述各篇的历史沿革时，也将其起源系于《法经》。根据《晋书·刑法志》的记载，《法经》有《盗》、《贼》、《囚》、《捕》、《杂》和《具》六篇，在秦国实现富国强兵的商鞅就是学习了《法经》，并在秦国付诸实践。

由于《晋书》编纂于李悝去世千年以后的唐代初年，故有人一直质疑《法经》的存在。但是，1975～1976年发掘出土的"云梦睡虎地秦简"中不仅有上百条秦律的律文，而且包含以某种尚不知名的刑法典为根据的注释书。无论这些注释书是否以《法经》为基础，但战国时代的秦国无疑实施过具有完整体系的刑法典。

进入汉代之后，据称汉高祖的相国萧何在取舍秦法的基础上制定了"律九章"。关于萧何制定"律九章"一说始终存在疑问，但至少后汉时特别法之一为"九篇之律"，即承袭自《法经》的《盗》、《贼》、《囚》、《捕》、《杂》和《具》的六篇和《户》、《兴》、《厩》三篇。但是，九篇之外还有很多律文，此外，还有被称为"令"的单行法规及其汇编，结果导致了受人诟病的"律令烦多"的弊害。

后汉灭亡之后，三国时期曹魏的明帝下令整理了前代旧法，制定了新的律文，即"新律"十八篇和"州郡令"等令文。当晋开国之后，立即在此基础上制定了由律二十篇和令四十篇构成的律令，是为泰始律令。南北朝时期的各王朝均继承了泰始律令，在南朝并未有过重要的变化，而北朝却数度修改律文，并且出现了最终结晶于唐律的若干要素。例如，对老人和儿童减免刑罚的规定、从犯减首犯一等论罪的首从法等等。自汉代废除了肉刑（即损毁一部分身体的劓、刖、宫等）以来，经过长期的实践，徒刑和流刑最终成为位于死刑与笞刑之间的刑罚。这样，在南北朝时期正式形成了笞、杖、徒、流、死五刑的体系。

隋文帝受禅于北周之后，下令编纂新的律令，并在整理条文之后于开皇三年（583）颁布实施，是为"开皇律令"。当时，删繁就简之后严格选择的律文被分为《名例》、《卫禁》、《职制》、《户婚》、《厩库》、《擅兴》、《贼盗》、《斗讼》、《诈伪》、《杂》、《捕亡》和《断狱》十二篇，共计五百条。唐律继承了隋律的框架，即构成上的十二篇和约五百条律文。唐王朝在继承的基础上，曾经数度修订了开皇律令。唐的律令在经过开元二十五年（737）最后一次改订之后，基本被固定下来。如此固定之后的唐代律令除令已散佚大部之外，律文一直流传至今，使后人可以了解到中国法的典范。

宋代几乎原封不动地继承了唐律，将其编入被称为《宋刑统》的法典之中。金代直到末年才完成了独自的律令即泰和律令，不久后即亡国。元代虽然宣布停止实施泰和律令，但始终未能制定新律。因此，自唐律确立的7世纪末直至14世纪后期明朝开国为止，律本身的发展陷于停顿。这一期间，社会状况出现了极大变化，有一些律文已经无法适应社会的现状，只得通过补充大量的单行法规和判例，才避免了法律制度的瓦解。这并不意味着律已经没有存在的价值。如上所述，律作为法学教科书依然发挥着作用。实际上，唐律及其官方注释《律疏》之所以能够流传至今，就是元代时出版流通的结果。

明太祖即位之后，着手制定了新的律与令。令基本上没有得到应用，而律自洪武三十年（1397）最后一次修订之后，直至明末，始终是明代的基本法典，而且没有经过修订。明初制定的明律在继承唐律的基础上，修改了那些不符合时代要求的部分，并且吸收了元代法制的某些部分，重新设计了整体结构。

明律由《名例律》、《吏律》、《户律》、《礼律》、《兵律》、《刑律》和《工律》等部分构成。这就是说，是由总则（名例）和对应六部职掌的分则构成的。分则各部分依次分为《职制》、《公式》、《户役》、《田宅》、《婚姻》、《仓库》、《课程》、《钱债》、《市廛》、《祭祀》、《仪制》、《宫卫》、《军政》、《关津》、《厩牧》、《邮驿》、《贼盗》、《人命》、《斗殴》、《骂詈》、《诉讼》、《受赃》、《诈伪》、《犯奸》、《杂犯》、《捕亡》、《断狱》、《营造》和《河防》29篇。共计30篇，460条。与唐律相比，在增加篇目和条文的同时，也有被取消的条文，整体来说条文数量有所减少。有人认为，明律形成于发展了宋元以来司法实务的法与具有完整结构的唐律相互折中的基础之上，故与唐律相比，明律在"均整之美"方面有所缺失。[①] 但从另外角度来看的话，明律的此种"缺失"恰恰反映出唐律形成数百年之后产生的社会与思想的变化。法固然要求具有安定性，但是也不能乖离社会的现状。明律在显示出唐律的传统依然具有生命力的同时，也可令我们看出唐代以后的社会状况和人们的思维方式发生了相当大的变化。

清朝在开始了它对全国的统治之后，首先宣布继承明律，在其后独自制定的顺治律在极大程度上沿袭了明律，仅有一些极小限度的修正。当时的修正仅限于删去与明初曾经短命流通的大明宝钞有关的条文，增加了尚未进入五刑体系，但在实践中已经作为"重流刑"采纳的充军刑的条文。这些明显是对那些已经不合时代现状的条文进行小修小补。[②] 其后，经过三次修订之后，清律在乾隆六年（1741）基本上被固定下来（康熙年间的修改仅仅是一次校对，整体上没有重大的改变）。现在，学界将明律与清律合称"明清律"的原因就在于此。

(二) 律学的历史

(1) 从《法律答问》到《唐律疏议》

如上所述，律的历史同时也是传统中国研究法律的历史。前述"云梦睡虎地秦简"中包括现存最古老的律文文本，同时也有相当一部分竹简的内容是对律文所作的注释。被定名为《法律答问》的这一史料采用问答形式，记载了律文中用词的定义、易混用词的区别，以及律文本身有欠缺时的判断。可见，律形成之后不久（或许就在同时）就出现了对律的注释。由于律被应用于审判与行政的实际业务中，为了运用过程中的准确无误必须有统一的解释，所以律的注释随着律的诞生而迅速出现是理所当然的。

---

① 滋贺秀三：《中国法制史論集·法典と刑罰》，创文社，2003，284页。
② 此外还增加了"隐匿满洲逃亡新旧家人"这一极具特征的条文。以后在康熙律中删除了这一条文。详见后述。

对于使用者来说，注释必须是值得信赖的。如果两处的解释互相矛盾抵触，往往会招致运用时出现混乱。律文的注释必须全面地考虑到律文整体。由此形成了一个以律文为对象的知识体系，亦即一个专门学问——律学。

汉代曾经涌现了很多注释、宣讲律文的学者。有人认为，马融、郑玄等著名儒者也为律文撰写了注释，提高了这一学术领域的权威性。① 三国时期曹魏在整理秦汉以来烦琐的法律的时候，发现对律文的注释也渐渐变得烦琐，于是决定禁止使用除郑玄注之外的其他注释文本。同时，朝廷设置了律博士的官职，专门用于训练负责审判的官员。这就是说，国家在制定法典——律——的同时，还开始对律文作出官方的解释，并致力于统一各家之说。

晋在制定泰始律之后，明法掾（执掌刑罚的廷尉的属官）张斐向朝廷献上了自己所作的注释。张斐的注释有一部分由于被《晋书·刑法志》引用而流传至今。其中包括法律上的一些固有概念，如"故"（故意）、"失"（过失）、"造意"（首谋）、"谋"（二人以上策划）、"赃"（违法所得），以及年月的计算方法和加重量刑时的规定等。以后的唐律和明清律继承了这些要素。此外，参加编纂泰始律的杜预（因注释过《春秋左氏传》而闻名）也注释了律文。南朝继承了晋的法律制度。由于张斐和杜预的解说中存在一些不一致之处，故南齐武帝下令在比较两个注释异同的基础上统一注释。梁朝和陈朝继承了这一成果。北朝方面则如前所述，数次改定律文并直接地影响到隋唐律。

唐律文本确定之后，朝廷在永徽四年（653）颁布了《律疏》。该《律疏》拥有作为国家正式注释的权威，被用于律的实践过程中。从魏晋到唐，律本身经过多次编纂趋于完善，关于律的解释也在国家的政策下逐渐统一。唐朝出现了国家制定的正式注释，要求在司法实践中必须以此为准。唐朝灭亡以后，《律疏》和唐律都得到继承。宋代将它们的全文收入《宋刑统》之中，即便是在没有制定自身律文的元代也视《律疏》为与唐律同等重要的参考文献。元代出现了许多注解唐律的著作，由此可以窥知唐律研究的兴盛。

但必须承认，唐代以后，律学作为一个学术领域中的权威地位逐渐下滑。唐宋时期，科举考试中虽然设有明法科，但没有得到应有的重视。也未再出现汉代和魏晋时代那样有鸿儒大家研究律学的现象。研究律学的人，主要是那些出于职业需要的官僚。对于普通士人来说，既然律学并非出身立世的常识，也就不是值得重视的必要学问。

（2）明代中期以后律学的兴隆

明律自奉敕编纂至洪武三十年（1397）最终确定为止，参与编纂的官僚们应该进

---

① 但是，三国时期曹魏的卫觊曾经说过："刑法者，国家之所贵重，而私议之所轻贱；狱吏者，百姓之所悬命，而选用者之所卑下。"（《晋书·刑法志》）所谓这一时期法学享有较高的权威，主要是与后代相比而言。

行过相当程度的法律研究和讨论。但是，明代初年并无全面的法律议论，也很少见关于法律的著作。当公布了明律的最初版本时，除去为了使庶民周知颁布了内容十分简单的《大明律直解》之外①，明朝并没有公布官方的注释，对于期待官方注释的意见采取了拒绝的态度。通常的理由是，明律的条文简洁明快，没有必须特意准备注释书，如果有注释书的话甚至可能会导致某些人的曲解和乱用。

实际上，没有注释导致了解释和运用律文时的困难，为此应运而生了个人编写的注释书②。据目前所知，明初的注释书除《大明律直解》之外，仅有何广的《律解辨疑》。《律解辨疑》是一部比较简单的注释书，内容也没有超出《唐律疏议》③的水平。由此可见，明初的法律研究处于低谷期。

明代中期，法律研究的情况发生了很大变化。带来转机的事件是张楷《律条疏议》的出版。张楷在宣德（1426～1435）和正统（1436～1449）年间担任监察御史，是参与司法实践的官僚。目前可见《律条疏议》最早的版本是天顺五年（1461）刊本，还有其他几种刊本，估计曾经广泛流传。该书的分析水平明显超出《律解辨疑》等书，并被此后的注释书所引用。从书名、形式和内容等方面也可以看出，《律条疏议》明显地受到《唐律疏议》的影响。但在另一方面，该书也有创新。例如，在主要条文之后立有"谨详律意"一节，说明制定该条律文的用意所在。

《唐律疏议》中虽然有关于制定律文的说明，但是篇幅很少，也没有就此展开议论。相比之下，《律条疏议》用相当的篇幅说明"律意"，在解释烦琐的律文时会说：因为这一条文是基于这种目的制定的，故对律文的解释也应该遵循该目的。在注释方针上，该书不仅是单纯地说明字义词义和原则，追寻法条之间的关联性，而且关注制定该法条的意图，并以此为基础上对律文进行解释。

《律条疏议》成书于明代前期，是最有影响力的律文注释书，最终在嘉靖年间（1522～1566）才被新出版的、为数众多的律学书籍所取代。其中最有名，并且对以后的注释产生较大影响的是雷梦麟的《读律琐言》。《读律琐言》不同于《律条疏议》，该书在体裁上和内容上几乎看不出受到《唐律疏议》的直接影响。但另一方面，该书继承了《律条疏议》在明确"律意"的基础上进行注释的方针，并将其进一步发展。

《读律琐言》中使用"律意"一词的频率并不高，而且往往用于作为理解律文的

---

① 准确地说，是在公布律令的同时颁布了《大明律直解》[《明太祖实录》，吴元年十二月戊午（十六日）]，目前仅存律文部分的《直解》。
② 倘不如此，读律者会任意解释。实际上，明代地方官衙的胥吏们确曾存在十分随意地阅读律文的现象（谷井阳子：《明律運用の統一過程》，载《東洋史研究》第58卷第2号，1999）。
③ 即上述永徽四年公布的《律疏》。因明清时代以后通称为《唐律疏议》，故从此处开始将《律疏》称作《唐律疏议》。

关键词。例如，《贼盗篇·夜无故入人家》规定，"凡夜无故入人家内者，……主家登时杀死者勿论"；《捕亡篇·罪人拒捕》也规定，"若罪人持仗拒捕，其捕者格杀之，及囚逃走，捕者逐而杀之，……皆勿论"。但如果是"其已就拘执而擅杀伤者"，前者规定"减斗殴杀伤罪二等"，后者则规定"以斗殴杀伤论"。两者在量刑上明显地互有轻重。对此，《读律琐言》有如下说明：

> 盖人无故入其家，虽已拘执，恐其外有党与应援，则其祸尚有不可测者。故稍宽其擅杀之罪。若罪囚已就拘执，则其事已定，何可杀也？律意之精，毫厘即有间矣。

这一解释的关键是，即便都是擅杀已束手就擒的罪人，但在量刑时考虑到犯罪的具体情况，由此发现了"律意"的精密所在。例如，《名例律·犯罪存留养亲》中规定："凡犯死罪，非常赦不原者，而祖父母、父母老疾应侍，家无以次成丁者，开具所犯罪名，奏闻，取自上裁。若犯徒流者，止杖一百，余罪收赎，存留养亲。"该条文充满"忠厚之意"，据说在当时似乎并未得到彻底的贯彻执行。类似的立法精神还反映在老人、儿童和残疾人犯罪时的宽宥措施上（《名例律·老小废疾收赎》），该条文得到了贯彻。《读律琐言》在《犯罪存留养亲》条下指出：

> 老幼废疾，优及其身，此条优及其亲，彼此相权，亲重身轻，今反行彼而不行此，非律意也。

立法从善，即便对于犯罪者也不应任意处刑。而且，在考虑到犯罪者本人的同时，还应该顾及其亲人。如果不能切实地实施这一点，就是违背了"律意"。①

这里所说的"律意"不仅包括对犯罪者的严厉处罚，也包括了源自情义的部分，即对应该酌情处理的案件给予一定的照顾。雷梦麟就这一规定在注释中指出："此皆法中之恩，义中之仁，法之精妙处。"（《名例律·老小废疾收赎》）雷梦麟评价该律文的前提是，律的最终目的不是处罚犯罪者，而是保护民众。

关注制定某项法条的必然结果涉及律的最终目的。既然要追究立法的本意，那么就必然会看出立法者的意图所在。立法者是皇帝，具体到明朝来说就是明太祖朱元璋。明代的律学者认为，朱元璋制定的明律无疑反映了他的爱护民众的统治理想。② 这样，当"律意"成为律文注释中重要的问题时，注释者就面临着如下课题，即说明包孕在

---

① 清代实施了"犯罪存留养亲"的规定，并对适用对象等制定了细则。
② 针对律文虽然规定了收赎限于老幼和妇人等特定人群，但日后却制定了以一般犯罪者为对象的收赎之例，明代中期的律学者应欈认为，"终非太祖立律之本意，而民之所以易犯也"（《大明律释义·名例律·五刑》）。可见，他认为律的文本体现着"太祖立律之本意"。

律文中的王朝国家的统治思想。

在《读律琐言》以后，出现了许多超出以往水平的律的注释书。出现这种情况的理由之一是，当时强化了对重罪案件的复审制度，要求严格执行律文的规定。深谙律学的专家们在有组织地复审了重罪案件之后发现，负责前期审判者在解释和运用律文时存在很大的随意性。有鉴于此，他们认为有必要正确地解释律文并加以普及。曾经对编纂官方注释持消极态度的明朝政府到此时终于决定统一对律文的解释。正是明代后期社会上对律的注释有很大需求，由此导致相关著作的出现和普及，这些情况最终促进了律文的统一运用。

关于明代后期律学著述的盛况，还源于当时士大夫有意推升法律的地位。毫无疑问，在当时的社会上尚存视法律为不可或缺的"低俗"之物，甚至是有悖于道德的风习。但是，在另一方面，有不少人开始视法律为经世的手段之一，甚至还有人将法律置于与儒学同等的地位。

王樵（1521～1599）是当时的著名学者，《四库全书》中收录了他的主要著作——研究《尚书》的《尚书日记》。他治学的根基是经学，多次修订《尚书日记》是他毕生的事业之一。同时，他还以同样的热情撰写了注释明律的《读律私笺》，并多次修订。他的律学研究始于30多岁，即任职刑部时。与很多律学者一样，他是出于职务上的需要才开始研习律学的。如他所说，该书"初稿五巨册，盖吾三十年之精力在焉"，①研究律学也是他的毕生事业之一。王樵批评某些官僚以嗜好诗文为风雅，不研读律文，也不认真审案的行为。他列举昔日的伟人运用智慧，拯救无辜民众于水火的事例，认为"正是古人为学实用处"。② 对于他来说，研究律学与研究经学的目的并无二致。

王樵的《读律私笺》在继承《律条疏议》和《读律琐言》的基础上，进行了更加细密的理论分析。这些分析是基于对律的敬意和信赖。即便是遇到看似不合理的部分，王樵所持的态度也是尽可能地按照原文作出解释。③ 在具体的解释方针上，他秉承着律以道德为前提的认识。④ 如同经学者笃信经书那样，他也是在笃信律的基础上阅读、理解律文的。正是因为认为律拥有与经书同等的价值，所以王樵即便是在离开司法行政工作之后，也终生没有放弃对律学的研究。

---

① 《方麓集》卷9，与再从子尧封书。
② 《方麓集》卷6，西曹记。
③ 例如，《名例律·文武官犯私罪》中关于未入流品官与吏典犯私罪时的刑罚中没有笞三十以下的规定，他认为，既然原文如此，应该理解为笞三十以下私罪附之不问，"盖赦小过之意"。至于那些通常在"笞四十"之下补以"以下"二字，主张笞三十以下各罪的刑罚等同于笞四十的解释，他认为"恐非律意"。
④ 例如，在解释"亲属相为容隐"中关于允许亲属和姻亲之间"相为容隐"，以及奴婢和雇工人"为家长隐者"的理由时指出，"凡此皆惇淳风俗，厚人伦之一端，律之精意也"。这些主张继承自《读律琐言》，但王樵进一步强调了这一点。

《读律私笺》在王樵生前虽获出版，但该书的修订本却等到其子王肯堂增补之后才以《大明律附例》之名问世。进入清代之后，该书以《王肯堂笺释》之名复刊后广为流传。王肯堂原来有意刊行父亲的《读律私笺》，但"闻袁了凡（明末的道德思想家，以宣传通俗的因果报应之说闻名）先生言，流传法律之书多招阴谴，惧而中止"。"阴谴"指神明对背信弃义行为的惩罚，就是说世间的常识认为普及法律属于不道德的行为。王肯堂本人年轻时并未研习法律，担任地方官之后才迫不得已地开始恶补，于是发现了乃父所著《读律私笺》的价值。

王肯堂在《王肯堂笺释》的序文中有如下表述：

> 恭惟我太祖高皇帝屡诏大臣，更定唐律，至五六易不休。亲御宸翰，为之裁定。而又特立"讲读律令"（《吏律·公式》）一条，百司官吏，务要熟读讲明律意。……百工技艺诸色人等有能熟读讲解，通晓律意者，得以免罪一次。……唯恐其不知而误犯，以伤我好生之德者。然后知以律绳人，即古悬法象魏之意。……体圣祖之心，遵圣祖之训，则刑为祥刑，而皋陶迈种德之一脉，为不断矣。福祚且流及子孙，又何阴谴之有。

可见，王肯堂在此堂堂正正地主张立法具有崇高的目的。此举无疑鼓舞了律学的研究。我们只要考虑到明代中期以后存在上述致力于提高法律价值的社会背景，就不难理解这一时期以及之后的法律注释书所具有的特征——议论充满了活力，而这一活力源自对律的信赖。

清朝确立了对中国的统治之后，明律及其研究成果得到继承，以及进一步的发展。与明朝相比，清朝更加重视法制，对司法运用采取了十分严格的态度，律学研究由此更加得到重视。不妨认为，这一时期就律学问题展开的议论是直至20世纪西洋近代法与法学传入之前的、中国传统法理思维的精髓所在。沈之奇的《大清律辑注》就是这些研究的集大成之作。

四 沈之奇及其时代

创立了清朝的满族早先不过是分布在东北亚边境地区的弱小集团，17世纪时努尔哈赤完成了内部的统一之后，势力得到了很快的发展。努尔哈赤以严法统治部下，整顿国家体制，创立了能够与明朝等周边大国相对抗的国家。满族人认为，与明朝和蒙古等相比，自身的优点是具有严格的"法"（满语称 fafun）。[①] 即便如此，满族自身的

---

① 谷井阳子：《八旗制度の研究》，京都大学学术出版会，2015，第377~386页。

法在努尔哈赤时期也不过是单行法令的汇集，并未形成体系。

清朝在顺治年间实现了对原明朝统治疆域的统一，决定采用占人口大多数的汉民族熟悉的、具有完备体系的明律。清朝入关之后很快制定了顺治律，如上所述，该律基本上是承袭自明律。

在采用了传统的中国法律之后，清朝政权依然坚持重视守法的方针。在统一全国之后，清朝当局要求负责审案的官员严格遵守法律。结果，出现了"比来郡国有司，颇畏失出，辄引重条，拘滞文意"的倾向。① 在司法审判之外，清朝政府要求官僚们严格按照规则履行职务，这一点远超过明朝。与征税和其他行政业务时一样，清朝政府在司法方面制定了关于检举犯人、在规定时间之内完成审讯和报告、审判是否得当等方面的详细的评价基准，对于达到基准者在升迁时予以考虑，相反则相应地给予一定程度的处罚，如罚俸、降级、革职等。② 在清朝统治时期，被称作《处分则例》的人事规则得到了急速的发展，其重要性也日益增加。

正是因为如此，在清朝统治时期，负责审判的地方官几乎都雇用法律专家。中国自古代以来，官僚豢养的门客常常就公务提出建议，清代几乎所有的地方衙门都有地方官私人雇用的"幕友"。其中，对于地方官来说，专司"刑名"和"钱谷"的幕友是不可或缺的。在明代的官箴书中，建议新任地方官雇用负责文书和钱谷的幕友，却未提及雇用刑名幕友。关于法律方面，书中认为只要有专家略作几日的讲习，稍知概要即可，其余细节自有胥吏（明清律中称作"吏典"）负责。进入清代以后，由于难以信赖胥吏，必须请法律专家负责法律的运用，在这种背景之下，地方官不得不高薪雇用负责刑名的幕友（称"刑幕"或"刑名师爷"）。

根据王肯堂所说，在明末的地方官中，有些人自行雇用"讼师、罢吏"并携之赴任，用以取代依赖胥吏审案。"讼师"是教唆告状的民间人，"罢吏"则是曾任胥吏之人。两者或许都对法律有着相当程度的了解，但是在官僚的眼中却是无法信赖之辈。相比之下，清代的刑幕主要是修习正统儒学的士人，亦即立志科举并且保有生员等应试资格者。刊行于康熙二十三年（1694）前后的黄六鸿《福惠全书》中认为，幕友应具有"才""识""品"三种资质，其中最重要的是"品"。例如，如果才高品劣，作为雇主的地方官和地方百姓将会深受其害。对于几乎所有科举出身的地方官来说，品性直接关系到儒学的素养，如要重视品行当然会雇用修习儒学的士人，而不是讼师和

---

① 《读律佩觽》，王豫嘉序。清朝当局也曾指出过同样的问题［《清圣祖实录》，康熙七年五月乙卯（十八日）］。
② "考成法"是始于明朝末年的考课制度，并没有成为具有实际效力的制度（谷井阳子：《明朝官僚の徴税責任——考成法の再検討》，载《史林》第85卷第3号，2002）。

罢吏。

对于那些与官职无缘的贫穷士人来说，专司刑名的幕友是获得优厚报酬的、为数不多的职业之一。幕友的骨气和自信源于他们所掌握的法律知识，以及运用这些知识协助地方官听讼断案。与地方官不同，他们无须作出政治上的判断，只需根据法律坚持原则，并且主张应该按原则行事。① 如果与雇主意见不合，则可以拂袖而去，优秀的刑名幕友不愁没有新的东家。作为无官无职、不隶属于特定衙门的，不妨称之为自由法律家的人们实际上是十分活跃的。

写作了《大清律辑注》的沈之奇本人就是一位刑名幕友。沈之奇原籍浙江嘉兴府秀水县，本人是监生，终生没有得到一官半职。根据《大清律辑注·自序》，他在康熙五十四年（1715）时已经有30年的刑幕经验。这就是说，他开始担任幕友是在清朝统治进入安定的时期，即明亡大约40年后、三藩之乱（1673～1681）被平定之时。

他从江北到山东，先后在"院、司、府、州、县"等不同衙门担任刑幕。这就是说，他积累了上至一省的行政长官——巡抚，和统管一省司法的按察司，下至行政末端的州县的各级衙门的经验。巡抚、按察司与州县虽然都要面对听讼断案，但其业务内容却因行政层级不同而彼此互异。州县负责搜查和初审，府则以监督州县为主。按察司职掌全省的司法行政，巡抚则代表省与皇帝以及中央刑部进行交涉。由于长年服务于职权各异的衙门，他以不同的立场参与听讼断案，接触到大量的审判文书。

他在参与审理大量案件的同时，始终没有中断赖以为生的清律研究。他在《大清律辑注·自序》中开列了10种参考书，其中包括上述的《读律琐言》和《王肯堂笺释》等明代后期出现的、具有代表性的明律和清律的注释书。他认为，这些书中固然不乏有益的内容，但是也有不少牵强附会的部分。为此，他综合诸家注释，附以自己的见解，指出那些曾具影响力的学说中存在的问题，编著了《大清律辑注》。

清朝官方在雍正年间编纂的正式注释中收录有《大清律辑注》，可见该书在出版之后就受到了好评。不过，沈之奇用作底本的是经过康熙九年（1670）校订的顺治四年（1647）律。由于《大清律》在雍正和乾隆年间经过改订，结果导致《大清律辑注》的部分内容与当时实行的律文不符。为此洪弘绪根据乾隆五年（1740）版《大清律》出版了经过改订的《大清律辑注》。乾隆六年（1741）规定，今后不得更改律文本身，清律的文本因此被固定下来，其后也不会出现注释与经过修订的律文之间发生不符的问题。《大清律辑注》的洪弘绪改订本得到广为流布，终于成为具有代表意义的清律注释书。不仅律学者重视该书，各级地方官衙乃至中央刑部等衙门的正式文书中也加以

---

① 汪辉祖：《学治臆说》上，官幕异势。

引用，俨然具有了官方注释的权威。但《大清律辑注》充其量不过是一部私人著作，由此可见该书受到了极大的好评。

五 顺治律与《大清律辑注》

清朝政府在顺治四年（1647）公布了最初的清律——顺治律。该律删除了明律中《吏律·公式》中的"漏用钞印"、《户律·仓库》中的"钞法"和《刑律·诈伪》中的"伪造宝钞"，在《名例律》中增加了"边远充军"，在《户律·户役》中增加了"隐匿满洲逃亡新旧家人"，共计459条。被删除的3条本身已经失去实际意义，新增的"边远充军"实际上是将明代已经确立的刑罚以法条的形式固定下来，而"隐匿满洲逃亡新旧家人"则是清朝针对满洲统治者的奴隶出现逃亡而采取的法律措施。

对于继承自明律的条文，清朝也作了若干调整。这些调整没有太大的变化，基本上属于适应制度变化而进行的机械的修正。顺治律最大的特征不在律文本身，而在增加了很多被称为"小注"的官方注释（明律也有类似的情况，但是为数不多）。这些小注据说是源于明末姚思仁的《大明律附例注解》[①]，此言固然有一定根据，但书中还是有不少取自他书的部分，由此可见顺治律是博采众家之长。顺治律的正式名称是《大清律集解附例》，其中包括律文、小注和条例。[②]顾名思义，"集解"就是"集"诸"解"之意。

但是，顺治律完成于清朝入关之后的戎马倥偬之际，颁布的刊本颇多鲁鱼亥豕之处，律文与小注之间也存在龃龉。顺治十二年（1655），顺治律的满文译本告成，由于该书存在很多问题，结果不得不修改其底本——汉文本。康熙九年（1670）公布了修订后的汉文本。该修订本除删去"隐匿满洲逃亡新旧家人"（以后，该条文被编入《督捕则例》）之外，基本上只是校正了顺治律中的讹误。

沈之奇在自序中说，《大清律辑注》所用律文"今遵部颁原本校正，然其中亦尚有刊刻之误，未敢臆为更改"。这就是说，沈之奇使用的清律底本不是"部颁原本"。实际上，《大清律辑注》卷首虽然收录有刑部、都察院和大理寺的康熙九年十二月十二日题本，但是文本中包含着被康熙律删去的"隐匿满洲逃亡新旧家人"。可见其使用的底本是顺治律。因此，称《大清律辑注》的参校本为"康熙九年重新校正的《顺治律》"

[①] 姚范：《援鹑堂笔记》，卷46。
[②] 因此，顺治律公布时的正式名称为《大清律集解附例》。康熙律和雍正律继承了这一名称，乾隆律被改称为《大清律例》。不过，《大清律集解附例》的小注和条例之外的部分即为《大清律》，对刚林等请求颁布《大清律集解附例》上奏的圣旨中也称，"《大清律》著颁行"，可见清律被通称为《大清律》。鉴于本书割舍了条例的部分，不便使用清律的正式名称，故以《大清律》作为其名称。

固无不可①，但准确地说，应该是"沈之奇据康熙九年校改顺治律"。

沈之奇的《大清律辑注》对律文、小注和条例分别加以注释。本书囿于篇幅，只能翻译律文和小注，而将条例忍痛割爱。小注的情况一见可知。小注插入律文之中，主要是解释说明律文中过于简要的部分。沈之奇称其"足发律之精意，兼补律之未备"，并说"间有与本文之义别出不可泥者，谨为辨释"。但就整体来说，他注释的对象依然是由小注补足的律文。这是因为，小注在原则上属于官方解释，与律文具有同等的地位。

在原书上，沈之奇的注释分别被置于律文之后或律文之上。

律文之后的注释（以下简称作"辑注"）是沈之奇汇总的前人，尤其是明代中叶之后律学家的研究成果。这些无疑是当时对清律的标准解释，但严格说来均经过了沈之奇本人的判断和选择，故不妨视为沈之奇本人的著作。位于律文之上的分段注释（以下简称作"沈注"）是沈之奇本人的记述。但并不都是他的创见，其中也包括引用前人对律文的解释。但是，当遇到对小注和辑注的解释不甚满意，或者有意详细阐述时，往往都有他独自发挥的部分。读者透过辑注和沈注中的详细解释，几乎可以概观律文注释学的历史。因此，沈之奇的注释是在充分吸收了清代以前积累下来的法理思维的基础上，附之以自身的独特见解。

沈之奇继承了明代中叶以后的律学传统，在理解律文时十分重视"律意"。他认为，"律文简严，意义该括。名例固诸律之通例，而诸律（即《吏律》《户部》《礼律》《兵律》《刑律》《工律》）亦互有应照。必深思寻绎，始能融会贯通。非浅尝泛涉可以尽其意义也"（《大清律辑注》自序）。这就是说，读律者必须要努力发现贯穿于律文之中的律的"意义"和体现着律的精神的"律意"。

由此可知，既然"律意"是由研究者发现的，故严格说来是由研究者创造的。因此，"律意"中无疑包含着研究者的个性。即便是沈之奇本人极力保持着中立（或者说尽量保持中立），也难免深受时代的影响。沈之奇的解释无疑带有独特的和时代的特点。

他所说的"律意"是指包含在律文中的统治者的意图。具体说来就是爱民善导的天子之意。他认为，"圣人制律，所以生民，非所以杀民"（卷首附录《诬轻为重收赎徒》按语）。他这种将律的精神与救民的政治理念结合在一起的观点，显然是源自明代的律学，而且比明代更加明显和突出。例如，《名例律·流犯在道会赦》条规定了徒犯和流犯在前往配所途中遇到恩赦时的措施，其中有"其逃者身死，所随家口愿还者，

---

① 沈之奇撰《大清律辑注》，怀效锋、李俊点校，法律出版社，2000，点校说明。

听"一文。《王肯堂笺释》对该文的解释是："逃所身死之家口本不在听还之例，以遇赦故，愿还者，听。"沈之奇却认为，"非也"。实际上，律文本身所指是遇到恩赦时的情况。因此，《王肯堂笺释》的解释——流犯"家口"只有在遇到恩赦时方许准其归还——是比较妥当的。相比之下，沈之奇主张，"从行家口皆无罪之人，正犯在则从之，死则听还，不待赦也"。故他认为《王肯堂笺释》的解释并非"律意"所在。他主张，不应以"词"害"意"，认为逐句解释反而会有损律本身的意图。

虽然他有这样的主张，但他并没有随意解释语句，也没有忘却律文本身的一贯性。恰恰相反，他严格确认律文中每一字句的含义，努力保持解释中的首尾呼应，其细致程度远远超过前人。他主张的不应以"词"害"意"是指，在严格解释"词"意的基础上，要严守贯穿于律文本身的立法精神。

这样，沈之奇的解释充分反映了律学发展的历史和他个人的思考。从揭示传统中国法理思维的观点来看，根据他的解释阅读律文是非常有效率的。沈之奇的《大清律辑注》代表着清律注释的最高水准，这一点已得到学界的公认。利用他的著作阅读清律，可以知道清代人对清律的理解。因此，本书在介绍清律的时候选择了《大清律辑注》，而没有选择那些任意折中诸说的著作。

六　关于本书的翻译和解说

以《大清律辑注》为基础介绍清律，如果仅仅是逐一翻译全文并且辅以译注的话，恐怕普通读者很难接受。

首先，鉴于该书是供专业人士使用的实用书籍，故在叙述中没有刻意说明那些同时代读者们拥有的常识，即律文的构成及其在法制上的地位、阅读及引用律文时的基本规定、当时的审判制度和刑罚制度等。对于阅读本书来说，这些基础知识是不可或缺的。但是又很难在所有的相应部分一一作出说明。为此，在正文前另置"清律的基础知识"，用于说明阅读清律时应该把握的最基本的常识。

更令人感到困难的是第二点。对于尚未习惯律文和当时的议论方式的读者来说，从开始的部分顺序阅读注释不仅十分辛苦，而且会如沈之奇所说难以理解其中的独到之处。该书是对正式律文的逐条解释，有如今日六法（在日本的法体系之下，法律被区分为六个部分，即宪法、民法、商法、刑法、民事诉讼法和刑事诉讼法）的注释书或相关书籍。普通读者会因此感到与阅读六法注释时同样的辛劳。加之注释分为小注、辑注和沈注，对某一律文的注释不仅体量庞大，而且内容繁杂，其间还或许有错综的议论。如果没有在思考的基础上对各条注释进行重新组合，恐怕很难理解相关的律文。实际上，生活在现代社会的人们往往难以理解沈之奇所说的"律意"，也很难理解相关的律文。

本书的解释以谷井俊仁《大清律辑注考释》（一）～（六）（三重大学人文学部文化学科《人文论丛》第16～21号）为基础，该文既非论文，也不是译注，而是对各条律文所附《大清律辑注》的内容进行的解说。该文全文引用了律文和小注，对辑注和沈注不是逐字翻译，而是在择其要点的基础上进行了重构。之所以采取此种形式，是因为考虑到如下情况，即依照沈之奇的逐条说明虽然有益，但是如果全文翻译则过于繁杂。

笔者认为，对于当代的普通读者来说，为了在介绍原典的条件下了解清律，以下的方法是最为合适的。即向读者提示清律各条的译注，然后根据《大清律辑注》即沈之奇的解释进行解说。上述《大清律辑注考释》是为专业人士而作，而本书则力图令非专业人士在阅读时不感费力。笔者认为，如此整理和介绍辑注与沈注，有益于读者理解清律的条文和正统的解释。

但是，采用如上方针面临着需要处理的内容过多的问题。《大清律辑注》及其底本《大清律集解附例》（顺治律）在律文和小注之外，还有相应的条例。鉴于条例乃针对特殊情况制定的具有针对性的法规，不仅篇幅较多，而且内容烦琐，故本书概不涉及条例。清律的条文加上小注在篇幅上虽然较为适中，但如对整部清律加以解说，估计会用去庞大的篇幅。即便是以简本形式，也难以确定取舍。

上述《大清律辑注考释》最初的内容是《刑律》第二篇《人命》和第三篇《斗殴》两部分。这是因为这两部分在实际的司法实践中得到广泛应用，故在注释上也最为充实。《名例律》为律例之总则，因此是最重要的部分。但正因为是总则，所以这一部分的文字十分抽象，枯燥无味。如果不结合具体的犯罪行为，实际上很难理解。《吏律》和《户律》中的很多条文几乎很少被援引，注释不仅简略，而且乏善可陈。实际上，虽然对那些很少援引的条文也施以相应的注释，但明显是那些经常被援引的条文毕竟经过了多次研议，注释的水平也相对较高。因此，笔者认为，在附上《名例律》概要的前提下，对包括前述《人命》《斗殴》两部分在内的整个刑律部分进行翻译和介绍不仅在篇幅上相对适中，而且也符合介绍传统中国法典的目的。

本书就是根据以上方针进行翻译和解说的。具体的处理请参看凡例。

清代"清官"脸谱的民间想象
——基于小说《施公案》的个案分析

奚海林*

摘　要："清官"与"循吏"都是传统社会对官员的正面塑造，但两者在话语主体上却存在本质差异，"循吏"是官僚系统内部的评价话语，而"清官"则是民间对官员自下而上的期待。小说《施公案》是研究清代"清官"形象的理想材料，在这部小说中，人们对"清官"的脸谱进行了丰富想象，他不仅断案如神，是家长式的守护人，而且拥有绿林好汉般的侠义情怀。不过，完美脸谱的背后，却有着深刻的价值冲突，司法过程中的信息不对称以及对程序正义的漠不关心，最终使得人们对"清官"的期待沦为天马行空的幻想。

关键词："清官"　民间想象　《施公案》　文化冲突

"清官"，在中国政治文化中有着极为重要的意义，它不仅是中华传统文化的一个重要符号，也是民众对优秀官员的通俗表达。学界对它很早就展开研究，并获得大量的成果。然而以往学界在对"清官"进行研究的时候，忽视了清官文化的主体属性，他们往往将"清官"与"循吏"混为一谈，[①] 对二者的概念并没有作严格的区分。

如果从概念史角度分析，我们可以发现，现代意义上的"清官"一词最早出现于宋元时期的戏曲作品中，[②] 后随着《包公案》、《施公案》以及《彭公案》等公案体小说的出现，其内涵逐渐变得丰富。因此，"清官"这一概念是经民间话语构造而成，它代表了民间大众对官员的想象与期待。[③] 与之不同，"循吏"则是经官方术语的表达而

---

* 奚海林，南京大学法学院博士研究生。

[①] 将"清官"与"循吏"混为一谈的例子在学界较为普遍，例如学者陈旭认为历代正史中的循吏就是清官，参见陈旭《孝亲、忠君、爱民——清官政治思想模式》，《同济大学学报》（社会科学版）2004年第6期；学者梁凤荣和杨鲲鹏也认为，具备良好个人素养和富有阅历的州县官往往被称为"清官"或者"循吏"，参见梁凤荣、杨鲲鹏《清代州县官的司法追求与躬践》，《北方法学》2016年第2期；学者魏琼从概念史的角度指出了"循吏"与"清官"的差异，遗憾的是，他并没有对"清官"的民间属性作进一步的分析，参见魏琼《清官论考》，《中国法学》2008年第6期。总之，将"清官"与"循吏"的概念混同在学界是一种普遍现象，更多的例子就不一一列举。

[②] 参见魏琼《清官论考》，《中国法学》2008年第6期。

[③] 对于"清官"的性质，已故的田涛先生曾在一次法律文化座谈会上指出，"清官和清官的戏曲，正因为编成了戏曲才是一种期待、一种希望"。参见何勤华、贺卫方、田涛《法律文化三人谈》，北京大学出版社，2010，第76页。

形成的概念，从最早司马迁作《循吏列传》起，"循吏"便成为历代正史中的固定术语，用以表征官僚系统内部对自身的一套评价标准。[①] 这两个概念在内涵上虽有重合，但由于它们的构造主体分别来自民间与官方，二者关系具有博弈的属性，因而它们在内涵上存在本质差异。遗憾的是，这种差异由于学界在使用概念时的不加区分，被自然而然地忽略了。

从民间视角去研究传统中国的"清官"文化，其目的在于了解民间大众对司法的心理认知，这不仅有助于正本清源，使学界对"清官"的研究回到正常轨道，也有助于发现传统法律文化的另类面相，对解决当下一些法律难题提供有益的启示。本文以清代中叶出现的小说《施公案》为主要材料，通过对主人公施仕伦的分析，尝试勾勒出清代"清官"的面貌，并对民间的"清官"文化进行评析。

一 对研究材料《施公案》的说明

《施公案》是出现于清朝中叶的一部公案体小说，以当时真实人物施世纶为原型创作而成，清人陈康祺说："少时即闻父老言施世纶为清官。入都后则闻院曲盲词，有演唱其政绩者。盖由小说中刻有《施公案》一书，比公为宋之包孝肃、明之海忠介。故俗口流传，至今不泯也。"[②]

该小说在历史上出现的版本较多，不同版本之间篇目数量有所不同，本文阅读和研究的是宝文堂书店于1982年出版的《施公案》，共四百零二回，该版本以光绪二十九年集成的五百二十八回《施公案全传》为基础，并参照道光、同治、光绪及民国时期其他不同版本校订而成，因此具有一定的代表性。

作为一部文学作品，《施公案》在故事情节构造过程中，出于取悦读者的需要，添加了很多神话的成分，迷信、浮夸之处亦不少见，不过小说的故事展开与当时社会背景和人物经历大体还是契合的。以小说第一回到第六十三回为例，故事以扬州府江都县为背景，叙述的案例共有二十多起，小说开篇如是介绍：

> 清朝康熙年间，风调雨顺，国泰民安。扬州府江都县，姓施名仕伦，御赐讳不全。为人清正。五行甚陋。系镶黄旗汉军籍贯。住鼓楼东罗锅巷内。他父世袭镇海侯爵位。诗曰：施公为官甚清廉，秉公无私不惧权。百张呈词一日审，不顺

[①] 正如徐忠明教授所言，在政治道德和历史意义上，官方撰写《循吏列传》是为了树立值得效法的正面榜样，以期发挥"风"和"教"的特殊作用。参见徐忠明《情感、循吏与明清时期司法实践》，上海三联书店，2013，第70页。

[②] （清）陈康祺：《郎潜纪闻二笔》卷4，晋石点校，中华书局，1984，第387页。

人情不爱财。①

作为一种文学手法，剧情冲突在文学作品中必不可少，它往往能够满足作品戏剧性的需要，②但此处"百张呈词一日审"，除了具有以上功能，也烘托出狱讼滋生的紧张社会气氛，这与当时的社会背景是一致的。据《康熙江都县志》所载，江都县国朝员额为58138人，并且从康熙元年至康熙五十五年，人口一直呈增长趋势，达到70690人，③社会的繁荣、人口的增长，也带来了风俗的变易，狱讼之风由是滋生：

> 旧志扬俗在明初质朴简易，民勤本务，奉章程，荐绅谦约好礼，士负气概，矜名节，洵可美也。而其后渐有不然者，盖太平既久，人日殷富，殷富之余，习为奢靡，奢靡之弊，遂易至贫乏，贫乏所迫，诈虞日起，此狱讼之所以繁而奸宄之所以滋也。④

狱讼之风的兴起为小说提供了与情节相适的社会背景，除此之外，小说对主人公施公的塑造也结合了原型人物的经历。历史上的施世纶，在康熙二十四年以荫生资格授江南泰州知州，在任期间，渐有政声，百姓称为"清官"，之后他又担任了扬州知府、江宁知府、顺天府尹等职，在顺天府任职伊始，他曾立刻上书康熙皇帝革除四项积弊，⑤这些在《施公案》中都有类似的体现。

虚实结合的手法，使得《施公案》在某种意义上成为传统社会的一个缩影。从内容上看，《施公案》中所发生的案件虽不全是施世纶办理的真实案件，但也并非来自作者的凭空想象。曾有人对《施公案》中的案例进行梳理，发现小说中的91个案例大多取材前代的判例文献，例如《棠阴比事》、《折狱龟鉴》以及《疑狱集》等，⑥而这些又都是对历史真实案件的汇编，涉及的人物包括春秋时期的子产、西汉的黄霸和邴吉以及三国时期的张举等。小说将这些经典案例集于施公一人，虽说是文学创作中的手法，但正是这样的处理，使得小说中的施公具备了子产、黄霸以及邴吉等人的共性，成为本文研究传统中国"清官"形象的理想模型。

本文以《施公案》为主要研究材料，还有以下两个方面的考虑。第一，《施公案》

---

① （清）无名氏：《施公案》（上），谢振东校订，宝文堂书店，1982，第1页。
② 参见〔美〕理查德·A. 波斯纳《法律与文学》，李国庆译，中国政法大学出版社，2002，第27页。
③ 参见（清）李苏纂修《康熙江都县志》卷4《田赋·户口》，载《中国地方志集成·善本方志辑》（第一编），凤凰出版社，2014，第53页。
④ （清）李苏纂修《康熙江都县志》卷4《风俗》，载《中国地方志集成·善本方志辑》（第一编），凤凰出版社，2014，第65页。
⑤ 参见王思治、李鸿彬主编《清代人物传稿》（上编，第8卷），中华书局，1995，第258~259页。
⑥ 参见李艳杰《〈施公案〉案件源流研究》，硕士学位论文，华中科技大学，2008，第12~21页。

在性质上属于文学作品中的小说,它是研究民间心理认知的理想材料。诚如前文所言,与"循吏"不同,"清官"是民间建构出来的概念,对其内涵的分析则应该聚焦民间视角,相比于官方的档案典籍,戏曲小说无疑才是最佳的材料。如果说,小说作者在构思《施公案》的时候仅仅代表了他本人对"清官"的认识,那么这部小说为社会大众所接受,并流传下来的话,则说明它满足了广大民众对"清官"的想象,符合百姓内心的一般期待。第二,到了清代,"侠义"已经成为传统中国亚文化中的重要内容,《施公案》的出现标志着"清官"题材的小说与"剑侠"题材的小说开始合流,对此鲁迅先生曾经有过这样的评价,"断案之外,又有遇险,已为侠义小说先导"。[1] 清代时期的侠义文化在很大程度上影响了民众对"清官"形象的认知,使得该时期人们对"清官"的想象具有了特殊的内涵,这在《施公案》中有着明显体现。

二 《施公案》对"清官"脸谱的多面塑造

在古人眼中,清官无疑是正义的化身。然而,对于正义是什么学界从未有过统一的定论,正如博登海默说的那样:"正义有着一张普洛透斯似的脸(a Protean face),变幻无常、随时可呈现不同形状并具有极不相同的面貌。"[2] 同样的,在传统社会里,民间大众对正义的理解也是比较复杂的,在他们眼中清官的脸谱并非单一的,而是有着丰富的样态。

(一)司法断案的"完美主义者"

小说《施公案》以施公的任职经历为线索,场景不停切换,其间不断用一件件独立的命盗案件进行点缀。通过对这类案件的分析,我们不难发现"清官"在处理案件的过程中,被民间塑造出一种"完美主义"形象,这种完美性主要体现在人物明察秋毫的侦查能力上。

在传统中国,地方治理体制的一个重要特点是司法与行政不分,官员不仅是法律的适用者,同时也有义务查明案件的真相,侦查成为整个司法最基础也最为关键的环节。对此,有学者曾对《折狱龟鉴》中的案例进行分析,指出"察情"、"据证"和"用谲"是古代清官断案的三个基本手段。[3] 但是,通过对《施公案》的阅读,我们可以发现民众对清官侦查能力的想象还包括如下几个方面的内容。

首先,清官需要具备常人所没有的"知识"。传统中国的官员大多以科举考试的方

---

[1] 鲁迅:《中国小说史略》,上海古籍出版社,1998,第203页。
[2] 〔美〕E. 博登海默:《法理学:法律哲学与法律方法》,邓正来译,中国政法大学出版社,1998,第261页。
[3] 参见梁治平《清官断案》,载《法律史的视界:梁治平自选集》,广西师范大学出版社,2013,第317~324页。

式获得做官资格,即便是以荫生身份获取官职,通常也会被认为出自书香门第,在民众眼中,他们是典型的知识分子。将他们所拥有的知识运用于案件侦查,是民众对官员的一个重要期待。以小说第四十五回到第四十九回"王贞娘诉族人诬陷"一案为例,年轻的王贞娘嫁给90岁的方公为妾,新婚之夜方公病疾而终,贞娘怀胎十月生下一子,族人心生嫌隙而将母子驱赶,此案的疑点在于王贞娘所生之子是否为方家之后,对此方家族人与王贞娘各执一词,双方僵持不下,此时施公引经据典,观影辨儿,终于化解了这场纠纷。① 在该案中诗书经典成为断案的关键。除此之外,官员的"知识"还表现为丰富的常识,这些常识来自生活中的经验与情理,并且能够被清官熟练运用于案件的侦查。例如在第七十八回"张氏通奸杀夫"一案中,施公采取烧羊的方式断定张氏之夫先被谋杀再被火烧,从而断得真情,对此施公自己这么说道:

> 本府审案,不过推情评理。今日烧羊,有个缘故。常言良马比君子,畜类也是胎产。比如无论谁人,身遭回禄,四面全是烈焰围烧,岂有束手等死之理? 必然四处奔逃,口内喊叫,无处逃奔,才得烧死。你们想,烧得房倒屋塌,灰烟飞起,人要开口喊叫;至于死后,焉能口内无灰之理? 方才本府叫仵作验看孟文科口内干净:火之烧于死后,闭口瞑目,是以口内无灰。杀死的羊,也是如此。唯有活羊,众目同看:烧死火内,乱逃乱叫,无处可走烧死,因此满口都有灰土。②

运用生活经验,结合情理来判断案情,这在《施公案》中多有体现。例如在第七十九回"瞎子争钱案"中,施公将争议的铜钱放入锅中烧煮,通过烧煮出的浮油带有膻气这一特征,断定铜钱是归羊肉铺老板所有③;又如在第九十三回"假审庖人案"中,施公从众官呕吐物中发现未及消化的肉食,认定众官违背了皇帝吃斋祷雨的谕旨;④ 在第二百五十七回"孝子争坟山案"中,施公通过对当事人拜别祖先时流露情感的细心观察,最终查出坟山的真正主人;⑤ 等等。

其次,清官不会"以耳代目",他会亲自参与案件的调查。在小说中,作者曾以施公之口表达了对官员消极断狱的讽刺:"断狱悉皆避重就轻,以耳代目,行个通详稿禀,就此了事。或有难于推诿之案,当堂提讯,或又审问不当。"⑥ 因此,在小说中施公被塑造成积极有为的形象,不仅"百张呈词一日审","微服私访"更是他办案常用

---

① 参见(清)无名氏《施公案》(上),谢振东校订,宝文堂书店,1982,第98~109页。
② (清)无名氏:《施公案》(上),谢振东校订,宝文堂书店,1982,第176页。
③ 参见(清)无名氏《施公案》(上),谢振东校订,宝文堂书店,1982,第177~179页。
④ 参见(清)无名氏《施公案》(上),谢振东校订,宝文堂书店,1982,第218~220页。
⑤ 参见(清)无名氏《施公案》(中),谢振东校订,宝文堂书店,1982,第832~835页。
⑥ (清)无名氏:《施公案》(中),谢振东校订,宝文堂书店,1982,第807页。

的撒手锏。从小说第一回"九黄、七珠案",到第三十五回"关家堡案",再到第一百八十回"贤臣私访涅江寺"以及第二百四十八回"施贤臣卖卜访冤屈"等,我们都能看到施公为了侦破案件乔装私访寻找线索的例子,即便私访曾使自己陷入危险,但是这种办案方式一直没有被施公所抛弃,它往往能让案件调查在一筹莫展的时候,达到柳暗花明的效果。

总之,一旦明察秋毫的"清官"形象被树立起来,这种形象是很难被打破的。在民众看来,只要是一个清官,任何疑难案件都能得到解决,即便人力所不及,也会受到神灵的启示。在《施公案》中,由于神灵托梦,施公最后将胡秀才双亲命案的凶手锁定在九黄和七珠身上,① 如有必要,一切非人格的存在,诸如螃蟹(第二十四回)、黑犬(第二十九回)、大雁(第一百一十八回)等,甚至是风(第五十五回)等都可以被人格化,以协助施公破案。这种断案能力,在清官身上已经达到了无懈可击的地步。

当然,除了完美的侦探能力,断案过程中的"清官"形象还被寄托了其他想象,比如他应当拥有不与胥吏合污的清流作风。胥吏之害在中国历代王朝都是严重的政治问题,清代尤甚。② 在官方"循吏"话语之下,施世纶是一个"聪明果决,摧抑豪滑,禁戢胥吏"③ 的人物,在《施公案》中,施公不与胥吏同流合污的优秀品质则有着更为丰富的内涵。首先,他被刻画成一个铁腕治吏的角色,一旦案件有了新的线索,衙役会被严格限制在特定期限内完成任务,否则皮肉之苦在所难免;其次,从小说第三十四回之后可以发现,施公结交绿林义士后不断将他们纳入官府系统,黄天霸、贺天保、关小西等陆续取代了之前的胥吏,成为施公的左膀右臂。这表明,单纯的打压胥吏并不满足民众的期待,他们更希望能有一股正义的力量取代胥吏,这种想象在《施公案》中得到了充分的发挥。

(二)传统伦理与社会和谐的"捍卫者"

清代中期,随着物质条件的提高,传统社会的礼法开始松弛,僭越礼法的现象层出不穷,人们一面享受打破桎梏后的自由,追求自身更大的价值,一面又不得不承受失去礼法调整的恶果,"被压抑的心态又使外化形式带有某种程度的扭曲,结果以病态方式宣泄出来",④ 这样的背景下,人们呼唤一个英雄的出现,去捍卫这个社会中最基本的伦理与秩序。

---

① 参见(清)无名氏《施公案》(上),谢振东校订,宝文堂书店,1982,第2~3页。
② 例如清末名臣郭嵩焘在指出历代政治问题时就曾谈道,"本朝则与胥吏共天下耳",参见徐珂编撰《清稗类钞》(第11册),中华书局,1986,第5250页。
③ 参见《清史稿》卷277,《列传》64《施世纶》。
④ 张仁善:《礼·法·社会——清代法律转型与社会变迁》(修订版),商务印书馆,2013,第195页。

首先,"三纲五常"是社会伦理最核心的部分,而与下层民众生活最为紧密的则莫过于家庭的内部伦理,它亟待官方的支持与保护。对此小说花了很多笔墨对施公进行刻画,使其成为家庭伦理的坚定维护者。在小说中,关乎妇人伦理的案件(包括"通奸案"和"采花案")占了很大分量,在处理这类案件的时候,民间对"清官"的想象从两个方面展开。一方面,他们期待官员寓教化于司法过程之中,对伤风败俗的行为进行严厉的打击,例如在第四十五回和第八十八回中,对抛弃丈夫外出偷情的女子,施公严惩不贷,均把她们交由官媒出卖①,以此遏制社会中的不良之风。另一方面,他们希望官员对守节的女子积极进行褒奖,例如小说中第十回讲述了烈妇冯氏替夫鸣冤自尽的故事,施公对她的节义赞叹有加;在第五十回中有感于王贞娘的守节,施公甚至主动赠送挂匾以表彰其节烈;同样的处理方式在第三百八十回中也有体现。②

其次,在狱讼与社会和谐的关系上,民间的认知也颇为独特。不同于"讼则终凶"的传统思维,小说中的施公并没有将狱讼与社会和谐这两者置于紧张的对立关系之中,而是灵活处理,以维护社会伦理为目的,从而使社会秩序保持稳定。在第七十六回中,施公受理了一起兄弟争银的案件,对于这样的讼事,施公向来是比较反感的,公堂之上甚至怒言:"你二人乃一母所生,打闹上公堂。富义(人名)听妻之言,赖兄偷银。不思弟忍兄宽,俱有罪过。"③ 对于兄弟相争,先不用问案件事实如何,这种行为本身是有违纲常伦理的,在施公看来,这种纠纷不应该摆上公堂。而在另外一起案件中,即第二百五十七回的"孝子争坟山案",当事人兴讼反而得到了理解甚至褒奖,面对当事人的说辞,施公有这样的评价:"汝两造为祖兴讼,历久不忘,实属孝行可嘉,不失水源木本。"④ 在官方的传统认知里,健讼的风气往往会破坏社会的和谐,所以他们一直将"无讼"奉为终极的社会理想,而在民间视角中,狱讼既可以破坏和谐,也可以成为和谐的保障,二者之间并非对抗性质的关系,他们期待官员能在二者之间找到平衡,而这平衡的节点就是社会伦理。

(三)具有锄强扶弱的"侠者风范"

清官的侠义精神,是清代民间想象的一个特殊内容。何者为侠?在古人眼中,侠者"言必信,行必果,已诺必诚,不爱其躯,赴士之阨困,千里诵义者也","立气齐,作威福,结私交,以立强于世者,谓之游侠"。⑤ 所谓的侠义或侠士,并非单纯的社会

---

① 参见(清)无名氏《施公案》(上),谢振东校订,宝文堂书店,1982,第97页、第201页。
② 参见(清)无名氏《施公案》(上),谢振东校订,宝文堂书店,1982,第30、110页;(清)无名氏《施公案》(下),谢振东校订,宝文堂书店,1982,第1276页。
③ (清)无名氏:《施公案》(上),谢振东校订,宝文堂书店,1982,第170页。
④ (清)无名氏:《施公案》(中),谢振东校订,宝文堂书店,1982,第834页。
⑤ 《史记·游侠列传》。

关系或者社会身份，而是一种精神象征，一种社会关系态度。① 小说中，施公虽然是官员的身份，但民间对他一直抱有特殊的期待。小说第三十四回中，义士黄天霸因为打劫官印而被捉拿，施公非但没有治其罪，反而将其留在身边办差，后来小说借黄天霸之口揭示了官侠合流的原因："我天霸虽作绿林中人，谁不晓得专劫贪官污吏，爱助幼孝子贤孙？当日因众友，才到江都县里行刺。施老爷那知是位杰俊。"② "嗣后小的带酒遭擒，王家兄弟押进县衙。小的自知性命难保。恩公并不动怒，又蒙释放，亲解其缚。老爷在堂上讲说道：'一人成名，九祖光荣。作贼为寇，究竟不远。那个江湖害人者，年过八旬？'小的听此良言，愿投拜恩公台前"。③ 这表明，在民间意识中，官、侠之间已经存在共生与合作的可能。随黄天霸之后，侠士贺天保、关小西以及朱光祖等人陆续成为施公的左膀右臂，官侠合流在某种程度上塑造了施公的侠者风范，这也是清代民间对"清官"形象的一个特殊想象。

从整个《施公案》的叙事来看，人们对清官侠义精神的塑造并非抽象的，而是体现在具体的事件中，对他有着"锄强扶弱"的期待。惩治贪墨和打击盗匪是《施公案》中除刑事命案外的两个精彩看点，为了充分满足人们锄奸抑暴的想象，不仅绿林义士成了清官的得力助手，就连皇权也成了其背后的终极保障，这样的设置使清官无所不能，每遇险情都能化险为夷。在司法过程中，这种锄强扶弱的偏袒心理被刻画得极为深刻。"王贞娘诉族人诬陷"一案就是典型的例子，该案中，一方是资财万贯的乡绅豪门，一方是弱小无助的孤儿寡母，实力差距尤为明显，而施公从一开始便站在母子一边，与方氏家族的代表逐一展开舌战，④ 不但最后以观影辨儿的手法证明母子的清白，甚至在司法过程结束之后，还进行妥善的安排，使母子二人再无后顾之忧。另外，从小说第十八回"哑巴争妻案"、第三百八十一回"吴氏被诬案"等中，我们亦能发现清官对弱者的偏袒心理。

三 "清官"脸谱的残缺与破碎

由于"清官"的概念是民间从自身出发对官员所进行的想象和期待，它的内容深受主体意识的影响，心理学上把这种现象称作"投射效应"，此外民间想象的客体是作为国家机器的官员，在民间的想象之外，他们还受到主流政治文化的制约。而这些都

---

① 这种态度体现在顾及朋友私义而不顾朝廷公义、重义轻财、在人际交往中注重意气交合以及具有强烈的自由意识和支配欲望。参见韩云波《侠的文化内涵与文化模式》，《西南师范大学学报》（哲学社会科学版）1994年第2期。
② （清）无名氏：《施公案》（上），谢振东校订，宝文堂书店，1982，第146页。
③ （清）无名氏：《施公案》（上），谢振东校订，宝文堂书店，1982，第151页。
④ 参见（清）无名氏《施公案》（上），谢振东校订，宝文堂书店，1982，第101~109页。

决定了人们对"清官"的想象是不完整的,甚至是不现实的。

(一)法律知识不对称与"清官"脸谱的残缺

在人们的想象中,清官是司法断案中的"完美主义者",通过对《施公案》中刑事案件的观察,我们惊讶地发现这种完美性集中体现在官员总能够查明案件的事实真相,在百姓的意识中,只要查明案件事实,正义的判决便是水到渠成的事情。难道说在清代中期,法律的适用是微不足道的吗?显然,事实并非如此。

清代中期,官员在适用法律时首先面临的巨大困难,就是法律体系的不完备,这在《清史稿·刑法一》中有详细的记载:

> 康熙九年,圣祖命大学士管理刑部尚书事对喀纳等将律文复行校正。十八年,特谕刑部定律以外,所有条例,应去应存,著九卿、詹事、科道会同详加酌定,确议具奏。嗣经九卿等遵旨会同更改条例,别自为书,名为现行则例。二十八年,台臣盛符升以律例须归一贯,乞重加考定,以垂法守。特交九卿议,准将现行则例附入大清律条。随命大学士图纳、张玉书等为总裁。诸臣以律文昉自唐律,辞简义赅,易致舛讹,于每篇正文后增用总注,疏解律义。次第酌定名例四十六条。三十四年,先行缮呈。三十六年,发回刑部,命将奏闻后更改之处补入。至四十六年六月,辑进四十二本,留览未发。①

"留览未发"不但表明朝廷对立法的审慎态度,同时亦表明当时的法律体系存在缺陷急需修补。但是,即便有了完备的法典,司法适用中的困难也不会因此消失,这是因为法典一旦制定出来,它便具有了超强的稳定性,落后于社会发展的需要。因此,在适用法律的时候,官员除了依法断案之外,更要做到"揆情度理"。从历代的典籍和判例中,我们不难发现,追求情、理、法的结合一直是传统中国的政治理想和司法艺术,然而真正能够达到这一目标的官员并不多见,"宽大仁恕、慎刑的司法主体尚不能保障法律的绝对公正性,刻薄猜忌、喜怒无常、残暴无情者更容易造成司法不公"。②因此,在司法过程中,法律适用的难度未必比查明案件真相要小。

对于这一问题,官方在构建"循吏"概念的时候已经有所察觉,根据徐忠明教授的研究,循吏在折狱过程中的要求集中表现在"哀矜"与"宽宥"两个方面。③那为什么民间对清官的想象却只停留在侦查环节,没有触及法官对法律的适用呢?本文认为,这种认识上的差异,是由传统社会民间与官方在司法适用上长期的信息不对称造

---

① 《清史稿·刑法一》。
② 张仁善:《论传统中国的"性情司法"及其实际效应》,《法学家》2008年第6期。
③ 参见徐忠明《情感、循吏与明清时期司法实践》,上海三联书店,2013,第139~170页。

成的。

早在春秋晚期成文法运动中,面对郑国子产铸刑书的行为,晋国大夫叔向就提出"民知有辟,则不忌于上"[1]的论断,强调以礼义道德来教化百姓,对法律则应讳莫如深。尽管后来法家大力倡导法律的公开性,提出"法者,编著之图籍,设之于官府,而布之于百姓者也",[2]但其目的在于打压旧式贵族,对于下层平民则一以贯之地推行愚民政策,"农民无所闻变见方,则知农无从离其故事,而愚农不知,不好学问",[3]"遗贤去知,治之数也"[4]。这样的政治传统为后代所承继,汉代董仲舒创造"原心定罪"的司法原则,使得人们对司法的预期更加难以确定。到了宋代,法律典籍更是被列为禁书,因为在官方看来,"法律存在于官府就已经足够,百姓只需要服从儒家的教化就可以了"。[5]如果说元代以前,人们的法律意识还处于较低的水平,那么到了明清时期,人们的法律意识则有了大幅的提升[6],尽管如此,大众所学习和掌握的法律与官员在审判时候所用的法律,在性质上依旧存在差异。对此,我们从清代名吏汪辉祖的一段总结中便能看出:

> 幕客佐客,全在明习律例。律之为书,各条具有精蕴。仁至义尽,解悟不易,非就其同异之处,融会贯通,鲜不失之毫厘,去之千里。夫幕客之用律,犹秀才之用四子书也。四子书解误,其害止于考列下等,律文解误,其害乃致延及生灵。昔有友人,办因奸拐逃之案,意在开脱奸夫,谓是奸妇在逃改嫁,并非因奸而拐。后以妇人背夫自嫁,罪干缳首,驳该平反,大费周折。是欲宽奸夫之遣,而几入奸妇于死所,调知其一不知其二也。故神明律意者,在能避律,而不仅在引律。如能引律而已,则悬律一条以比附人罪一刑,胥足矣,何藉幕为。律文一定? 不移例,则因时更改,宜将本到通行,随手抄粘。律本以免,引用歧误,仍常看条例以绎意义而达时务。[7]

在律文之上,仍有律意,而官员贵在正确掌握这些律意。由此可见,民间所掌握

---

[1] 《汉书·刑法志》。
[2] 《韩非子·难三》。
[3] 《商君书·垦令》。
[4] 《商君书·禁使》。
[5] 〔日〕宫崎市定:《宋元时期的法制与审判机构——〈元典章〉的时代背景及社会背景》,姚荣涛、徐世虹译,载杨一凡、〔日〕寺田浩明主编《日本学者中国法制史论著选》(宋辽金元卷),中华书局,2016,第60页。
[6] 人们法律意识的提升来源于汲取法律知识渠道的增多,这些渠道包括帝国官员的法律宣传、案件的公开审理和张挂晓示等。参见徐忠明《明清国家的法律宣传:路径与意图》,《法制与社会发展》2010年第1期。
[7] (清)汪辉祖:《佐治药言》,读律。

的法律显然不能与官员在法律适用时掌握的法律相提并论,二者在法律适用的问题上存在严重的信息不对称。造成这种情况的根本原因在于,传统社会的百姓只是法律制度作用的客体,他们被排除在制度设计之外。虽然官员在审判时候大多会采取公开的方式进行,不过从得到案件事实到形成判决结果的这个过程,百姓则是无法知晓的,这些深藏于司法官员的内心中。有限的法律知识,加之长期以来缺乏法律思维的锻炼,使得他们将法律适用视为无足轻重的一个环节,甚至在他们眼中,这一环节也许都不存在,这就难怪民间对"清官"的想象只会集中在侦查案件方面。

(二)"清官"脸谱的破碎及其法文化解读

正义的普洛透斯之面告诉我们,人们对正义的理解会受到不同因素的影响,所处立场的不同往往又会造成正义观的冲突。① 在传统社会中,官方与民间并非单一的上下服从关系,两者之间还具有博弈的属性,这使得他们对正义的理解产生了差异甚至对立,而这种对立被集中在官员身上,最终导致"清官"脸谱的破碎。

在《施公案》中,民间对"清官"的侠义精神进行了充分的想象,不过从一些蛛丝马迹之中,我们也能发现他们在刻画人物时候的纠结与无奈。在小说第六十八回中,黄天霸为搭救施公,而与其他绿林结怨,事后他表达了对施公的不满与失望,且看小说中是如何描述的:

> 施忠(即黄天霸)闻听冷笑,口尊:"老爷,快快歇心,休提上京之话。小人们不敢从命;无如福薄,灰却上进之心。想起老爷未上任之先,带领施安装扮出门;熊家有难,命在顷刻。若非佛天保佑,来一壮士,外号傻三,名叫李升,黉夜救你出险地。他不过得一马快役职。彼时命傻三去访,命丧水中。嗣后老爷闻信,也属平常,赏银数量而已。他妻无靠,嫁与别人。算是跟官一场,白白丧命,痴心妄想,总成画饼。老爷恩收天霸,小的擒水寇,保住老爷前程;后来累次尽心。细想此时,如作春梦。临危急回头一想,因此心灰意懒。恩公免此设想,小的从此不再跟官了!"贤臣闻听,愧汗交流。②

如果说,以侠士之口诉说不满是想表达塑造"清官"侠义风范时的纠结,那在小说第八十九回中,施公的侠义风范则完全让位于秉公办案的形象:

> 众人见贤臣大怒,俱各往上叩头,哀求道:"大人开恩!小人们皆因实系家中

---

① 各人所处的利益阶层不一样,而人所持的正义观念与自己的阶层利益息息相关,因而不同主体、不同阶层的正义观存在很大差异甚至对立。参见杨春福主编《法理学》,清华大学出版社,2009,第446页。
② (清)无名氏:《施公案》(上),谢振东校订,宝文堂书店,1982,第153~154页。

苦寒之人，扫些土粮度日，并非受人主使；扎口袋，盗官粮。欺心妄作，小人断然不敢。恳求大人开天高地厚之恩，小人们实在冤枉！乞大人恕罪。"贤臣一听要断此等之人，遂大声喝道："你老爷亲自眼见，尔等还敢乱道。空口问贼，焉肯实说。"喝打！吏役差人随即答应着。"每人重打三十大板"皂役不敢怠慢，每人重责，登时打完。众人带泪望上叩头，求大人施恩。①

侠者风范是清代民间对"清官"的特殊期待，然而民间的侠文化与官方正统的法律文化之间却存在深刻的冲突。"侠"的本质在于"以武犯禁"，②它以"义"为自己的核心价值，除暴安良，为弱者伸张正义。而从官方立场来看，中国的法律文化虽有平等的成分，但亦有对等级秩序的维护，它以"理"为核心，③这种法律文化有着强烈的秩序属性，因此它与代表无序的侠文化之间有根本性的冲突。

民间与官方的价值冲突，给官员造成了两难选择，为了在二者之间寻找平衡，他们承受了巨大的压力。例如在东汉"赵娥复仇案"中，当时的地方官尹嘉便在大义与国法之间面临两难的选择，无奈之下他只好"解印绶欲与俱亡"；④又如宋代名臣张咏，任职杭州期间，有百姓因生活所迫，私自卖盐而被捕，他"悉宽其罚而遣之"，面对官属依法治狱的请求，他也不得不作出"俟秋成，当仍旧法"的承诺。⑤民间对"忠义难两全"并非没有认知，小说《三国演义》中"捉放曹"的情节已经将官员在价值冲突中的处境进行了细腻的刻画，只是在《施公案》中，人们还是一厢情愿地对"清官"给予特殊期望。然而，即便是施公这样的清官，当他需要在忠义之间作出选择的时候，人们对它的期待最终还是会作出调整，久而久之，"清官"的脸谱开始变得模糊和脆弱，并最终走向破碎。

除了侠文化与正统法律文化之间冲突外，导致"清官"脸谱破碎的另一个重要原因就是想象过程中程序正义的缺失。如上文所述，在《施公案》中，"清官"在司法断案中是一个完美主义者，尽管人们认为他应当具备丰富的知识以及躬践的精神，但这对于查明案件的真相显然是不够的，为此人们不惜将其神化，因为只有这般，结果的正义才能得到最大的保障。由此可以得知，在"清官"脸谱之下存在这样一个逻辑：

---

① （清）无名氏：《施公案》（上），谢振东校订，宝文堂书店，1982，第205页。
② 《韩非子·五蠹》。
③ 中国政法大学张中秋教授认为，中国传统的正义观以"理"为核心，是一种包含了"等者同等"、"不等者不等"以及"等与不等辩证变动"等内容的"动态的合理正义观"，从张中秋老师的研究材料来看，他是在正史典籍和《唐律疏议》等官方文件基础上得出的结论，因此对于"动态的合理正义观"，我们不妨将其视为官方正义观的内容。参见张中秋《中国传统法律正义观研究》，《清华法学》2018年第3期。
④ 《后汉书》卷84，《列女传》第74《庞淯母》。
⑤ 参见（宋）李焘《续资治通鉴长编》（第2册），上海师范大学古籍整理研究所、华东师范大学古籍研究所点校，中华书局，1995，第941页。

清官即结果正义。民间的想象实则陷入了循环论证之中，只要能获得结果正义，那么就能成为清官，而只要是清官，就一定能够获得结果正义，对于获得结果正义的方式，似乎就不那么重要了。于是，在《施公案》中，民间对刑讯逼供的问题就没有展开太多的想象，施公利用刑讯来威吓、逼供当事人的情节并不少有，但人们对此却不以为意，因为在他们看来，被清官刑讯的，最后肯定都是有罪的。这样的"清官"脸谱，固然完美，不过在现实中这反倒成为冤狱的重要原因，同治年间的"杨乃武与小白菜案"、光绪年间的"江宁三牌楼案"和"王树汶临刑呼冤案"无不是例证。[①] 清代末年，小说《老残游记》的出现，最终揭露了清官"要命不要钱"的一面，人们对"清官"的脸谱亦开始进行反思。

余 论

乔治·莱可夫和马克·约翰逊曾指出，人们在日常生活中对实在的知觉，实则是基于隐喻结构中的具体意象。[②]"上善若水"，水在中国传统文化（包括法文化）中承载了一种至善之美，如果说"清官"是民间对正义官员的一种具体意象，那么其背后的隐喻结构则是来自对水清澈无杂、滋润万灵性质的认识，他们希望官员具有洁身自好的品质，能够像甘霖一样滋养下层百姓。不但如此，"清官"本身亦成为百姓心中正义观的隐喻结构，对它进行充分想象，实则是要表达他们内心之中良法善治的应然样态。

通过对小说《施公案》的分析，我们对民间的"清官"认知有了初步的了解。在民众的期待中，官员不仅是破案如神的高手、家长式的守护人，同时还是斩奸除恶的侠士，他们塑造出的"清官"话语，也成为中国传统法律文化的一个重要面相，这在一定程度上能给官员形成舆论压力，影响他们内心的道德律。但是，完美脸谱的背后却隐含着深刻的价值冲突，司法过程中的信息不对称以及对程序正义的漠不关心，最终使得对"清官"的期待沦为天马行空的幻想。

"清官"是中国传统文化中的一朵无果之花，它虽不现实，但也并非毫无道理，正所谓"以我观物，则物皆着我之色彩"，作为民间的一种想象，它展示出了下层民众对官府的心理认知。这种心理认知具有持久性，它根植于民族精神的深处，并不会随着社会变迁而骤然消失，在当下社会我们依然可以寻觅到它的影子。法治社会的建设，并非简单的制度设计，它需要在充分了解本民族社会心理的基础上进行相应安排，如此，法治理念才能深入人心。通过对清代"清官"面貌的梳理与评析，可以发现它至

---

① 参见徐忠明《清代司法的理念、制度与冤狱成因》，《中国法律评论》2015年第2期。
② 转引自王人博《水：中国法思想的本喻》，《法学研究》2010年第3期。

少能在以下两个方面裨益现代法治社会的建设。

首先,"清官"话语在本质上是人治的产物。人们之所以会对官员产生幻想,是因为在传统社会百姓都是社会制度的客体,他们不能参与制度的制定,"有治人、无治法",当人们对制度失去信心时,便只能将希望寄托于治理者身上,但是人治终究不能行远。所以,告别"清官"想象的正确方式,应该是培养民众对制度的信心,而培养人们对制度的信心,便要增强他们在制度设计过程中的参与感,当人们可以自己决定自己命运的时候,这个世界就不再需要"清官"了。

其次,民间与官方的文化冲突在今天并没有消失。清代"清官"想象中的困境,源自侠文化与官文化的冲突,而今天我们司法过程中也面临类似的难题。一方面,司法官员需要恪守独立、中立的职业伦理,而另一方面民间朴素的正义观却对法官另有期待,"于欢案"、"昆山龙哥案"以及"张扣扣案"等一次次考验着法官平衡法制与舆论的能力。面对新时期的价值冲突,培养民众的法治思想,锻炼他们的法治思维,是根本之道,然而这并不能一蹴而就,在过渡时期为了有效化解民间与官方的价值冲突,回归传统"情理法"统一的司法方式不失为一个明智的选择。

论孙中山改造政府理论的方法、皈依与评价[*]

沈玮玮　宁凯惠^{**}

摘　要：孙中山对近代西方政府设计理论的改造是在坚持中国传统文化本色基础上的创造性结果。在改造政府理论设计中充满了诸多的传统思维，中体西用并非理论的出发点，尤其是孙中山所宣称的大亚洲主义，是借用了传统社会王道与霸道的优劣，对未来国家目标的一种全新展望。不过，由于作为革命者的天然缺陷，加上民初的动荡政局，改造政府理论最终走向国民党化，以党治国理论覆盖了政府改造的方方面面，形成了一种全能主义的政治氛围，这导致了孙中山改造政府理论在训政时期的政治实践中大打折扣。

关键词：孙中山　政府改造　大亚洲主义　国民党化　全能主义

在孙中山对近代西方政府理论的改造中，体现"孙中山主义"特色的当属建立在权能分治学说基础之上的五权分立理论，以及在均权主义中体现的地方自治主张和以民生主义为代表的"民族、民权、民生"三民主义。在建立全能政府和全民政治目标的指引下，他提出了革命程序论，主张在实行军政、训政的过渡程序后，逐步有序地迈向民主政治。而学界在围绕以上主体所进行的孙中山研究十分丰富。[①] 比如对权能分治理论的研究大致集中在以下三个方面：权能分治的理论渊源、理论内涵和实现方案。[②] 这些内容基本囊括了权能分治的方方面面。五权宪法的研究也十分成熟，然尚有不少问题值得深入探讨。例如在民初制宪过程中有关五权宪法的问题；[③] 又如对在国民党第一次全国代表大会期间及其前后，国民党内部以及国共与共产国际各方对于五权宪法的态度与表现，也未曾看到专文讨论。[④] 以上研究状况表明，孙中山改造政府理论的学术增长点还是可以挖掘的。由于本文并非就历史而论历史，仅仅是在现有研究所

---

* 本文系2019年度中央高校基本科研业务费面上项目"中共革命根据地检察制度史研究"（项目批准号：C2191810）和2019年度国家法治与法学理论研究中青年项目"宪法序言结构比较研究"（项目批准号：19SFB3010）的阶段性研究成果。

** 沈玮玮，华南理工大学法学院副教授；宁凯惠，广东财经大学马克思主义学院讲师。

[①] 以"五权宪法"为关键词在中国知网检索到的论文数量达达1000余篇，以"三民主义"为关键词检索到的论文数量也有400余篇。检索日期：2019年3月22日。

[②] 韩剑锋等：《孙中山"权能分治"理论的文献综述》，《淮北职业技术学院学报》2014年第1期。

[③] 参见臧运祜《孙中山五权宪法思想的演进》，《史学月刊》2007年第8期。

[④] 孙宏云：《孙中山五权宪法思想研究述评》，《史学月刊》2007年第11期。

提供的历史资料基础之上,通过法学视角来评价孙中山改造政府理论的优劣。也即,本文并非在深入挖掘历史资料的基础上,力求在新材料上重新研究孙中山的改造政府理论,也非在研究方法上突破历史规范法学的研究范式来对孙中山改造政府理论进行另类解读,而是在前人研究的基础上从改造政府理论的渊源、方法和目标入手,力图在已有的研究基础之上发掘一丝新意,以便在完善对孙中山改造政府理论的研究之既有成果上略尽绵力。

一 改造政府理论的思维与方法

(一)传统思维:固有的道德

孙中山以权能分治为基础形成的五权分立、地方自治和三民主义,皆有中国传统文化影响的作用。对中国传统文化的复杂心境,促使孙中山提出改良中国,建构民国政治的主要方略即革命。虽然他认为中国古代考试和监察制度也曾取得了很好的成绩,但"和尚念歪了经",根源在于执行制度的人出了问题,其认为"中国所有一切的灾难只有一个原因,那就是普遍的又是有系统的贪污","用输入物质文明的方法不能改良中国,只有用根绝官吏贪污的办法才行"。而根绝贪污不能通过旧机制的造血功能来实现,而只能通过大换血的革命机制才能完成。因此,其设计以权能分治为基础的五权政府,源自欲通过"取欧美之民主以为模范",引入新鲜血液,兼采"数千年旧有文化而贯通之",重建中国近代政治文明和社会文明之大同。

孙中山受过较为丰富的中国传统文化知识训练,对自己的早年经历曾评价道:"文早岁志窥远大,性慕新奇,故新学多博杂不纯。于中学则独好三代两汉之文,于西学则雅癖达文之道(Darwinism),而格致政事,亦常浏览。"[①] 在政治言论和重要著作中,他对中国传统文化的道德观和政治哲学信手拈来,可见中国传统文化思维的精髓已经深入他的骨髓。其言说论证的主要思维带有十分明显的传统中国思维特征。张岂之先生认为,孙中山的革命建国主张中充满了中国传统典型的"三级连贯思想方式",即从历史到现实再到未来的渐进思维模式。如前所述,孙中山比较擅长"借力用力"、以史为鉴的思维论证方式,典型的如谈及"天下为公"的理想。在对历史的阐释和演绎展望中,孙中山十分注重"时变的思维方式"。这种从《周易》开始便形成的中国式思维方式便是趋时更新,历代变法者都十分看重"随时而变"的理念,主张革命建国的孙中山也不例外,他是对这一思维运用的集大成者。从他《上李鸿章书》的改良主义到民族主义、民权主义、民生主义的革命民主主义思想的提出,再将三民主义根据世

[①] 《孙中山全集》第1卷,中华书局,1981,第45页。

事变迁发展为联俄、联共、扶助农工的新三民主义,其思想完全跨越了中国旧民主主义革命和新民主主义革命两个不同的历史时段。①

欧风美雨的熏陶得益于其自小所成长在得风气之先的开放口岸城市,不过他对西方文明始终保持着应有的警惕。他认为西方列强看重和鼓吹"世界主义",乃是为了"永远维持这种垄断地位,再不并存准弱小民族复兴"。②"世界主义"的实质是"为己主义",以自我民族利益最大化为目的。孙中山对待法律的态度也是如此,他将法律视为深深根植于社会文化的产物,强调法律乃社会生活之一部分,法律应当与中国社会之进步相适应。欲使法律与社会相适应,必须依赖于固有的文化。③否则,即便移植过来,也无法在中国的土地上生根发芽,比如他对代议制及其议员素质的深刻洞察。相较于清末法律改革家沈家本而言,孙中山利用本国固有的文化资源之精髓,纠正了沈家本变法修律过分追求同世界接轨的先进性,将法律同社会发展结合起来。④他不仅将固有的仁义道德作为约束官僚五权的法宝,还将旧有的道德和固有的智能作为培育"人民心力"的重要载体。因为"人民心力为革命成功的基础,……革命行动欠缺人民心力,无异无源之水,无根之木"。⑤除了将"人格"变为"国格"外,孙中山还创造性地将家族主义和宗族主义中所蕴含的和谐团结之精神移植到"国族主义"的思想中,将传统文化同三民主义结合起来,塑造人民的新思想,将新旧观念打通,"思想贯通以后,扬起信仰,有了信仰就有了力量"。⑥

(二)改造方法:中西的折中派

有学者认为,孙中山并不赞成彻底反传统的激进主张,更不会奉行直接的"拿来主义",而是具体问题具体分析,属于中西文化的折中派。⑦诚如林家有所言,为了救亡图存,他要振奋民族精神,因此主张在继承民族优良文化传统的基础上,吸收西方近现代先进和有益的文化来改良中国的传统文化。其衡量和检验中国文化优劣的标准,是从中国传统文化和西方文化的具体形态中,选择、吸收与中国当代具体国情相适应的内容和形式,反对非此即彼的两极对立态度。⑧他不是"中体西用"的践行者,因为作为"中体"最为核心的君权和封建专制制度都被他抛弃了,他看重的民权和民主政

---

① 张岂之:《孙中山对中国传统文化的反思》,《西北大学学报》(哲学社会科学版)1987年第1期。
② 《孙中山选集》下卷,人民出版社,1981,第695页。
③ 《孙中山全集》第11卷,中华书局,1986,第407页。
④ 张生:《从沈家本到孙中山——中国法律的现代化变革》,《中国社会科学院研究生院学报》2002年第1期。
⑤ 《孙中山全集》第11卷,中华书局,1986,第539~540页。
⑥ 《孙中山选集》下卷,人民出版社,1981,第616页。
⑦ 熊月之:《孙中山与近代中国文化自为》,《广东社会科学》2011年第5期。
⑧ 林家有:《孙中山振兴中华思想研究》,广东人民出版社,1996,第454页。

体是建立在推翻帝制并建立全民政治之基础上的,对君王集权专制体制的扬弃程度远胜于康梁等人。[1]

革命思想往往带着与传统不同的因子,常被称为与众不同的反动思想。当时,孙中山对五四新文化运动赞不绝口,而且通过对新文化运动之思想的细致考察,得出了"吾党欲收革命之成功,必有赖于思想之变化"[2]的重要论断。并且在晚年其依然认为"我党今后之革命,非以俄为师,断无成就"。[3] 解放思想、善于转化成就了孙中山对民国政府设计理论之博大与深邃。另外,自晚清变法修律以来,与世界接轨成为自上而下的基本社会改造方案,他的政府设计理论也始终是站在这个高度进行的。例如孙中山将天赋人权变通为革命民权,将三权分立改造成中式的五权分立,等等,皆取自欧美,并稍作改造。对此,他曾毫不掩饰地谈道:"且知文明来自西方,无论立宪主义、自由主义,皆借取于英、法、义、美诸国,吾国民深负文明债于西方也。"[4] 他认为,"欧洲近一百年来的文化雄飞突进,一日千里,种种文明都是比中国进步得多",即便是"恢复我们一切国粹之后,还要去学欧美之所长,然后才可以和欧美并驾齐驱"。[5]

就此而言,在龚书铎看来,辛亥革命前的孙中山并没有完全隔断对中国传统文化的认同之感,并不是一味盲从西化,也并不存在一个背离和回归传统文化的心路历程。[6] 共和制度可以被孙中山追溯到尧舜禹时期,他认为,"三代之治实得共和之神髓而行之者也"。[7] 大同之治和天下为公的思想也是对儒家经典《礼记·礼运篇》的重提。1924年《建国大纲》将革命程序论正式纳入,成为指导国民革命和社会建设"不可逾越之程序"。[8] 民主革命和全民政治需要一个逐渐"养成"的过程,尤其是对"训政"的强调,这也十分巧妙地借用了中国传统政治中对"教化"的看重。这些与孙中山幼读儒书,青年时代又自学传统经史之学,对三代两汉之文颇为熟悉,十分敬仰汤武革命的智识立场密切相关。[9] 不过,对中国传统文化,孙中山有时的认识也存在一定的偏差。比如,他认为中国古人的人身约束并不如西方那么严酷,因为只要广大百姓纳粮当差,其他的生活还是相当自由的,而且可以通过科考和参军建功立业。所以,

---

[1] 张岂之:《孙中山对中国传统文化的反思》,《西北大学学报》(哲学社会科学版) 1987 年第 1 期。
[2] 《孙中山全集》第 5 卷,中华书局,1986,第 210 页。
[3] 《孙中山全集》第 11 卷,中华书局,1986,第 145 页。
[4] 《孙中山全集》第 11 卷,中华书局,1986,第 187 页。
[5] 《孙中山全集》第 9 卷,中华书局,1986,第 315、215 页。
[6] 龚书铎:《孙中山与传统文化》,《中山大学学报论丛》1995 年第 5 期。章开沅先生恰恰认为孙中山对传统中国文化有一种从离异到回归的心路历程,具体参见章开沅《从离异到回归——孙中山与传统文化的关系》,《历史研究》1987 年第 1 期。
[7] 《孙中山全集》第 1 卷,中华书局,1981,第 172~173 页。
[8] 《孙中山全集》第 9 卷,中华书局,1986,第 126~129 页。
[9] 《孙中山全集》第 1 卷,中华书局,1981,第 47~48 页。

中国广大民众当务之急是减轻剥削和增强凝聚力,而不是争取自由。[1]因此,他在领导民主革命时根本不提自由平等,而代之以民权。因为他认为只有取得了民权,才有自由平等的可能。在他眼里,自由平等之类的人权,没有民权(政权)重要,而且政权可以包括自由平等:"争得了民权,人民方有平等自由的事实,便可以享平等自由的幸福。所以平等自由,实在是包括于民权之内。……如果没有民权,什么平等自由都保守不住。"[2] 这种民权观也是取自传统儒家民本主义,只是在民治这一点上与传统不同。简言之,孙中山不是从民本起步,逐步导向民主,恰恰相反,他首先法乎西方民主,然后反观传统民本,融会贯通而创立了民权主义。[3]

毛泽东在中共六届六中全会中正式提出,"从孔夫子到孙中山,我们应当给以总结,承继这一份珍贵的遗产"。[4] 并且在1939年5月创造性地提出了"孙中山主义"的概念。在这样一份珍贵遗产中,孔夫子代表的是中国古代的传统,而孙中山代表的正是现代传统,一个代表了"历史的中国",一个开启了"今天的中国"。[5] 今天的中国是以马克思主义为代表的西方文化思想中国化的过程,毛泽东将自洪秀全到孙中山也看成新传统形成和发展的代表。在他看来,"孙中山先生的三民主义,也不是一下子就有的,开始只是一民主义,后来有了二民主义,最后他到欧洲去跑了一次,看见欧洲发生了社会问题,工人要打倒资本家等等情形,他又想了一个民生主义出来,这样才集合成为三民主义的"。[6] 总体而言,在孙中山对民国政府设计理论的思想源泉上,并不存在一个传统和西方谁主谁次的问题。

二 改造政府理论的皈依与走向

(一) 王道与大亚洲主义

取代"世界主义"的是孙中山强调的"大亚洲主义"。这也是孙中山如此看重固有道德,在晚年更是将其提高到全亚洲甚至全世界未来发展的目标的原因。"大亚洲主义"是孙中山于1924年11月应邀北上,顺访日本神户高等女学校时演讲提出的,主旨是在强调世界文化分为欧洲的霸道文化和亚洲的王道文化,而欧洲的霸道文化正日益暴露其本质和缺陷。欧洲近世科学所带来的是强权和绝对的功利主义,驱逐人的德性,道德沦丧,亚洲的王道文化正好通过对仁义道德的强调使人心怀德仁,这要比西

---

[1] 《孙中山全集》第9卷,中华书局,1986,第278页。
[2] 《孙中山全集》第9卷,中华书局,1986,第294~295页。
[3] 王钧林:《孙中山的民权主义与儒家的民本主义关》,《文史哲》2001年第1期。
[4] 《毛泽东选集》第2卷,人民出版社,1993,第534页。
[5] 李维武:《"从孔夫子到孙中山":我们应当如何继承?》,《马克思主义与现实》2009年第6期。
[6] 《毛泽东文集》第2卷,人民出版社,1993,第183页。

方霸道高明和有前途得多。简而言之，大亚洲主义强调的是中西文化之别。而且他认为世界文化的未来是王道高于霸道，霸道最终走向消亡。因此，西方霸道应当顺应历史潮流，臣服于东方的王道文化。他清醒地认识到"欧洲之所以驾乎我们中国之上的，不是政治哲学，完全是物质文明。……所有这些新设备和新武器，都是由于科学昌明而来的。……中国没有的东西是科学，不是政治哲学。至于讲到政治哲学的真谛，欧洲人还要求之于中国"。[①] 就亚洲而言，不应当盲目追随西方的功利强权，而应该在继承发扬固有的王道文化之基础上，学习西方的科技，振兴实业，发展军力，从而恢复亚洲之世界地位。对东亚最大的两个民族中国和日本而言，应该携手并进，复兴大亚洲。[②] 时至今日，孙中山大亚洲主义的演讲对于中日关系依然有很大的启发。[③]

实际上一战后以欧洲为代表的西方功利强权文明所期待建立的美好神话业已破灭，世人将目光遂转向东方，大亚洲主义正迎合了当时世人心态。只是清末以来，国人对中国传统文化日渐失却信心，崇尚不破不立，主张全盘西化，直追欧美，道德缺失，令全社会付出了沉重的代价。[④] 孙中山认为新文化不能完全抛弃传统固有的道德，"如果是好的，当然是要保存，不好的才可以放弃"。[⑤] 这直接反映在文化建设上，便是他借用了中国传统儒家的"人格"观念，将其改造为"国格"，比自古以来的"夏夷之辨"前进了一步。在他看来，欧洲文化塑造的人格只讲功利，是有缺陷的，在这点上欧洲的新文化完全不如中国古典政治哲学。传统哲学所塑造的"人格"乃《大学》中强调和推崇的"格致诚正""修齐治平"："把一个人从内发扬到外，由一个人的内部做起，推到平天下止。像这样精微发展的理论，无论外国什么政治哲学家都没有见到，都没有说出，这就是我们政治哲学的知识中独有的宝贝，是应该要保存的。"[⑥] 利用传统政治哲学来改造民国的人格，以改良人格来革命建国，打造新的国民"国格"。这种建立在传统儒家"人格"基础上的"国格"，最终的目的是大致"天下为公"的世界，即"人人不独亲其亲，人人不独子其子，是为大同世界。大同世界即所谓'天下为公'。要使老者有所养，壮者有所营，幼者有所教"。[⑦] 孙中山舍弃了传统儒家"杀身成仁、舍生取义"等为维护专制皇权所看重的忠孝思想，取其精华，弃其糟粕，代之以"天下为公"的新文化意识，在传统"人格"之基础上塑造新的"国格"，可谓为

---

① 《孙中山选集》下卷，人民出版社，1981，第636页。
② 关于此次演讲的内容原本，目前共找到5种文本，参见桑兵《解读孙中山大亚洲主义演讲的真意》，《社会科学战线》2015年第1期。
③ 吴义雄：《"王道"的再发现：传统文化与孙中山的国际观念》，《学术研究》2012年第4期。
④ 桑兵：《解读孙中山大亚洲主义演讲的真意》，《社会科学战线》2015年第1期。
⑤ 《孙中山选集》下卷，人民出版社，1981，第53页。
⑥ 《孙中山选集》下卷，人民出版社，1981，第653页。
⑦ 《孙中山全集》第6卷，中华书局，1986，第35~36页。

民主政治用心良苦。比如他认为儒家"三纲"里的"忠君"思想,"忠"字是应该保留的,而"君"可以不要,因为"照道理上说还是要尽忠,不忠于君,要忠于国,要忠于民,要为四万万人去效忠。……故忠字的好道德还是要保存"。[1]

(二) 国民党化及改造的走向

学界普遍认为,是民国以来政治的黑暗促使孙中山从民主政治转向集权政治。十月俄国革命更是将其对集权政治的好感激发到最大,苏俄成为他"以党造国""以党治国"的榜样。他直接任命俄国人鲍罗廷为政治顾问,并对人民独裁的政体极为赞赏,认为这种政体"当然比较代议政体改良得多"。[2] 不过,孙中山并不是完全遵从苏俄列宁主义的党国理念,他只不过是将以党治国作为向民主政治过渡的一个阶段。以多党制为基础的政党政治只是因当时的社会现实被推迟践行而已。孙中山一直坚定地认为:"我们知道要改造国家,非有很大力量的政党是做不成功的;非有很正确的共同的目标不能够改造得好的。我从前见得中国太纷乱,民智太幼稚,国民没有正确的政治思想,所以便主张'以党治国'。但是到今天想想,我觉得这句话还是太早。此刻的国家还是太乱。……所以现在国民党的责任还是要先建国,尚未到治国。"[3] 此后他科学地将以政党政治和革命程序论有机结合起来,试图在"军政"时期"以党建国",先以武力清扫国内政治障碍,推翻军阀集团。在"训政"时期"以党治国",由革命党担负起训政的责任,训练人民如何去使用民权,培育民主政治,以实现向宪制的过渡。[4] 只有到了"宪制"阶段,才能推行两党制或多党制,最终实现"民有、民治、民享"。只可惜国民党蒋介石集团在此后并未真正有意推行宪制,而是在以党治国的道路上越走越远。以党治国理论背后或许还有孙中山对传统家长主义的认同。他认为,"中国个人之外注重家族,有了什么事便要问家长。这种组织有的说是好,有的说是不好。……这种组织一级一级的放大,有条不紊,大小结构的关系当中是很实在的"。[5] 他将家长的权威引入国家领导的权威,在以党治国中也格外强调党魁对党的绝对权威与领导。因此,在金耀基先生看来,此种"以党代国"的"党国体制",以革命之名,宣扬自己作为民意唯一代表之主张,导致"党国霸权"(party state hegemony),"消极地不允许社会有任何反对党国的组织力量之存在,积极地更在于控制与转化社会。事实上,国家与社会是或几乎是重叠的。亦即党国之外,不容忍有一独立或足资抵制党国的社

---

[1] 《孙中山选集》下卷,人民出版社,1981,第649页。
[2] 《孙中山选集》下卷,人民出版社,1981,第722页。
[3] 《国父全集》第3集,"中央"文物供应社,1973,第341~342页。
[4] 《国父全集》第3集,"中央"文物供应社,1973,第184~185页。
[5] 《孙中山选集》下卷,人民出版社,1981,第644页。

会"。①

三 孙中山改造政府理论之评价

（一）设计者的固有缺陷

有学者将孙中山对现代政府的理论设计无法在民国落地的原因归结为实际操作不力。在民初严酷的政治现实中，孙中山显然无法将其政治理念转变为行动手段。在陈志让看来，孙中山时代的革命者大都注意"应该如此"的品质，不大注意如何达到"应该如此"的能力。"除了学说、主张、说服力之外，他没有别的力量——政治、经济、军事的力量。他也没有超人的手法与行政才能。"② 不过，孙中山对政府的设计也是历史特殊机遇造就的。因为他的革命建国的思路也是他走出国门获取不一样的信息后才得出的。康梁等人对此并没有比较深刻的认识。中日甲午战争之前，孙中山虽然知道当时李鸿章对战胜日军没有十足的把握，但不至于输得如此惨烈。有了前后的比较，孙中山的感受同时人是不太一样的。而且在那样一个特殊年代，他长期游走国外，并与战争的指挥者有过接触，这是他革命建国思想发生的特殊背景，是常人所不具有的。③

孙中山缺乏别的力量来对抗公然违反其所设计的政府运作架构的行为，深层次的原因在于他的思想和理论中依然没有办法回答革命与建国之间的张力问题。这个问题是当时所有构建民主国家的思想主张所共同面对的难题。他强调革命建国，但这种革命是一种总体性的革命，包括民族、政治、经济和社会等方方面面。总体性的革命渴望彻底革命，但彻底革命对于建立稳定的民主政体并非有利，因为他的建国路线图是遵循从军政到宪制的程序，需要循序渐进地解决三民主义的问题。因此，以暴风骤雨式的革命方式一次性完成建国任务，必然对革命后社会秩序维护困难的估计不足。革命之后依赖于高度国民党化的党国体制，是对革命后秩序重建的一种无奈之选，也是回应建国之艰难的应急之策。这就是孙中山政府设计理论难以化解的内在张力。④

正是孙中山对民主宪制建设准备不足，才导致我们在他的政府设计理论中看不到对人权保障的基本重视。具体而言，民权除了依据《革命方略》中所筹划的"皆平等以有参政权"，"四万万人一切平等，国民之权利义务无有贵贱之分，贫富之别，轻重

---

① 金耀基：《中国政治传统与民主转化》，载金耀基《中国社会与文化》，香港牛津大学出版社，1992，第119页。
② 陈志让：《中山北上与历史评价问题》，载中国孙中山研究学会编《孙中山和他的时代——孙中山研究国际学术讨论会文集》上册，中华书局，1989，第859页。
③ 马勇：《孙中山革命思想起源：一个政治史的解读》，《安徽史学》2014年第1期。
④ 任剑涛：《为建国立规——孙中山的建国理论与当代中国政治发展》，《武汉大学学报》（哲学社会科学版）2011年第5期。

厚薄,无不稍均"之外,① 基本权利具体还包括哪些内容并未在政府设计理论中给予清晰阐释。同样,对革命党内部个人的权利也未曾考虑周全。有学者研究认为,即便在同盟会内部,孙中山在与黄兴和章太炎的政治立场之争中,也多表现为难以听取党人意见、容易冲动和偏激、缺少大局意识等性格缺陷。综合看来,在一个民权意识匮乏,也缺少强大的资本经济和市场力量的晚期帝国内,想要通过一次性革命在短期内完全实现全民政治必然是难度极大的。这种难度不仅体现在普罗大众的民权观念认知上,而且在倡导民权政治的职业革命家身上也体现出来。②

(二) 以党治国与全能主义

民国肇始之际,国人期盼建立宪法政治以挽救颓势,然而宪法并未让中国政治步入正轨,反而导致军阀混战,民不聊生,以至在1923年之后,宪法少有人理睬。取而代之的是,在苏俄党治理论的影响下,孙中山及其领导的国民党在广州不断积蓄力量,将"以党治国"理论逐步付诸实施,奉行全能主义的党治理论开始成为当时革命的主流思想。全能政党的基本特性要求"政治权力可以侵入社会的各个领域和个人生活的诸多方面,在原则上它不受法律、思想、道德(包括宗教)的限制"。③面对清末民初的总体性社会危机,民主革命者们普遍主张欲迅速改变权力分散和政治无序的现状,必须建立统一的强有力政权。渐进式的改革不如激进式的改革来得迅猛,希图通过总体性革命换来高度集权的政府权力,"一揽子"解决社会问题,建构现代国家。在如此历史情境中,全能主义当之无愧地得到了多数国人的认可与支持。④ 孙中山也不例外,他受俄国革命的启发,将苏俄"党化国家"的体制引入中国,力主"以党治国"论,认定在军政、训政时期应由革命党完全负责。⑤ 虽然他在早年间还一直认为一党独尊容易带来专制,多党制才能带来政治进步。唯有多党才能有党争,党争并不是党同伐异,而是在政见上进行争论,这样才能真正体现西方国家议会政党政治的本意。

党治理论只是暂时的,因为在他看来,只是在军政和训政时期推行以党治国,宪制时期毕竟应该坚持多党制。但是他的革命程序论过于理想。革命形势的急剧发展,而且从辛亥革命到民初建政,所有的政治事件之发生发展都超出了孙中山的预料,他的政府设计理论也是在跟随革命发展形势不断变化的,革命完全不能依赖于固定的路线,革命程序只是一个初步的蓝图。或许只是他的一厢情愿,到了以党治国阶段,革

---

① 《孙中山全集》第1卷,中华书局,1981,第297~318页。
② 郭世佑:《孙中山的民权理念与辛亥革命》,《学术月刊》2001年第9期。
③ 邹谠:《二十世纪中国政治——从宏观历史和微观行动的角度看》,香港牛津大学出版社,1994,第222~233页。
④ 李在全:《从党权政治角度看孙中山晚年的司法思想与实践》,《近代史研究》2012年第1期。
⑤ 李贵连:《从法治到党治:孙中山的思想转变》,《炎黄春秋》2013年第6期。

命程序已经徒具形式。曾经由孙中山一手缔造的革命政党非但未能成为民权的主要推动者，反而处处与广大工农为仇为恶，彻底走向了联俄、联共、扶助农工的反面。①

胡适将中国现代思想以1923年为界分为两个阶段，前一阶段是"维多利亚思想时代"，从梁启超到陈独秀，侧重于"个人的解放"；后一阶段是"集团主义时代"，属于反个人主义的倾向。② 这与孙中山十分看重"天下为公"的崇公抑私的社会整体本位思想十分相符，所以在其党治学说中，并没有强调为保障私权而限制公权的意思。晚年的孙中山不再强调个人的自由权利，而是强调社会整体的生计权利。要求个人服从集体，不可过于强调和看重个人自由，"革命的始意本来是为人民在政治上争平等、自由。殊不知所争的是团体和外界的平等、自由，不是个人自己的平等、自由。中国现在革命都是争个人的平等、自由，不是争团体的平等、自由。所以，每次革命总是失败。……大家要希望革命成功，便先要牺牲个人的自由"。③ 从这个角度上讲，孙中山学说里有"独裁专制"的因子，其所主张的以党治国实践也证明了这点。当然，这与20世纪初西方社会普遍看重整体利益，社会本位的法学思潮波及中国大有关系。

---

① 宋德华：《孙中山民权主义思想演进的特点》，《广东社会科学》2009年第5期。
② 曹伯言整理《胡适日记全集》第6册，联经出版事业股份有限公司，2004，第730页。
③ 《孙中山全集》第11卷，中华书局，1986，第269、271页。

评论

何以移风易俗[*]
——唐律教化功能研究之二

厉广雷[**]

摘　要：法律与社会风俗之间一直存在互动的关系，这一点在中国古代社会体现得尤其明显。对于不良的社会风俗，中国古代的法律总是积极地加以引导和改善。至于何以实现移风易俗，唐律给出了有代表性的做法。通过对唐律中涉及"移风易俗"方面的具体规定的梳理和分析，可以看出唐律很好地继承和体现了中国古代社会的教化传统，即唐律具有教化的特性和功能。唐律教化功能的发挥，对于实现移风易俗起到了决定性的作用。研究唐律如何实现移风易俗，对于重新认识当下法律的作用以及如何更好地制定和实施法律具有重要意义。

关键词：社会风俗　唐律　移风易俗　教化功能

中国古代社会在长期的发展演变过程中，逐渐形成了诸多的风俗习惯。这些风俗习惯会因不同朝代的法律规定受到不同程度的影响。而其中，唐代的法律与社会风俗之间的关系具有一定程度的特殊性和代表性。唐代达到了中国古代社会发展中的鼎盛时期，而唐律又是中国古代的集大成法典，是中华法系的典型代表。可以想见，作为中国古代的盛世王朝，唐代的社会风俗与唐律之间存在相互影响、相辅相成的关系。众所周知，社会风俗总是在自然而然的过程中形成的，而以一定的标准来看，社会风俗有好坏之分。在中国古代社会，如何通过法律对不良的社会风俗积极地加以引导和改善，关系着国家统治的长治久安。唐律中对于移风易俗方面的诸多规定给出了一个很好的答案。认真研究作为中国古代代表性法典的唐律如何实现移风易俗，对于重新认识当下法律的作用以及如何更好地制定和实施法律具有重要的理论意义和实践意义。

一　"移风易俗"的基本含义

"移风易俗"一词首见于《荀子·乐论》。原文记载道："乐者，圣王之所乐也，而可以善民心，其感人深，其移风易俗，故先王导之以礼乐而民和睦。"[①] 这段话的主

---

[*] 本文为安徽师范大学2019年博士科研启动经费资助项目的研究成果。
[**] 厉广雷，安徽师范大学法学院讲师。
[①] 方勇、李波译注《荀子·乐论》，中华书局，2015，第329页。

要意思是说礼乐可以导人向善，改变社会中原有的风俗习惯，这也正是先王的做法。关于"移风易俗"的记载还有许多，如《史记·乐书》中也有相应的记载："故乐行而伦清，耳目聪明，血气和平，移风易俗，天下皆宁。"① 也是说音乐能够通过改变人的性情和感觉来改变社会的风俗习惯，进而实现天下太平。《孝经·广要道》也有相应的记载："移风易俗，莫善于乐。"② 同样是说音乐具有改变社会风俗习惯的作用，并且是最好的方式。与上述不同的是，《南史·循吏列传》中说："长吏之职，号曰亲人，至于道德齐礼，移风易俗，未有不由之矣。"③ 说的是改变风俗习惯要由作为官吏的长史来实现，强调了政府官员在其中的作用。类似的记载还有许多，但基本上是这样一种表述，而且其含义也相对固定。

关于"移风易俗"的基本含义，大致就是其字面意思，本无须作过多的解释，但也有对其进行详细解释的。如对于司马迁所说的"移风易俗"，唐代张守节正义："既皆由从正以行其义，故风移俗革，天下阴阳皆安宁。移是移徙之名，易是改易之称也。文王之国自有文王之风，桀、纣之邦亦有桀、纣之风。桀、纣之后，文王之风被于纣民，易前之恶俗，从今之善俗。上行谓之风，下习谓之俗。"④ 分别对"移"字和"易"字、"风"字和"俗"字进行解释，并结合具体例子，认为"移风易俗"是自上而下改变之前的不良风气，以现在的善俗行事，从而实现天下太平。胡平生在译注《孝经》时，也对"移风易俗"进行了解释："改变旧的、不良的风俗习惯，树立新的、合乎礼教的风俗习惯。"⑤ 由此可见，"移风易俗"就是通过某种方式，自上而下地改变原有的不良风俗以形成新的风俗的过程。

如同文献记载中的音乐对于移风易俗的作用一样，关于法律与"移风易俗"的关系，可以很明显地看出法律是移风易俗的一种重要方式。也就是说，移风易俗是通过法律的作用而实现的。一种社会风俗习惯的形成和改变均与法律的作用息息相关，自古皆然。作为唐律教化功能的一个体现，移风易俗是一个很重要的方面。毕竟，它能在一定程度上反映唐代的社会生活状况。

---

① （汉）司马迁撰，（南朝宋）裴骃集解，（唐）司马贞索隐，（唐）张守节正义《史记》卷24《乐书》，上海古籍出版社，2016，第814页。又见杨天宇撰《礼记译注·乐记第十九》，上海古籍出版社，2004，第485页。
② 胡平生译注《孝经译注·广要道章第十二》，中华书局，2009，第28页。
③ （唐）李延寿撰《南史》卷70《循吏列传》，中华书局，1975，第1695页。
④ （汉）司马迁撰，（南朝宋）裴骃集解，（唐）司马贞索隐，（唐）张守节正义《史记》卷24《乐书》，上海古籍出版社，2016，第815页。
⑤ 胡平生译注《孝经译注·广要道章第十二》，中华书局，2009，第28页。

二 "移风易俗"在唐律中的体现

唐律对于移风易俗的作用，或表现为对原有的不良风俗的改变，或表现为形成现有的良善风俗。当然，唐律主要是通过法律教化的方式改变人的行为方式进而改变社会风气的。这一点在唐律中也得到了诸多体现。

如《唐律疏议·户婚》"同姓为婚（问答一）"条规定："诸同姓为婚者，各徒二年；缌麻以上，以奸论。"[①]"同姓不婚"自西周时期开始成为结婚的禁忌和基本原则，后虽有一定的改动，但至唐代为了改变松动的不良风俗，唐律又沿袭古制，实行"同姓不婚"的结婚制度，且以严厉的刑罚对于违反者加以处罚。受唐律影响，唐代以后的各朝代的律法基本上都沿袭了"同姓不婚"这一规定。正如日本学者滋贺秀三所说："由唐律开始的历代法律一直依照同姓的形式本身禁止通婚。"[②]《唐律疏议·贼盗》"祖父母夫为人杀（问答二）"条规定："诸祖父母、父母及夫为人所杀，私和者流二千里；期亲，徒二年半；大功以下，递减一等。受财重者，各准盗论。虽不私和，知杀期以上亲，经三十日不告者，各减二等。"[③] 本条规定旨在通过惩罚祖父母、父母、夫及期亲等亲属被杀私和不告等犯罪。实际上，"私和"不仅是对国家刑罚权的挑战，而且是严重不道德的，尤其是"受财重者"，可以说也是一种不良的社会风气。唐律为了改变这种对待父祖的不孝行为，故规定了严厉的刑罚。从中可以看出，"'私和罪'所要惩罚的是子孙卑幼的'无亲之心'、'忘大痛之心'。就是说，要惩罚他们对父祖死亡（且是非正常死亡）满不在乎的态度。因为这种态度是对'孝'道的最大蔑视或背叛"。[④]

如《唐律疏议·贼盗》"杀人移乡"条规定："诸杀人应死，会赦免者，移乡千里外。"[⑤] 受儒家文化的影响，复仇行为在中国古代一直时有发生。在唐代，复仇行为也是多次发生，而且引发了多次争论，影响比较大的如"梁悦复仇杀人案"[⑥]、"徐元庆复仇杀人案"[⑦]。由于复仇问题涉及伦理亲情而具有特殊性，对于如何有效地解决复仇问题，唐律在这方面还是下了一定的功夫。一方面通过禁止杀人的规定而进行积极应对，另一方面通过"移乡避仇"的规定而进行消极预防。两者的共同作用，对于减少

---

① 《唐律疏议》卷14《户婚》，岳纯之点校，上海古籍出版社，2013，第219~220页。
② 〔日〕滋贺秀三：《中国家族法原理》，张建国、李力译，商务印书馆，2013，第36页。
③ 《唐律疏议》卷17《贼盗》，岳纯之点校，上海古籍出版社，2013，第282页。
④ 范忠信、郑定、詹学农：《情理法与中国人——中国传统法律文化探微》，中国人民大学出版社，1992，第111页。
⑤ 《唐律疏议》卷18《贼盗》，岳纯之点校，上海古籍出版社，2013，第289页。
⑥ （后晋）刘昫等撰《旧唐书》卷50《刑法志》，中华书局，1975，第2153~2154页。
⑦ （宋）欧阳修、宋祁撰《新唐书》卷195《孝友传》，中华书局，1975，第5585~5587页。

复仇行为产生了积极的作用。应当说，在中国古代特殊的地理环境和交通条件下，这种利用空间上的距离而淡化复仇情绪的做法，对于有效避免复仇行为的反复发生还是有积极作用的。《唐律疏议·贼盗》"略卖期亲卑幼（问答二）"条规定："诸略卖期亲以下卑幼为奴婢者，并同斗殴杀法（无服之卑幼亦同）。即和卖者，各减一等。其卖余亲者，各从凡人和、略法。"① 贼盗律中关于禁止买卖人口的规定还有"略人略卖人（问答一）"条、"略和诱奴婢"条、"知略和诱和同相卖（问答一）"条等，而且规定了非常严厉的刑罚。可见，唐代统治者对于这种买卖人口的陈规陋习是要仰赖于法律的惩罚和教化来改变的。实际上，唐律的这种规定是对现实生活中买卖人口这种实际问题的反映。据《新唐书·李绛传》记载："岭南之俗，鬻子为业。"② 唐代史料中有不少涉及人口买卖方面的具体事例。据《全唐文·韩愈》中记载："元和中"，"子厚得柳州。既至，叹曰：'是岂不足为政耶！'因其土俗，为设教禁，州人顺赖。其俗以男女质钱"，"子厚与设方计，悉令赎归"。③ 又据《全唐文·皇甫湜》中记载："贬潮州刺史"，"先生临之，若以资迁。洞究海俗，海夷陶然"。"掠卖之口，计庸免之，未相直，辄与钱赎。""转刺袁州，治袁州如潮。"④ 据《新唐书·韩愈传》记载："袁人以男女为隶。""愈至，悉计庸得赎所没，归之父母七百余人。因与约，禁其为隶。"⑤ 由此可见，在唐代，买卖人口这种事情还是时有发生的。虽说买卖人口在柳州、潮州、袁州等地是他们传统的风俗习惯，但这毕竟属于陈规陋习，需要予以改变。虽说柳宗元、韩愈等人是被贬至当地的，但还是在有限的职权和能力范围内，依法依规，对这种不良习俗加以改变和引导，从而改善了社会风气。可以说，这一切都反映了唐律对这一现象进行禁止的必要性。当然，这也从侧面反映了唐律在移风易俗方面的功能和作用。

再如《唐律疏议·杂律》"不应得为"条规定："诸不应得为而为之者，笞四十（谓律令无条，理不可为者）；事理重者，杖八十。"⑥ 根据黄源盛的解释，"不应得为"的含义是指"'律''令'虽无专条禁止，但据'理'不可为的行为。此类行为，包罗万象，难以概举，要之，皆属违反当时代'礼'与'理'的社会价值观者"。⑦ 虽然说该解释还是没有完全解释清楚何谓"不应得为"，却把"不应得为"的最本质的东西说出来了，这就是违反当时大家所共有的社会价值观或者说主流意识形态。实际上，

---

① 《唐律疏议》卷20《贼盗》，岳纯之点校，上海古籍出版社，2013，第318页。
② （宋）欧阳修、宋祁撰《新唐书》卷152《李绛传》，中华书局，1975，第4838页。
③ （清）董诰等编《全唐文》卷562《韩愈·柳子厚墓志铭》，上海古籍出版社，1990，第2523页。
④ （清）董诰等编《全唐文》卷687《皇甫湜·韩愈神道碑》，上海古籍出版社，1990，第3118页。
⑤ （宋）欧阳修、宋祁撰《新唐书》卷176《韩愈传》，中华书局，1975，第5263页。
⑥ 《唐律疏议》卷27《杂律》，岳纯之点校，上海古籍出版社，2013，第445页。
⑦ 黄源盛：《中国法史导论》，广西师范大学出版社，2014，第244页。

这种看似非常抽象的东西在唐代也许就是人所共知的，或者是大家都可以把握好的行为规范。那么，唐人是如何做到的呢？可以说，这就是唐律教化功能的体现。也就是说，所有属于"不应得为"的行为都是当时人们接受教化后的自我理解，唐律只不过是对其进行概括一下罢了。这有点类似于我们现在法律规定中的"公序良俗"和"不当得利"。唐律的这一规定，对于人们加强自我约束和自我修养，以及改善社会风气具有重要的作用。

从以上文献记载中的案例及唐律的规定来看，唐代社会中存在不少陈规陋习，而唐律在积极改变这种不良风俗中发挥了积极的作用。唐律主要是通过刑罚的作用，积极推进法律教化功能的发挥，从而实现移风易俗的社会作用。应当说，风俗的形成可能是自然而然的，但风俗的改变则必须借助外力，否则很容易被强化从而延续下去。唐律对于唐代社会中存在的不良风俗的改变就说明了这一点。从另一个角度来说，唐代社会移风易俗的实现体现了唐律所具有的教化功能。

三 "移风易俗"——唐律教化的终极目的和完成形态

对于唐律在移风易俗中的作用，薛允升通过对唐律与明律的比较后，认为"大抵事关典礼及风俗教化等事，《唐律》均较《明律》为重"，"亦可以观世变矣。古人先礼教而后刑法，后世则重刑法而轻礼教，《唐律》犹近古，《明律》则颇尚严刻矣"。[①] 由此可见，唐律对于"风俗教化"之事还是相当重视的，故关于唐律在移风易俗中的教化作用也就不言而喻了。因此，唐律与移风易俗之间的关系还是非常紧密的。关于风俗习惯对于一个国家的重要作用，孟德斯鸠在《罗马盛衰原因论》中说："在国家不知不觉地受到奴役的时候，即使没有法律，它们也还受到风俗习惯的统治呢。"[②] 可见，一个国家的风俗习惯所产生的作用可以说是根深蒂固的，并且是至关重要的。实际上，在孟德斯鸠看来，罗马的盛与衰与其社会的风俗习惯的改善与恶化有着很大的关系。由于风俗习惯有好坏之分，如何运用法律对一个国家的风俗习惯进行有效引导，使其适当改变，从而有利于社会秩序和社会风气的改善，是古今中外任何一个国家都要面对的事情。唐律中存在的不少关于"移风易俗"方面的规定实质上就是对唐代社会风气的改善，从而形成一个有利于国家统治和良好的社会秩序。而其中起着重要作用的就是唐律教化功能的发挥。据《通典·刑法八·宽恕》载："汉文帝二年，制曰：'今法有诽谤妖言之罪'，'自今有犯此者，勿听治。'""化行天下，告讦之俗易。吏安其

[①] （清）薛允升撰《唐明律合编》卷9《职制上》，怀效锋、李鸣点校，法律出版社，1999，第170页。
[②] 〔法〕孟德斯鸠：《罗马盛衰原因论》，婉玲译，商务印书馆，1962，第89页。

官,民乐其业,风流笃厚,禁网疏阔。"① 由此可见,法律对于移风易俗的作用还是非常明显的。

孟德斯鸠说犯罪有四种,即危害宗教类、危害风俗类、危害公民安宁类和危害公民安全类。而在论述第二类犯罪,即危害风俗类犯罪的产生原因时,孟德斯鸠说:"实际上,这类犯罪从它所以产生的原因来说,是存心作恶者少,而出于忘其所以或不知自重者多。"② 一般来说,社会风俗是人们在社会生活中自然而然形成的,但当出现风俗败坏或者出现陋习的时候,立法者就必须通过立法加以引导,从而让人们回归社会正轨,也就是符合人们的主流价值观和行为规范。也就是说,法律的教化,使人们认识到自己行为的不合理性,从而改变自己的行为方式,进而形成良好的社会风气。风俗对于中国古代社会人们的生活来说是至关重要的。孟德斯鸠曾说:"人类受多种事物的支配,就是:气候、宗教、法律、施政的准则、先例、风俗、习惯。结果就在这里形成了一种一般的精神。在每一个国家里,这些因素中如果有一种起了强烈的作用,则其他因素的作用便将在同一程度上被削弱。""中国人受风俗的支配。"③ 甚至可以说,中国人就是生活在风俗当中的。而法律与移风易俗的关系,可以从孟德斯鸠的论述中得到侧面的反映。孟德斯鸠说:"一个良好的立法者关心预防犯罪,多于惩罚犯罪,注意激励良好的风俗,多于施用刑罚。"④ 可以看出,孟德斯鸠认为法律的制定并不仅仅是为了惩罚犯罪,更多的是通过法律来促使"良好的风俗"的形成,进而代替刑罚的运用。可想而知,良好的社会风气的形成对于国家统治和社会稳定是举足轻重的,而其实现则离不开法律教化功能的发挥,这一点在唐律中得到了很好的体现。正如孟德斯鸠所说:"有两种腐化,一种是由于人民不遵守法律,另一种是人民被法律腐化了。被法律腐化是一种无可救药的弊端,因为这个弊端就存在于矫正方法本身中。"⑤ 可见,法律本身如果存在问题的话,非但不会带来社会的正面效果,反而会使人们不断变坏。也就是说,没有教化功能的法律是很难获得良好的社会效果的。一个风清气正的社会必然伴随着具有教化功能的法律的存在。

可见,唐律的教化功能所引起的移风易俗对唐代社会风气的改善产生了重要的作用。正如《新唐书·李绛传》中所说:"法令行而下不违,教化笃而俗必迁。"⑥ 也就是说,法律的教化功能要是得到了很好的发挥,社会的风俗习惯就会得到很好的改善;

---

① (唐)杜佑撰《通典》卷170《刑法八·宽恕》,王文锦等点校,中华书局,1988,第4407页。
② 〔法〕孟德斯鸠:《论法的精神》(上册),张雁深译,商务印书馆,1959,第226页。
③ 〔法〕孟德斯鸠:《论法的精神》(上册),张雁深译,商务印书馆,1959,第364页。
④ 〔法〕孟德斯鸠:《论法的精神》(上册),张雁深译,商务印书馆,1959,第98页。
⑤ 〔法〕孟德斯鸠:《论法的精神》(上册),张雁深译,商务印书馆,1959,第102页。
⑥ (宋)欧阳修、宋祁撰《新唐书》卷152《李绛传》,中华书局,1975,第4836页。

反之，风俗习惯如果得到了改善，则法律的教化功能便会得到很好的实施，二者相互影响，相辅相成。难怪孟德斯鸠说："当一个民族有良好风俗的时候，法律就是简单的。"① 可以说，唐代社会移风易俗的实现很好地诠释了唐律的教化功能。

四 唐律的教化功能与移风易俗

从以上论述可以看出，唐代统治者通过唐律对社会风俗进行种种规定及其实施，对其加以引导和改善，从而实现了移风易俗的社会目的。那么，唐律具有移风易俗的功能和作用其原因和根源何在呢？实际上，唐代移风易俗的实现与唐律所具有的教化特性和功能是分不开的。唐律教化是移风易俗的方式，而移风易俗是唐律教化的结果。进一步说，移风易俗就是唐律教化功能的一种体现。因此，何以实现移风易俗，分析唐律教化特性和功能的形成不失为一个好的路径。

唐律教化功能的体现和实现在很大程度上缘于唐律对儒家礼教的吸纳，从而使得唐律的实施能够迎合人们的生活习惯，进而能够被人们所接受，也就使得人们在不知不觉中遵守着唐律。正如刘俊文所说："唐律的真髓蕴含在唐律与礼的密切关系之中。这种密切关系用一句话形容，就是'唐律一准乎礼'。所谓'一准乎礼'，当然不是指词句，而是指精神。质言之，唐律的全部律条都渗透了礼的精神。"② 可以想见，由于人们长期生活在儒家礼教的约束之中，故人们对包含诸多礼的内容的唐律也就绝不会陌生。在长期的儒家礼教式的唐律的影响和约束下，人们自然就会时刻注意自己的行为方式，在不知不觉中遵守了唐律；而对于违反儒家礼教要求的行为，不仅唐律会对其加以惩治，而且也会招致人们的抵制。可以说，这些都对唐代良好的社会风俗的形成产生了重要的影响。由于唐律的"一准乎礼"必然会让唐律在形式和内容上具有礼的特征，因此，唐律的教化功能也就兼具律与礼的特性，当然也就更容易得到发挥。《通典·刑法三·刑制下》说："原夫先王之制刑也，本于爱人求理，非徒害人作威。往古淳朴，事简刑省。"③

申而论之，关于唐律为何具有教化功能以及唐律教化功能为何能够取得良好的社会效果，我们或许可以从孟德斯鸠的观点中得到答案或者启示。孟德斯鸠说："中国的立法者们所做的尚不止此。他们把宗教、法律、风俗、礼仪都混在一起。所有这些东西都是道德。所有这些东西都是品德。这四者的箴规，就是所谓礼教。中国统治者就

---

① 〔法〕孟德斯鸠：《论法的精神》（上册），张雁深译，商务印书馆，1959，第379页。
② 刘俊文笺解《唐律疏议笺解》，中华书局，1996，"序论"第36页。
③ （唐）杜佑撰《通典》卷165《刑法三·刑制下》，王文锦等点校，中华书局，1988，第4262页。

是因为严格遵守这种礼教而获得了成功。"① 可以说，孟德斯鸠所表达的意思就是中国古代法律，尤其是唐律的"礼法合一"的特性。也正因为如此，法律具有教化功能也就是顺理成章的了。当然，唐代的统治者们也正因为抓住了唐律的这个教化的特性和作用，才使得整个社会比较稳定而有序，前后延续达近三百年之久。也许，这就是孟德斯鸠所说的中国统治者所取得的"成功"。

作为唐律教化功能的一个重要方面，移风易俗不仅很好地反映了唐律的教化特性，而且是唐律实现其教化功能的一个重要途径和终极目的。而关于唐律教化所取得的社会效果，实际上也是唐代良好社会风俗的一个体现，《贞观政要·公平》中说得非常好："民相爱，则无相伤害之意；动思义，则无畜奸邪之心。若此，非律令之所理也，此乃教化之所致也。"② 这一点对于我们重新认识法律的作用以及如何制定和实施法律以更好地发挥法律的作用具有重要的借鉴意义。

---

① 〔法〕孟德斯鸠:《论法的精神》（上册），张雁深译，商务印书馆，1959，第 374 页。
② 骈宇骞译注《贞观政要》卷 5《公平》，中华书局，2011，第 365 页。实际上，这段论述原文为："民亲爱则无相害伤之意，动思义则无奸邪之心。夫若此者，非法律之所使也，非威刑之所强也，此乃教化之所致也。"参见（汉）王符原著，张觉译注《潜夫论全译》卷 8《德化》，贵州人民出版社，1999，第 586 页。

晚清至民国时期（1840~1949）契约文书研究述评

杨 潇*

摘　要：契约文书在中国传统社会中扮演着举足轻重的角色，其不仅为历代民事财产交易的主要依据，弥补高度稀缺的民事法律，也维持着社会秩序，在一定程度上能解决私人间的民事争议纠纷。契约本身是历史情态的真实反映，具有经济、文化等重要价值。近年来，学者对于契约文书进行了大量整理工作，并对其作出为数不少的研究综述，但是绝大多数综述聚焦于明清甚至更为久远的年代，对于晚清至民国时期的契约文书缺乏应有的关注。多数述评或多注重"述"的成分，仅将与契约文书相关的研究著作或论文进行简单罗列，并未对这些研究作出更加深入的分析述评，未能进一步认识到"空间"要素、人文关怀以及现实状况对于这些契约研究的重要性，并指出研究缺陷，这是不够充分的。笔者希望通过对晚清至民国时期财产性契约文书的研究述评，弥补上述研究不足，重新阐释契约文书的重要意义。

关键词：契约文书　晚清　民国

引　言

契约在中国古代起源很早，"契"的本意为刻，"约"的本意为绳索，引申有约束之意。[①] 仅就字面意义而言，契约指用刀刻或用笔写，记录下来的，对双方具有拘束力的一种信物或凭证，当双方（或多方）中一方违约时，他方得据此主张自己的权利，官府甚至可以对违约者施以刑罚。[②] 作为一种文化，它已具有数千年的悠久历史，至民国时期应用范围很广，颇为发达。契约文书是中国历史变迁最生动的载体，其经过长期的筛选过程，得到社会认同。关于契约文书的研究意义与价值大致有以下几点内容。

其一，在中国传统社会中，历代民事立法高度稀缺，民事交易、民事生活安排主要的依据即为契约文书，因此历史中很早就出现了通过缔结契约文书形成各种"私法"上的民事关系。民间社会流传有"民有私约，约行二主"等说法，表明民间传统社会秩序的建立和维护主要是依靠契约来进行的，契约文书本身即为人们进行交易和社会

---

* 杨潇，中国政法大学法学院博士研究生。
① 参见谢慧《契约自由的司法境遇——法律方法如何拯救意思自治》，《法制与社会发展》2011 年第 4 期。
② 参见李倩《民国时期契约制度研究》，北京大学出版社，2005，第 5~6 页。

交往的见证和凭证,具有法律功能。除此之外,其不仅具有同乡规民约一样的规范社会关系、确保社会发展的社会价值,也是解决民事纠纷争议的重要凭证,具有弥补国家法律不足等法律价值。尽管它们是民间私人的协议,却因为在日常生活中具有无可取代的功能,而令统治者亦无法抹杀它们的合法性。通过对其进行研究,我们在一定意义上可以说,契约文书折射了中国历史的变迁,对于传统民事活动而言是十分重要的。

其二,近年来,大量(包括近代在内)的契约文书被不断发现,从当前相关整理研究工作来看,契约文书数量多、分布广,内容丰富,形式多样,研究的空间很大。各地图书馆、博物馆、社科研究机构等,甚至包括一些私人收藏爱好者手中,藏有的契约文书原件不在少数。很多契约文书已经被汇集成书,并予以出版。不像正史、小说等往往是从某人自己的视角进行有选择的记录,作为二次反映的历史副本存在,契约文书是一种历史实态以及情态、心态的真实写照,其所录内容直接反映了当时基层社会的经济、政治、法律制度、宗教信仰、社会生活等各方面的情况,其所体现的经济、社会关系,乃是经济史、法制史、社会史等各方面研究立论的基本出发点之一。[①]契约文书作为研究中国传统社会,特别是基层社会的第一手档案资料,是考察近代社会特征变化及发展规律的重要线索。契约文书也呈现越来越重要的学术意义和价值,并受到中外学者的高度重视,促进相关学科不同取向的专题研究,成为重要的研究课题。

其三,学者针对契约文书发表了许多研究综述,并将其汇集整理收入著作或学术论文之中,但是绝大多数关于契约文书的相关述评类文章更多聚焦在明清时期或者更为久远的时代,针对清末至民国时期(1840~1949)契约文书进行的综述类学术研究仍然较少。就目前笔者发现的近代契约文书综述中,有如吴才茂的《近五十年来清水江文书的发现与研究》、高劲松等的《近三十年来江西地区契约文书研究综述》等文章中仅有一小部分涉及关于民国契约文书的研究情况概述,绝大部分主要对于明清时期的契约文书进行阐释。[②]而且这些文章只是对个别地区进行研究分析,其关于契约文书的整理评述并不具有概括性与代表性。总体而言,学界少有针对近代国内契约文书整体情况进行相关的研究综述整理评述,这是一个空白。

其四,契约文书在民事法律史研究中具有无可替代的地位,整理研究契约文书也

[①] 此种观点可参见孙兆霞、张建《地方社会与国家历史的长时段型塑——〈吉昌契约文书汇编〉价值初识》,《西南民族大学学报》(人文社科版)2010年第5期。
[②] 参见吴才茂《近五十年来清水江文书的发现与研究》,《中国史研究动态》2014年第1期;高劲松、张琼、彭志才《近三十年来江西地区契约文书研究综述》,《地方文化研究》2017年第5期。

可以说是进行民事法律史研究的基本途径之一。很多学者认为中国传统及近代民事法存在民事习惯和习惯法的部分因素，契约恰是民间私人习惯的直接体现，尤其是近代契约文书，在对传统民间习惯有所保留的前提下继续吸收西方传入的法制成果，而这些显然不能仅仅通过研究国家的成文法来认识，对近代契约文书的研究也就成为探析中国民事法律制度变革的重要方面。因此，契约文书也为传统民事行为如何与现代西方法律（民法、合同法）衔接提供了契机。我们可以将近代契约文书的研究作为连接传统与现代，承前启后，构建民事法律秩序的桥梁，以期不断完善近代民事法律体系，对中国近代法制有更深入的理解。

综上所述，近代契约文书研究有其自身重要的价值，笔者想进一步深入了解近代契约文书的发展变化，弥补学术研究的漏洞。

一 契约文书的研究范围

本文将契约类型主要限于与人们经济生活密切相关的财产性交易契约，如针对房地、林地的交易文契，借贷合同文书，商业贸易合同等。因篇幅有限，婚书、承继分书、私家账簿、遗书、官府册籍、政令公文、诉讼文案、会簿会书、乡规、信函书札等与人身关系或地方公共事务安排等相关的文书不作为本文考察的对象。

另外，为综合考察清末至民国时期的历史特征和相关史料的分布状况，笔者将综述研究的时间范围定在1840～1949年这一法律变革最为剧烈的时期，下述晚清至民国时期均指1840～1949年。清末法律改革之前，中国传统社会中虽然存在一些民间契约习惯，但一直没有近现代私法意义上的民法将其纳入完整的法律概念中或将其正式规定在清朝的法律体系中。直到19世纪末，在国内外诸多因素的共同作用下，中国民事法律近代化由传统法律制度向现代法律制度转变，人们才开始逐步接受西方的法治观念，逐渐深化对法律体系的认识，大规模的法律移植活动随之展开，并逐步构建了具有近代性质的民事法律（契约法律）规范。近几十年来，国内学者对这段时期内契约制度发展的研究越来越多，对相关法律背后所蕴含的时代背景、社会原因都进行了一定的分析。本文试对该领域的研究状况进行相应的整理与分析，提出契约文书研究中的优势与不足，并提出一些粗浅的思考，希望对晚清至民国时期契约文书的研究作一些补充和完善工作。

具体而言，晚清至民国时期契约文书相关研究的内容主要包括：晚清至民国时期契约文书的具体发展演变情况，民间契约习惯对于社会经济、传统文化以及国家立法（契约法制）的影响，晚清中国正式出现民事法律（契约法制）的原因，近代民事法律的具体实施情况，以及审理民事契约纠纷案件的司法机构的变迁和具体运行状况。

在此，笔者首先对此相关的研究现状作一个介绍。

二 晚清至民国时期契约文书的研究状况及成果评析

晚清至民国时期的契约文书研究成果大致可分为两类：一类为近代契约文书的收集整理；另一类则为近代契约文书的专题研究。

（一）近代契约文书的收集整理状况

1949年之前相关成果并不突出，笔者几乎未搜索到相关著述。新中国成立之后，中国社会的发展重新迈入正轨，法制建设上升到新的高度时，中国的一些学者才逐渐开始对清末至民国时期的契约文书进行深入研究，完成了一系列收集整理工作。

例如，张传玺的《中国历代契约粹编》收录了从原始无文字契约到中华人民共和国土地改革时期的民间契约2500余件，从多方面反映了中国传统基层社会的经济形态、法律关系和文化面貌。[①] 有学者更加注重契约文书的收集与整理，这不但极大地丰富了法学研究的领域，也进一步拓展了对传统民事法律研究的深度，如田涛教授的《田藏契约文书粹编》收集了明清、民国至"文革"时期的近千件契约文书，保存了契约文书最原始的完整形态，时间跨度大，涵盖范围广。[②] 文献文本形式的地方性流变、文书的收藏无不与契约所属地的文化传统与社会网络关系密切相关。为了解清代以来广泛的民事活动，为研究传统的民事法律规范，提供了第一手直观的资料。梁小平的《清及民国时期民田契尾》主要展示了其长期收藏的清代及民国时期的民田契约8份，有助于加深我们对于田土交易中契尾的认知。[③]

一些经过整理的地方性契约资料，比如田涛教授的另外一本著作《徽州民间私约研究及徽州民间调查报告》采取文献分析与实地调查相结合的方法，贴近民间真实生活及契约文书的实际研究状况，有利于更加全面地理解近代契约文书的原生面貌以及民间契约习惯的具体形态，为法学界作出了极大贡献。[④] 张应强、王宗勋主编的《清水江文书》从乡土社会直接采集契约，关注现实社会，深入民间进行研究调查，保持民间文书原貌，尊重民间契约习惯及文书原有的脉络，以清代以来山林契约为主，对研究少数民族地区的社会发展具有重要史料价值。[⑤]《贵州苗族林业契约文书汇编（1736～1950）》关注少数民族地区契约文本的内容，重视资料的收集整理和相互印证，力求

---

① 张传玺主编《中国历代契约粹编》，北京大学出版社，2014。
② 田涛等主编《田藏契约文书粹编》，中华书局，2001。
③ 梁小平：《清及民国时期民田契尾》，《文博》2007年第3期。
④ 田涛：《徽州民间私约研究及徽州民间习惯调查》（全册），法律出版社，2014。
⑤ 张应强、王宗勋主编《清水江文书》第1辑，广西师范大学出版社，2007。该书第2辑、第3辑分别在2009年、2011年出版，全书共计33册。

在穷尽资料的基础上深入探讨微观层面的相关问题。①《贵州文斗寨苗族契约法律文书汇编——姜元泽家藏契约文书》直接采自民间私藏的"白契",具有准确的产地属性。由于这套契约文书是苗族内部形成的,对于研究西南土著民族社会有着重要学术价值。②

刘伯山主编的《徽州文书》是我们进行中国传统社会多维实态研究的第一手的珍贵资料,在历史学、社会学、文化学、文献学等领域都有重要的研究意义。③ 俞江每年数次赴徽州收集文书,其所编的《徽州合同文书汇编》中部分近代契约文书类型丰富,有力促进了徽学以及明清、民国时期的地方社会、经济、法制史研究。④ 此类著作还有罗洪洋搜集整理的《贵州锦屏林契精选》⑤ 等。在具体的实践研究中,编者植根于对民间社会现实的深切关怀,还原历史最本来的面目,发掘史料的真正意义。这些书收录清水江下游的清代和民国时期及少量新中国成立后的民间契约文书共计上万份,数量多、类型全,具有学术积累价值。

此外,黄志繁等经过实践调查所编的《清至民国时期婺源县村落契约文书辑录》、刘海岩主编的《清代以来天津土地契证档案选编》和宋美云主编的《天津商民房地契约与调判案例选编(1686~1949)》为我们进行民间历史文献与地方文化传承机制等问题展开多学科综合研究提供了契机,也是可贵的参考资料。⑥ 除此之外,还有《自贡盐业契约档案选辑:1732~1949》对于地方历史文献进行挖掘,具有研究价值和深刻意义。⑦

上述汇编文献对具体契约与民事习惯进行梳理、分类与比较,对于清末民国时期契约法制的总体情况和某些法律的具体规定已经有了一个较为明确的认识,为人文社会科学的发展带来实质性影响。一些单纯针对纸面文字的契约研究可能迷失在构建的细节故事里,而这些契约文书的收集整理多经过田野调查,编者亲自走入民间社会进

---

① 〔日〕唐力、武内房司、杨有赓主编《贵州苗族林业契约文书汇编(1736~1950)》,东京外国语大学国立亚非语言文化研究所出版社,2003。
② 陈金全、杜万华主编《贵州文斗寨苗族契约法律文书汇编——姜元泽家藏契约文书》,人民出版社,2008。
③ 刘伯山主编《徽州文书》第1辑,广西师范大学出版社,2005。《徽州文书》分别于2006年、2009年、2011年、2015年以及2017年出版第2辑至第6辑。
④ 俞江主编《徽州合同文书汇编》,广西师范大学出版社,2017。全书共计11册,收入合同文书1234份,按形制及内容,分为"分单""阄书""合同"三部分。
⑤ 罗洪洋搜集整理《贵州锦屏林契精选》,载谢晖、陈金钊主编《民间法》(第3卷),山东人民出版社,2004,第530~573页。
⑥ 参见黄志繁等编《清至民国时期婺源县村落契约文书辑录》,商务印书馆,2014;刘海岩主编《清代以来天津土地契证档案选编》,天津古籍出版社,2006;宋美云主编《天津商民房地契约与调判案例选编(1686~1949)》,天津古籍出版社,2006。
⑦ 自贡市档案馆编《自贡盐业契约档案选辑:1732~1949》,中国社会科学出版社,1985。

行学习研究，增强研究者对于契约文书的历史感和文化体验，对于不同人群的活动和社会构成机制及其运作的动态过程作出更有说服力的解释，近代契约文书有着不可替代的意义，为后世学人的研究提供了一个良好的平台。①

（二）近代契约文书的专题研究

晚清至民国时期契约文书的专题研究大致可分为两类，一类为关于近代契约的宏观研究，另一类则为近代契约的专门性研究。

1. 近代契约文书的宏观研究

民事法律与契约文书息息相关。早期关于契约法制的宏观研究成果以一批通史性或断代性的民法史专著为代表。其中，通史类著作如叶孝信主编的《中国民法史》以及孔庆明等编著的《中国民法史》等，这些民法史专著中对各类契约及其各要素进行了初步梳理，为我们展现了中国传统契约发展的基本轨迹。② 但通史性著作时间跨度大，涉及的史料多，许多研究仅停留在史料整理和历史勾画上，对契约制度尚缺少细致、深入的梳理与解析。

断代性质的著作中有代表性的如朱勇的《中国民法近代化研究》，他在"民国时期的契约法"一章中对近代契约文书作出一定的阐述，该研究在尊重传统的同时，注重近代民法的基本要素与逻辑思维的优点，尤其是兼顾传统材料与传统社会之间的关联性，将契约研究还原到社会实际中。③ 俞江的《近代民法学中的私权理论》、李贵连的《近代中国的法制与法学》以契约制度为独立的研究课题，并较多关注西方视野下的契约法制。④ 上述专著只是对民法在中国近代的演变与发展给予了关注，尽管其中也包含了契约文书的一些相关内容，但是仅对当时的契约文书作了较为粗略的梳理，对于契约法制并未进行过多的理论分析和深入研究，对其的产生背景、实施状况与理论分析也尚显不足，因此无法满足对契约文书系统性研究的要求。但是这些著作为后世进行相关研究提供了一定的范式与方向，推动着我国学者对晚清至民国时期契约法制的研究进程。

2. 近代契约文书的专门性研究

关于近代契约文书专门的著作研究不在少数。王旭的著作《契纸千年：中国传统契约文书的形制与演变》专门对契约的形态与分类进行研究，发现不同地区的契约逐渐完成形制统一化，认为传统社会的财产制度、信用结构以及交易环境导致了传统契

---

① 关于民间契约文献与田野调查的相关研究参见张应强《民间文献与田野调查："清水江文书"整理研究的问题与方法论》，《安徽史学》2015年第6期。
② 参见叶孝信主编《中国民法史》，上海人民出版社，1993；孔庆明、胡留元、孙季平编著《中国民法史》，吉林人民出版社，1996。
③ 朱勇：《中国民法近代化研究》，中国政法大学出版社，2006。
④ 参见俞江《近代民法学中的私权理论》，北京大学出版社，2003；李贵连《近代中国的法制与法学》，北京大学出版社，2002。

约形制变迁。著作弥补传统史学"六经注我"的弊端，以实证的研究和微观的视角丰富了契约形制的相关研究。[①] 但是笔者认为，作者对于民国以前的各个朝代花费较大篇幅论述，而对民国时期的契约形制只在余论的短短几页予以总结归纳，未对近代社会转型时期传统契约完整的演变过程多着笔墨。周伯峰的《民国初年"契约自由"概念的诞生——以大理院的言说实践为中心》对具体的契约交易类型进行深入分析，得出"契约自由"概念成为大理院解决民事纠纷的依据的结论，并认为"契约自由"经历了西方价值观下取代中国传统观念的典范转移过程。作者除运用法律史史实论证外，也试图通过西方法理学与法社会学的理论来构建史观。[②] 因此，尽管有些观点有所缺漏或尚未成熟，但也为未来基础法学研究提供了一个新方向。

刘高勇的《清代买卖契约研究——基于法制史角度的解读》将清代的买卖契约置于国家成文法、司法实践以及民间的习惯之中，得出在对官方法的反馈中，民间自生了一系列重新安排契约双方权利和义务的习惯行为，二者并非截然对立的结论。[③] 李倩的《民国时期契约制度研究》从民国的契约法与契约实践的变化作一讨论，得出契约实践没有与契约法的发展完全同步，也存在相对迟滞情况的结论。该书选取民国时期为研究时间段，将契约文书置于特殊的社会背景之下，并重点把握国家法律与契约习惯之间的博弈关系，深刻揭示统治阶级针对民间契约习惯的态度变化以及其背后的政治利益及制法目的。[④] 这些都是学者较少关注与涉及的，但其内容偏于宏大，并未就细微之处进行深入剖析，并且有意无意忽略近代契约文书的时空差异，这是值得再考虑的。

任吉东的《近代中国契约文书及其研究》对近代契约文书的研究成果进行梳理，简要总结近代契约文书的研究价值和意义。[⑤] 有一定的参考价值。赵晓力的论文《中国近代农村土地交易中的契约、习惯与国家法》通过对近代农村土地交易契约文书进行分析，认为土地契约交易是应付家庭人口变动带来的土地和劳动边际产出在村庄范围内不均衡的主要手段，土地契约交易的完成需要一系列支持制度。[⑥] 笔者认为，首先，作者仅以华北地区和南方地区的土地契约交易情况来概括中国近代所有农村土地交易情况，忽略西部边陲以及少数民族地区的特殊性质，似有不妥；其次，其对于"大传统"与"小传统"的表述人为割裂了国家法与民间契约习惯之间的互动关系，此种理论类似于"市民社会与政治国家"的二元理论，笔者认为这种将中国近代置于西方特

---

① 王旭：《契纸千年：中国传统契约文书的形制与演变》，北京大学出版社，2013。
② 周伯峰：《民国初年"契约自由"概念的诞生——以大理院的言说实践为中心》，北京大学出版社，2006。
③ 刘高勇：《清代买卖契约研究——基于法制史角度的解读》，中国社会科学出版社，2016，第10页。
④ 李倩：《民国时期契约制度研究》，北京大学出版社，2005。
⑤ 任吉东：《近代中国契约文书及其研究》，《历史教学》2007年第7期。
⑥ 赵晓力：《中国近代农村土地交易中的契约、习惯与国家法》，载《北大法律评论》第1卷第2辑，法律出版社，1999，第427~504页。

殊性质的经验之下,以西方语境中的法制理论与中国本土法律相比较的研究思路是不够准确的。

陈志红的《从身份到契约:中国近代化历程的一个侧面》对近代身份到契约的转变过程进行阐释,总结近代经验教训,认为如何在本国传统和外来文化之间掌握平衡是一个重要课题。① 李力的博士学位论文《清代民间契约中的法律——民事习惯法视角下的理论构建》试图完成研究方法的转换,以民间契约为研究对象的切入点,尽可能地置身清代民间契约的语境之中去理解文本制造者对于权利所作的表达,以及其用以表达的概念的确切含义。其认为将研究视角从官方成文法转向民间习惯法,是理解和把握中华法系民法传统的理论前提。② 文章虽研究清代的契约法制,但作者不将西方的概念体系和权利体系看作一种先在的阅读工具和评价尺度,基于中国本土的法律传统对民事权利的表达方式和概念体系所作的构建,无疑为进一步研究中国契约制度提供了一个可以选择的分析框架和概念工具。

关于契约文书的相关概念辨析,王志强的论文《试析晚清至民初房地交易契约的概念》以契约原件和民事习惯调查为依托,对1851年至1921年间清末民初房地契约交易中的各种概念作了详细的分析,认为国家法概念模糊,以及民间利益纠葛,使得房地交易契约的概念以经验习惯为基础,各地房地交易概念出现客观差异。③ 该文资料翔实,分析细致,颇见作者功力。贺卫方的论文《"契约"与"合同"的辨析》阐述了古代西周至新中国成立初期"契约"与"合同"的发展变化,对二者差异进行辨析。④ 其与俞江的《"契约"与"合同"之辨——以清代契约文书为出发点》均认为,契约与合同是不能等同的,二者具有不同所指,现在应该以"契约"一词取代"合同"一词,以避免造成误解。⑤ 立意新颖,观点独到,很有学术价值。

这些研究不仅为我们廓清了契约的准确内涵,也为我们进行深入的契约法制研究提供了有力的理论启发。但是,中国近代民事法学深度发展,以至构建中国理想的法律图景绝不可能基于纯粹的概念与逻辑推演,或单纯消费西方(民事)法学资源,而必须对本国国情有真切了解。⑥ 上述著作或多或少引用西方法律概念,难以避免不自觉

---

① 陈志红:《从身份到契约:中国近代化历程的一个侧面》,《科学·经济·社会》1998年第4期。
② 详见李力《清代民间契约中的法律——民事习惯法视角下的理论构建》,博士学位论文,中国人民大学,2003。
③ 王志强:《试析晚清至民初房地交易契约的概念》,载《北大法律评论》第4卷第1辑,法律出版社,2001,第46~81页。
④ 贺卫方:《"契约"与"合同"的辨析》,《法学研究》1992年第2期。
⑤ 俞江:《"契约"与"合同"之辨——以清代契约文书为出发点》,《中国社会科学》2003年第6期。
⑥ 参见邓正来《中国法学向何处去(上)——建构"中国法律理想图景"时代的论纲》,《政法论坛》2005年第1期。

地以西方的意识形态和法律视角去审视中国传统法律,如有论文中出现只有西方独有的专业名词和法律原则,则会在某种程度上对于中西的契约概念进行比较,形成或多或少的偏差认知,这不利于中国本土化研究。

清末至民国时期关于契约文书的特殊规则有很多,其中,中人规则就很常见。李祝环的论文《中国传统民事契约中的中人现象》涉及契约中人规则的很多细节问题,针对中人现象的产生背景、发展状况及其价值和缺陷进行评述,认为中人制度有助于我们了解中国古代传统民事契约同其相适应的社会、经济、文化与法制的关系。① 有学者对物权契约的相关规则进行研究,如姜茂坤的论文《论民国初期(1912—1921年)物权契约的适用进路转换与理论发展》分析大理院的相关判例,梳理物权契约(包括不动产)的发展变化,认为大理院对物权契约的适用进路由以物权契约定义和有效成立要件发展到以物权关系的形成、确定物权的移转和归属,初步反映了民国初期物权契约理论的西方化发展。②

上述论文通过相关资料的运用来研究近代中国契约文书的发展过程,分析契约作为中国民事法律近代化过程中的一个侧面所反映出的一些问题,讨论契约在近代社会的功效作用,介绍了清至民国时期对于契约法制的探索、吸收与借鉴,反映了近代中国法律移植方面从简单模仿到理性借鉴的发展历程,这对于清末民国时期民事法律的发展,特别是对于如何把握传统契约法制与西方文明之间取舍的问题,具有启发意义。

少数民族契约文书的相关研究也有很多。晚清至民国时期少数民族地区的契约法制相关研究比较稀少,但发现的契约文书都很有参考价值。徐晓光的著作《法律多元视角下的苗族习惯法与国家法——来自黔东南苗族地区的田野调查》及《苗族习惯法的遗留、传承及其现代转型研究》基于田野调查获得翔实充足的文献资料,对大量村规民约和近代契约文书进行研究分析,认为民间契约习惯和国家法代表两种不同的法律文化的社会规范体系,冲突不可避免,并对二者如何进行融合提出相关建议。③ 著作更加突出区域性研究的重要意义,即中国个别地区的契约文书有自己的独特性与多样性,而这些特征的出现也对一些学者以个别地区的契约文书、较少的研究数据得出一种普适性结论提出质疑。

还有针对少数民族经济社会发展的契约研究,如王宗勋的论文《浅述锦屏山林契约档案》对锦屏山林契约档案的种类、内容及产生的历史背景进行了叙述,认为其反

---

① 李祝环:《中国传统民事契约中的中人现象》,《法学研究》1997年第6期。
② 姜茂坤:《论民国初期(1912—1921年)物权契约的适用进路转换与理论发展》,《内蒙古社会科学》(汉文版)2008年第4期。
③ 参见徐晓光、文新宇《法律多元视角下的苗族习惯法与国家法——来自黔东南苗族地区的田野调查》,贵州民族出版社,2006;徐晓光《苗族习惯法的遗留、传承及其现代转型研究》,贵州人民出版社,2005。

映了清代中期以至民国时期锦屏等清水江下游苗族、侗族地区封建林业生产关系，是研究我国南方少数民族经济和社会发展的重要资料。① 类似论文还有李进新的《近代新疆维吾尔族契约资料评介》②，陈峥、宋永忠的《民国时期华南民族地区乡村民间借贷的特点分析》③。这些契约研究使笔者在阅读中不断有新鲜的学术感受和开阔的视野。

但是，这些著作及论文更多关注民族地区的社会经济发展，缺乏对于少数民族契约法制的关注。研究少数民族法制史的学者，则多从法律多元的视角出发，但对国家与社会契约习惯的互动过程不能很好地把握，其以较为简单的笔墨描述少数民族地区近代契约文化的基本内容，仅列举一些契约纠纷案例和司法判决结果来说明国家对于民间交易习惯的取舍，少有关注当地的既有法秩序如何对官方法的进入作出回应，以及思考它们相互间融合、冲突与调整的复杂情形，未对二者关系作出更深入的理论分析。这种研究存在一定缺陷。

利用契约文书研究近代区域社会的文章不在少数。王日根在其论文《清至民国建瓯土地契约中的经济关系探微》中通过对地权、地价、土地经营方式的初步研究，认为土地契约交易关于这三个方面的变化，基本上可以反映家族地位、经济实力社会变迁多方面的微妙关系。④ 任吉东的论文《传承与嬗变：近代化过程中的土地契约交易——以天津为例》通过整理天津房地契约资料，以及地契资料所记载的土地买卖租当、价格等变化情况，认为外来制度冲击着传统契约习惯，这是导致天津地契交易进入商品化阶段的重要因素。⑤

近代契约文书在社会经济领域的研究中有丰富的成果，但因为研究者大都为社会史、经济史学者，他们的兴趣主旨在于契约文书背后的经济关系与社会发展水平，为迎合社会经济学研究的需要，学术研究更多立足于经济制度结构的发展等特殊领域在晚清或民国初年的产生背景、运行状况及相关制约因素，就契约中有关借贷、地价等问题进行选择性研究，注重立契主体的经济地位，分析近代中国的经济关系，进而探求中国社会的经济演进规律。对于清末民初契约本身相关内容的研究仅作为阐述的一方面甚至是一小部分，其在大致概括契约基本内容，单纯罗列案例及数字的同时缺乏更具理论深度的阐释与分析，虽然成果值得尊重，但过于注重契约中的经济成分，过滤掉许多值得讨论的契约制度问题，是不全面的。

---

① 王宗勋：《浅述锦屏山林契约档案》，《贵州省档案学会纪念建党80周年学术交流会论文集》，2001，第1~9页。
② 李进新：《近代新疆维吾尔族契约资料评介》，《中央民族大学学报》1996年第1期。
③ 陈峥、宋永忠：《民国时期华南民族地区乡村民间借贷的特点分析》，《华南农业大学学报》（社会科学版）2011年第3期。
④ 王日根：《清至民国建瓯土地契约中的经济关系探微》，《中国经济史研究》1990年第3期。
⑤ 任吉东：《传承与嬗变：近代化过程中的土地契约交易——以天津为例》，《南方论丛》2007年第1期。

海外学者关于契约文书的研究很丰富。柯伟林（William Kirby）主编的论文集《近代中国的自由领域》（*Realms of Freedom in Modern China*）中，由13位作者单独或合作撰写了11篇分章论文。[1] 该书探讨近代中国的自由，其中，钟斯（William C. Jones）区分了中国传统基于皇帝个人"统治"和英国传统基于君民之间的"契约"，进而得出民国时期对近代自由的引进没有改变人治的本质的结论；[2] 曾小萍（Madeleine Zelin）以契约为例，力证传统中国存在自由领域，得出契约自由交易领域使清代有了经济和商业的繁荣，还让清代人比同时代西方许多地区的人们享有更多自由的结论。[3] 该书通过对契约自由的分析，从法治（rule of law）和人治（rule by law）之辨审视中国传统和近代的契约自由，检讨自由在中国可能实现的方向，在某种程度上对中国传统社会不存在所谓契约自由的一般性结论提出质疑。[4]

此外，曾小萍、欧中坦（Jonathan K. Ocko）等编著的论文集《早期近代中国的契约与产权》对清代以及民国时期的经济和法律制度，特别是与契约和财产紧密相关的社会领域，提供了一个全新的研究视角，并就这些制度在特殊的区域社会背景下如何运转有清晰的阐述。[5] 如孔迈隆（Myron Cohen）以台湾弥浓地区的契约为例，认为中国契约研究中，应该区分"社会的"和"法律的"两个面相。"与其说是法律性质的，不如说是社会性的"，这些契约由缔约人之间的社会联系而非法律获得保障。[6] 这些论文多重视研究方法以及史料的使用，每篇文章并非从宏大叙事入手，而是涉及与契约相关的某个微观领域的研究，深入社会网络之中分析契约实践，这是非常有意义的。虽然作者有很强烈的批判意识，也尽量以中国存在的自由领域来审视自由在中国的进展，但思维方式和文化背景的客观局限使其仍无法完全脱离西方的视野，在研究中有意无意套用西方的社会模式来理解中国传统的契约。

同样以西方理论审视中国契约法制的问题也见于白凯（Kathryn Bernhardt）与黄宗智（Philip C. C. Huang）主编的论文集《清代及民国时期的民法》（*Civil Law in Qing and Republican China*）中。[7] 美国学者则注重从契约史料中抽象出某些具有理论意义的

---

[1] William Kirby, *Realms of Freedom in Modern China*, Stanford University Press, 2004.
[2] 参见William C. Jones, "Chinese Law and Liberty in Comparative Historical Perspective", in William Kirby, *Realms of Freedom in Modern China*, Stanford University Press, 2004, pp. 44 – 56。
[3] 参见Madeleine Zelin, "Economic Freedom in Late Imperial China", in William Kirby, *Realms of Freedom in Modern China*, Stanford University Press, 2004, pp. 57 – 83。
[4] William Kirby, *Realms of Freedom in Modern China*, Stanford University Press, 2004.
[5] 〔美〕曾小萍等编《早期近代中国的契约与产权》，李超等译，浙江大学出版社，2011。
[6] 孔迈隆：《晚清帝国契约的构建之路——以台湾地区弥浓契约文件为例》，载〔美〕曾小萍等编《早期近代中国的契约与产权》，李超等译，浙江出版社，2011，第34页。
[7] 参见Kathryn Bernhardt and Philip C. C. Huang, *Civil Law in Qing and Republican China*, Stanford University Press, 1999。

概念，比如"表达—实践""第三领域"，尽管这些明显受到西方影响的概念存在缺失，或许其中一些观点值得商榷，但是这均深层次地拓展了近代契约研究的理论深度，值得我们再思考。

三 晚清至民国时期契约文书研究所存在的问题

目前我国法律史学界对晚清至民国时期契约文书的研究主要存在以下几个问题。

其一，"时空"要素的缺失。虽然近代契约文书呈现高度"同质化"的形态，但始终存在特殊性与多样性。空间与时间是史学研究的关键要素，也是近代契约文书研究的重要因素。扎实的法律史研究需要经由历史的各种细节和要素建构，对以上要素视而不见，这样的研究将趋于宏大、抽象和空洞。①

就空间要素而言，已有的研究多集中于部分地区，如安徽、四川、贵州等地。在这样一个地域广阔、文化丰富的泱泱大国，契约文书本身必然有着不容忽视的复杂性与多样性，因此亟待研究地域的扩展。然而，更多学者奉行"中原汉族中心论"，将一些边疆地区如内蒙古、新疆等地的契约文书一概忽略。此类研究往往带有相当的特殊性，部分见解也因此存在欠缺。如李倩的《民国时期契约制度研究》中大多列举北京经济发达地区的契约交易情况，最终将其概括为民国整体的研究成果。② 以此能否得到关于类似问题的一般性结论，笔者表示怀疑。

就时间要素而言，笔者认为，在中国近代漫长的岁月中，不同的时间段造就不同的法律文化，契约制度以及契约文书本身在国家法本位主义以及文化多元的影响下逐步改变。而在1840~1949年这一百多年时间中出现的契约文书以及其背后支撑的契约制度的变化，往往被大多数研究者忽略。并不特别标注其所研究的时间段，这点在中国学者的研究中表现得尤为明显。比如：在不作任何理论探讨、说明的前提下，这些研究相当于潜在地认同或认定，契约文书逐步趋同，清末至民国任一时间段的契约文书的格式都可以代表整个近代存续时期的文书样态。③ 刘高勇的专著对清代的契约文书进行了研究，但在时间上作静态化处理，忽略了清代两百余年间的契约制度及契约文书变化情况。将清朝各个时期的契约文书作格式化、同一性的总结。④ 这种潜在认识可能与史实不符。为研究一个整体，或许我们更应该了解特定材料所能代表的时间段与空间点的特殊性和限度，即在多大程度上反映了近代契约文书的整体状况。先将其分

---

① 参见邓建鹏《清帝国司法的时间、空间和参与者》，《华东政法大学学报》2014年第3期。
② 详见李倩《民国时期契约制度研究》，北京大学出版社，2005。
③ 例如徐晓光曾于文章中阐述各地契约文书的趋同性与一致性。详见徐晓光《清水江文书的特征、研究状况及当代启示》，《西华师范大学学报》（哲学社会科学版）2017年第3期。
④ 参见刘高勇《清代买卖契约研究——基于法制史角度的解读》，中国社会科学出版社，2016。

为有各自特点（在时间和空间上）的几个部分，以此为基础搭建合适的框架，然后寻找材料充实到具体部分。从统计学上讲，进行抽样调查的时候，需要选择不同阶层的人群，然后分别抽取样本，这样得出的调查结论才具有代表性和典型性。[1]

其二，研究方法及思路、研究态度的局限性。契约文书属于法律文书，是具有法律效力的民间私文书，对其进行法学性质的研究是必要的。但多数法学研究者并不具备社会经济史学者那样的史学功底，对契约文书进行搜集、整理、考释并非其所长，同时囿于当时研究视野的狭隘，契约文书的法学价值没有在20世纪受到相应关注。

时至今日，近代契约文献的整理出版已成规模，社会经济史学者的研究已有一定深度，同时随着对外交流的增多，法学研究方法已有改进，契约文书的法学价值终于被法律史学者认识到。法学研究者逐步介入契约文书的研究中。然而在法律史领域，仍然存在事实描述型研究针对契约史料进行证伪、描述、归纳，侧重刻画契约文书本身的内容，描述历史的真实状态。[2] 研究者并未发挥自身在法学学术及基于本土立场的比较优势，也没有以当下社会问题为导向，充分发挥契约文书对于现今法学领域的指导功能。学者更多探寻那些不为人知的生僻角落，忽略观察发生在身边的事件，也忘记了作为一门社会科学，法学肩负了直接观察、分析和解释社会的任务。[3] 这种态势下，大量近代契约文书被作为"考据学"辨别真伪、鉴定史学价值的工具。法学研究者无法利用自身的学科优势对其进行研究，导致契约文书中蕴含的法律观念无法被挖掘出来，因缺乏对于现实社会的关注，契约文书本身连接传统法制与近现代西方民事法律的功能并未完全凸显，近代契约文书的法学价值也没有得到实现。

此外，因受到一些陈旧思维模式的限制，国内对近代契约文书的诸多研究存在凝固化、简单化、公式化的特点，并过分专注宏观的叙事，相关研究缺乏对近代契约文书细节问题的深入分析，也缺乏相应的客观、中立的研究态度，对于契约文书的解读有失偏颇，与历史真实不等。[4] 有学者将现成的各种史料拼凑堆砌，想方设法建构自己理想中的契约模型，即"理论先行"。比如：一些关于近代契约文书的研究潜在地以西欧法秩序类型为参照物，注意辨析其与近代契约法制的差异。其研究模式主要是以现代西方的契约概念和构成要素对契约文书进行归纳和分析，偏西方化的理论也会影响

---

[1] 关于解决学界忽略时空要素重要性的方法思路，参见邓建鹏《清帝国司法的时间、空间和参与者》，《华东政法大学学报》2014年第4期。
[2] 关于法律史领域的"事实描述型研究"，参见邓建鹏《中国法律史研究思路新探》，《法商研究》2008年第1期。
[3] 参见俞江《民事习惯对民法典的意义——以分家析产习惯为线索》，载易继明主编《私法》第9卷，北京大学出版社，2005，第63页。
[4] 参见邓建鹏《法制的历史维度》，法律出版社，2020，第1页。

对传统契约所处环境的重视程度。① 在西方制度和最新理论面前眼花缭乱，忘记了近代契约研究尚须回应本国社会实际中的法律现象。

有学者或许在封闭的环境中思考，有明确的方向和固化的逻辑，如此一来，为达到自己的目的而大量堆砌和排列前人少有使用的契约文书史料，将其视为自己的预设观点和逻辑框架的填充部分，"以论代史"的学术路径也为数不少。② 论点应建立在坚实、丰富的史料基础之上，力戒浮泛空谈。但有些学术著作在研究方法及思想深度、观察视角方面较为单一，并无很大创新性，使读者在阅读过程中产生千篇一律的感觉。③ 如近年来的一些关于契约文书的文献评述，侧重于大篇幅的记叙描写、大段契约史料及相关研究成果的堆积和较为简单的文献概要介绍，大多缺乏严谨科学的论证推理过程以及自身真正进行深度思考之后的"评论"部分。④ 一些关于近代契约法制的研究缺乏一种关注现实、求真务实的态度。如一提到民间契约习惯，一些学者就会认为，其不过是从古代流传下来的、远离现实生活的制度遗迹，如典当等。它们或许可以作为茶余饭后的谈资，却不能被纳入现代法的体系中予以考虑。⑤

相比之下，田涛教授的《徽州民间私约研究及徽州民间习惯调查》从更加微观的视角探讨民间契约的真实样态，运用文献分析与田野调查等方法深入民间社会实际，方方面面精益求精。为了寻求契约实物，田教授常年奔走于各地进行社会实践，查阅资料，拍照制作，去真切感知契约习惯是如何作为一种经验性产物普遍存在于民间生活中的。⑥ 近代区域性契约研究的著作耗费了著者的大量心血。张小林的《清代北京城区房契研究》着眼于细微之处的挖掘，对北京城区的房契文书的细节问题进行深入具体的分析，结合官方规定与契约本身内容，认为文书的变化反映了清朝中后期吏治败坏、八旗兵民生计艰难、律令松弛等一系列问题。作者拓展文章的深度和广度，力求在穷尽契约资料的基础上将细致的问题分析得更为透彻，以此在某个点上还原真正的

---

① "讨论清代法律文化中的契约，便不应局限于推敲契据字句、详读案件，或是收集与契约之经济与社会功效有关的证据。而必须对清代的法律从业人员与作者，检验其是否在法律文化里建立起一套使他们能文明化、民事化契约及其涉入之社会关系的概念或观念。"详见田涛《地图上的图案：试论清代法律文化中的"习惯"与"契约"》，载邱澎生、陈熙远编《明清法律运作中的权力与文化》，联经出版事业股份有限公司，2009，第252~254页。

② 关于"以论代史"的相关论述，参见邓建鹏《法制的历史维度》，法律出版社，2020，第4页。

③ 参见陈学文《土地契约文书与明清社会、经济、文化的研究》，《史学月刊》2005年第12期。

④ 如《近六十年来清水江林业契约的收集、整理与研究综述》以及《近三十年来清代契约文书的刊布与研究综述》等多数关于契约评述类文章大多重视堆砌大量契约文书的相关研究成果，却极少见对这些成果进行归类整理以及深入分析，得出一些有价值的结论。

⑤ 参见俞江《民事习惯对民法典的意义——以分家析产习惯为线索》，载易继明主编《私法》第9卷，北京大学出版社，2005，第57页。

⑥ 田涛：《徽州民间私约研究及徽州民间习惯调查》，法律出版社，2014。

历史。① 这些学者秉承史学传统,稳健细腻论学的风格、严谨的治学态度、明确的观点、翔实的考据论证以及新颖的内容值得我们认真学习借鉴。

其三,研究视角的单一性。近年以来的相关契约文书的专门性研究中,大多缺乏一种人文关怀,即在民间社会的语境下进行"同情的理解"。一些学者研究近代契约文书史料,在法律史的视野之下,多关注契约产生纠纷时司法官员乃至国家统治者的利益与解决纠纷的态度,也顾及法学专家的行为和思维模式,如关文斌的《习惯、律例与法律实践——中华帝国晚期长芦盐商契约研究》尝试重构国家对于契约、地方习惯与法律原则的态度变化,得出解决盐商的契约纠纷时,地方官员首先考虑社会经济因素,即维护国家利益和权威,其次才为习惯和礼教的结论。② 但学者们较少将契约文书的实践情况置于具体的地域脉络下进行分析,少有学者试图对社会大众,即"人"的观念和行动进行观察,更少真正关注到民众对于契约的理解和订立契约的具体操作。

有学者指出:"法律史的任务并不在于个别信息、事实的既存材料,或者它对现代的利用价值;毋宁在于我们存在本身的历史性。"③ 契约文书如前文所述,对于法律史、经济史、社会史均有着很高的研究价值,而它更为重要的意义就是反映着民间区域基本的社会结构,并为我们提供了一般民众在日常生活中的抉择和表述。④ 岸本美绪认为:"契约文书作为史料的魅力还不仅仅在于所记载的物价、租额等数据,纸质、字体、笔触以及其他通过文书可能察如的如登场人物、人和人之间的关系等等,都能折射出当时社会的气氛。"⑤ 这些契约史料虽然经过专业人士的加工,但至少仍然可以帮助我们了解普通人的行为观念。唯有在民众的视角下才可以更全面地了解这些影响私人之间订立契约的传统社会的习惯、观念的架构究竟是什么样的,以及契约文书是如何形成的、民间契约规范是怎样的一种状态。

当然,也有学者对此重视,如杜正贞的《近代山区社会的习惯、契约和权利——龙泉司法档案的社会史研究》(下编)中,在现代国家法律建构的背景下,重回契约产生和发挥作用的历史现场,探讨晚清至民国时期民间家族和个体的契约观念、行动以及契约习惯,并得出地方契约秩序和产权观念习惯受到近代法律变革影响不断变化的

---

① 张小林:《清代北京城区房契研究》,中国社会科学出版社,2000。
② 参见关文斌《习惯、律例与法律实践——中华帝国晚期长芦盐商契约研究》,载〔美〕曾小萍等编《早期近代中国的契约与产权》,李超等译,浙江大学出版社,2011,第279页。
③ 〔德〕弗朗茨·维亚克尔:《近代私法史:以德意志的发展为观察重点》(上),陈爱娥、黄建辉译,上海三联书店,2006,第5页。
④ 参见〔日〕岸本美绪《明清契约文书》,王亚新译,载滋贺秀三等《明清时期的民事审判与民间契约》,法律出版社,1998,第314页。
⑤ 〔日〕岸本美绪:《明清契约文书》,王亚新译,载滋贺秀三等《明清时期的民事审判与民间契约》,法律出版社,1998,第314页。

结论。① 王帅一的《明月清风：明清时代的人、契约和国家》虽然时间段主要落在明清时期，而且著作内容较为宏大，但其具有的新颖观点值得借鉴。他以人为中心来思考人与契约的关系，讨论中国社会中人们订立契约的法律行为，以及影响契约运行的各种因素，得出契约行为既受传统文化所影响而发生，亦形成一种自成一体的契约文化，导致契约关系产生、变化或契约诉讼提起与平息的结论。② 著作揭示中国契约法制的特质以及与此密切相关的社会控制与纠纷解决的思维和行为模式，进而在特定的历史背景下对契约的状态和演变作出解释。③ 这种对于现实的关切与对于人文社会的重视态度值得笔者汲取参考。

四　结论

近年来，经过学者的努力，近代契约文书的发现和研究取得了一批较为重要的成果，涉及契约的收藏、介绍、出版以及对当时各地契约交易的习惯法等方面的探讨，为研究清末以来的社会制度、文化、经济提供了新材料，这些研究成果具有很高的历史文献价值。然而，对于契约文书研究的深度和广度而言，仍值得拓展和深入，在研究路径与研究视角上仍有所欠缺。近代契约的微观研究还是一个比较薄弱的环节。笔者希望在利用前人已整理出版的各种契约文献，在借鉴前辈们已有研究成果的基础上，在学术研究追求与现实关怀中，尝试对契约文书领域进行初步研究，重视近代契约文书与民间社会法制实践的连接，以期能够在当下民事法律的构建与完善过程中总结经验教训，对法制的发展作出一些贡献。

---

① 杜正贞：《近代山区社会的习惯、契约和权利——龙泉司法档案的社会史研究》（下编），中华书局，2018，第453~495页。
② 王帅一：《明月清风：明清时代的人、契约和国家》，社会科学文献出版社，2018。
③ 王帅一：《明月清风：明清时代的人、契约和国家》"引论"，社会科学文献出版社，2018，第1~10页。

人物

杨度第二次留学日本就读学校考（1903~1907）

赖骏楠*

摘　要：1903年7月至1907年10月下旬，是杨度第二次赴日留学的时期。学界多主张杨度在1904年、1905年间就读于法政大学清国留学生法政速成科。对相应时段内该速成科毕业生名单的翻阅，可断定杨度未能从该科毕业。杨度曾再度求学于弘文学院一说，可能系《杨度生平年表》编纂者受到《胡汉民自传》中相关误记的影响。日本外务省档案和早稻田大学档案共同表明，杨度在1905年9月曾注册为早稻田大学学生。但杨度的早大求学经历，仍以未能毕业告终。由于杨度已经拥有举人头衔，且已是颇富名望的政治活动家，游学是其东渡日本的更合理选择。

关键词：杨度　法政大学　早稻田大学

1903年7月，正在参加经济特科考试的杨度，因被怀疑与康梁势力有染，又因其在1902年底至1903年初发表的《支那教育问题》一文中宣扬排满革命思想，为避"名捕之祸"，再次东渡日本，展开了第二次赴日留学的经历（第一次为1902年赴东京弘文学院）。[①]自此以后，直到1907年10月下旬回国料理其伯父杨瑞生丧事，并参与立宪运动，杨度在大部分时间都生活于日本。因此，澄清杨度在这四年时间中就读于何所学校和哪个专业这一问题，对于更为准确地理解他在该时期形成的政治倾向和思想体系，乃至对于理解整个清末立宪史和革命史本身，或许有着足够助益。

一　杨度于1904年4月至1905年6月就读于法政大学

关于杨度此番留学所就读的学校，各类传记作品中最常见的说法是"法政大学速成科"。[②]有论者更是精确地说明了杨度在该速成科的学习时段：于1904年5月进入该科学习，1905年6月毕业。[③]该速成科的全称，为法政大学清国留学生法政速成科，由日本法学家梅谦次郎在中日两国政府的支持下，于1904年4月在东京创办。该科第一

---

*　赖骏楠，复旦大学法学院副教授。
① 参见杨云慧《从保皇派到秘密党员——回忆我的父亲杨度》，上海文化出版社，1987，第18~20页；蔡礼强《晚清大变局中的杨度》，经济管理出版社，2007，第81~83页。
② 笔者所见到的该说法的最早出处，为陶菊隐《筹安会"六君子"传》，中华书局，1981，第16页。该书首版由中华书局于1946年出版。
③ 蔡礼强：《晚清大变局中的杨度》，经济管理出版社，2007，第90页。但作者在书中并未给出此一说法的出处。

班学生于 5 月正式开学，并于翌年 6 月卒业。然而，笔者在查阅从 1905 年 6 月直至杨度回国的 1907 年 10 月下旬这一时段内的清国留学生法政速成科各班卒业生名单时，并未发现杨度的名字或其原名杨承瓒。①

但考虑到杨度就读于法政大学速成科这一说法几乎是学界通说，且得到杨度后人的支持，②对该说不宜轻易推翻。一个相关的推断是，杨度在第二次抵达日本九个多月后，可能于 1904 年 5 月入学于该速成科第一班，但未能于 1905 年 6 月顺利卒业。尽管法政大学清国留学生速成科的在籍学生名簿现已无从查找，但杨度曾就读于该速成科的说法，除了有着在其去世后诞生的传记作品的支持，在一定程度上也可以得到相关当事人书信材料的证实。1915 年，杨度等人组织筹安会宣传恢复帝制，实施君主立宪，从而为袁世凯的称帝活动制造舆论氛围。时为国民党（当时改组为中华革命党）内核心人物之一的胡汉民，曾向杨度致信一封，并对后者言行提出指责。这封信的起始部分为："晳子（即杨度）足下：足下于仆，虽未足列于朋友之数，然仆两次东渡，师范、法政，与足下同游，亦未尝无一日相知之雅。"③其中的"师范"，指 1902 年胡汉民与杨度共同就读的位于东京的、以培养师范生为宗旨的弘文学院；而其中的"法政"，即法政大学。胡汉民曾于 1904 年秋入学于法政大学清国留学生速成科第二班，并于 1906 年 7 月卒业一事，能够得以出版档案材料的证实。④因此，借助胡汉民信中这几句并不热情的"叙旧"文字，可以推断：法政速成科第一班的杨度，与第二班的胡汉民，在 1904 年秋（胡汉民此时始入校）至 1905 年 6 月（杨度最迟到此时结束法政大学的学习）这段时间，因在同一学校学习，所以相互间有过直接接触。

杨度未能于该速成科卒业的缘故，应是学业以外其他种类事务的繁忙。他在 1904 年至 1905 年（尤其是 1904 年下半年）忙于学业以外事务（尤其政治事务），已得到一二手文献的证实。在这一时期，杨度的政治倾向反复于立宪与革命两派之间，并同时参与（乃至部分地主导）了两派的政治活动。在立宪派方面，他于 1904 年 9 月在留学生中发起成立鄂、湘、粤三省铁路联络会，并先后被留日、留美学界推为总代表返回上海，进行粤汉铁路废约自办的倡议活动。⑤在革命派方面，杨度以留学界总代表的名

---

① 参见日本法政大学大学史资料委员会编《清国留学生法政速成科纪事》，裴敬伟译，广西师范大学出版社，2015，第 136~160 页。
② 参见杨云慧《从保皇派到秘密党员——回忆我的父亲杨度》，上海文化出版社，1987，第 22 页；杨友麒、吴荔明《杨度与梁启超——我们的祖父和外祖父》，人民文学出版社，2017，第 66、103 页。
③ 信件全文载于《中央党务月刊》第 4 期（1928 年），第 32~33 页。
④ 《1005 法政速成科第二班卒业生姓名》，载日本法政大学大学史资料委员会编《清国留学生法政速成科纪事》，裴敬伟译，广西师范大学出版社，2015，第 147 页。该名单中出现的是胡汉民在该时期的真实姓名（"汉民"则是笔名），即胡衍鸿。
⑤ 参见彭国兴编《杨度生平年表》，载刘晴波主编《杨度集》（二），湖南人民出版社，2008，第 1085~1086 页。

义归国后，又加入其同乡黄兴组织的华兴会外围组织爱国协会，并参与华兴会会员会议。是年11月，革命党人万福华因谋刺前广西巡抚王之春（粤汉铁路"华美合办"倡议者）被捕，黄兴等人亦入狱。①涉嫌其中的杨度为安全计，于12月初离沪赴日本，在船上尚且遇见宋教仁。②法政大学清国留学生法政速成科由于实行一年学制（后改为一年半），需要在较短时间内将包括法政专业课在内的各门课程传授完毕，因此学生课业负担本就繁重（夏季并无休假③）。杨度却在就学时期如此频繁乃至离开日本参与各类政治活动，对学业的影响自不待言。因此，杨度于1904年5月注册于该速成科第一班，但因政治事务繁忙，无暇顾及学业，遂未能于1905年6月卒业这一推断，应属合理范围。

另有作品认为，杨度此次留学，在就读于法政大学之前，曾再度入学于弘文学院。如《杨度集》所附《杨度生平年表》所言，"（1903年）8月初，因避'名捕之祸'，东渡日本，仍入弘文学院。时胡汉民也在校中"。④年表编纂者这一说法的来源，可能是《胡汉民自传》中的相关记录："一九〇三年，余以学师范至日本，入弘文学院……时黄兴、杨度俱在校中。"⑤胡汉民在此处的一个回忆错误，在于他将自己首次赴日并与黄兴和杨度同时就读于弘文学院的年份（1902年）误记为1903年。在同一段落中，胡汉民提及在其首次游学日本之年，还发生了成城学校入学事件这一实际上发生于1902年的留学界重大学潮。⑥胡汉民本人正是本次学潮中的退学号召者之一，并于当年归国。实际上在整个1903年，胡汉民都在国内活动，因此不可能与杨度"俱在"弘文学院。因此，再度入学于弘文学院一说，应可排除。

二 杨度于1905年4月或9月至1907年10月就读于早稻田大学

然而，以上行文仅解答了从1903年7月至1905年6月杨度就学于何所学校的问题。仍有待追问的是，1905年6月之后，直至1907年10月，杨度是以何种身份居留于日本？换言之，这后一时间段内的杨度是（类似于梁启超那样）纯粹以政治宣传家

---

① 参见彭国兴编《杨度生平年表》，载刘晴波主编《杨度集》（二），湖南人民出版社，2008，第1086页。
② 参见宋教仁《宋教仁日记》，湖南省哲学社会学科研究所古代近代史研究室校注，湖南人民出版社，1980，第16~17页。
③ 参见《法政速成科无休假》（1904年8月15日），载日本法政大学大学史资料委员会编《清国留学生法政速成科纪事》，裴敬伟译，广西师范大学出版社，2015，第5页。
④ 彭国兴编《杨度生平年表》，载刘晴波主编《杨度集》（二），湖南人民出版社，2008，第1085页。
⑤ 胡汉民：《胡汉民自传》，传记文学出版社，1987，第9~10页。
⑥ 该事件发生于1902年6~7月。因驻日公使蔡钧拒绝为吴稚晖等部分自费留学生出具成城学校要求提交的担保文件（因该校为陆军学校），众留学生遂与公使发生冲突。随后日本警方介入，并决定将吴等人遣送回国。但在遣送途中，发生了吴投水自尽的事件。尽管吴随后被救起，该行为却进一步引发留学界对日本政府和警方介入留学事宜、"侮辱国体"的激愤［参见刘珊珊《清末成城学校入学风潮述论》，《徐州师范大学学报》（哲学社会科学版）2009年第2期］。

和活动家的身份居住在日本,还是转而继续入学于其他学校(哪怕只是旁听)从而仍具有留学生身份?考虑到1905年9月中国留日学生会馆干事改选时,杨度当选并就任为留学生总会干事长这一事实,①后一种可能性似不应排除。

实际上,有日本政府官方资料将杨度在1905年冬的身份记录为早稻田大学留学生。1905年冬,因日本文部省颁布《关于许清国留学生入学之公私立学校规程》,对在日中国留学生于各方面强化管制,留学界爆发大规模学潮。因与学潮领袖意见不合,且人身安全遭受威胁,时任留学生总会干事长的杨度遂以谎报的假姓名,避居于栃木县宇都宫市的旅馆中。但杨度的行踪未能躲过日本地方政府的监视。12月17日,栃木县知事白仁武以公文形式向外务大臣桂太郎汇报杨度的行迹,并附有杨度自书的情况交代。该汇报的开头即"清国湖南长沙府湘潭县 目下早稻田大学留学生 杨度"。②该材料被收藏于日本外务省外交史料馆(现已由"亚洲历史资料中心"这一日本网站免费公布),最早由孔祥吉、村田雄二郎两位学者首次引用于一篇合著论文(2005年)中。③但或许由于该文主旨并非考证杨度在该时期的学习与政治活动,所以材料中"早稻田大学留学生"一语未能引起学界注意。

顺着这一线索,笔者乘2017年夏在日本东京访学之便,前往早稻田大学大学史资料中心查阅相关档案资料,并有相对重大收获。在该中心所藏档案中,有一份被该中心所编目录称为"明治38年9月 清国留学生名簿"的资料。但实际上该材料是一份包含中国留学生姓名在内的早稻田大学当时(1905年9月)全部外国留学生的名单。该材料的内容,可分为四个部分。第一部分标题为"清国留学生部预科学生分班",系创立于1905年夏季并于同年9月开始招收第一届学生的早大清国留学生部的入学学生名单;④第二部分标题为"清国人",是清国留学生部以外的早大其他各部、科的中国学生名单;第三部分标题为"韩国人",是就读于早大的朝鲜半岛学生名单;第四部分标题又为"清国人",应系对第二部分漏记的中国学生姓名的补记;第五部分为"朝鲜人",应是对第三部分"韩国人"的补充。第一部分,第二、三部分,第四、五部分分别呈现不同的笔迹。⑤

---

① 参见彭国兴编《杨度生平年表》,载刘晴波主编《杨度集》(二),湖南人民出版社,2008,第1087页。
② 「JACAR(アジア歴史資料センター)Ref. B12081631800、在本邦清国留学生関係雑纂/取締規則制定並同規則ニ対シ学生紛擾之件(B~3~10~5~3_7)(外務省外交史料館)」
③ 参见孔祥吉、〔日〕村田雄二郎《陈天华若干重要史实补充订正——以日本外务省档案为中心》,《福建论坛》(人文社会科学版)2005年第4期,第63页。
④ 清国留学生部虽然计划设立本科,但在创立当年的1905年9月招收第一批学生时,仅招收了预科学生,本科被预定在第一批预科学生毕业后的1906年秋季才开始设立,参见早稻田大学大学史编集所《稿本早稻田大学百年史》(第二卷上),早稻田大学出版部,1976,第169~198页。
⑤ 参见《3号館旧蔵资料 C~8~05 明治38年9月 清国留学生名簿》,早稻田大学大学史资料中心(早稻田大学大学史资料センター)藏。

在该名单的第二部分"清国人"中，杨度的姓名赫然在列。此处有关杨度的完整信息如下："湖南省（私费）杨（生年月日缺）（无缺席情况）。"这一材料能够最为直接地表明，杨度至少在1905年9月至12月（后一时间节点的依据是上述外交史料）就读于早稻田大学清国留学生部以外的其他部、科。之所以没有就读于清国留学生部，或许是由于杨度之前已有过弘文学院和法政大学的求学经历，从而具备了一定的语言和知识基础，所以不必经由清国留学生部提供的专门针对无基础之中国学生的预科学习，就可直接考入其他部［大学部、高等师范部或专门（即专科）部］或高等预科。

由于该名单未提及杨度当时所学学科，所以目前只能对此进行推测，并在推测的基础上尽可能搜罗资料予以验证。考虑到当时杨度主要对法政感兴趣，且曾经就读于法政大学，所以杨度就读于早大时，其最可能的入学意愿是入学于大学部法学科、高等师范部法制经济科或专门部法律科。①由于前两个学科入学门槛较高，诸如要求申请入学者必须在普通学、日语和英语三方面知识都达到较高水平，所以杨度也有可能为了就读大学部与高等师范部，先行进入高等预科学习。因此，关于杨度所在早大具体部、科这一问题，便存在以下四种可能：（1）先就读于高等预科，拟日后攻读大学部或高等师范部；（2）直接考入大学部法学科；（3）直接考入高等师范部法制经济科；（4）直接考入专门部法律科。

下面拟针对这四种可能，结合相关史料（如果存在）一一展开验证。

（1）高等预科。该科学制为一年半。②早大高等预科开学于每年4月。如果杨度是就读于该预科，那么这意味着他在1905年4月或之前就已从法政大学退学，并于4月转入早大高等预科学习。遗憾的是，1905年4月的该科的入学志愿者名簿以及该科这一年级的在籍学生名簿，现均已无从查找。该级预科卒业于1906年7月。《早稻田学报》第137号（1906年8月初发行）所刊《高等预科第五回修业证书授予式》这一报道附有卒业生名单，早大大学史资料中心也收藏有一份名为《明治三十九年七月 第五回卒业生名簿 高等预科》的材料。在这两份名单中，均未见有杨度的姓名。③因此，如果杨度是就读于早大高等预科，那么他应该未能卒业。

（2）大学部法学科。该学科学制为三年。如果杨度就读于该科，意味着依据制度他必须从1905年9月至1908年7月都在早大学习。遗憾的是，1905年9月至1906年

---

① 当时早大开设的学部与学科体系，参见早稻田大学大学史编集所《稿本早稻田大学百年史》（第二卷上），早稻田大学出版部，1976，第61~62页。
② 当时早大各部、科修学年限和开学时间的规定，参见早稻田大学大学史编集所《稿本早稻田大学百年史》（第二卷上），早稻田大学出版部，1976，第61~62页。
③ 参见《高等豫科第五回修業證書授與式》，《早稻田学报》第137号（1907年8月）；《3号館旧蔵資料 B~8~044 明治39年7月 高等予科 第5回卒業生名簿》，早稻田大学大学史资料中心（早稻田大学大学史资料センター）藏。

7月这一学年度早大大学部法学科的入学志愿者名簿,以及上述三年间该科在籍学生名簿,现均已无从查找。此外,由于杨度在入学两年之后,就于1907年10月回国,所以未能满足卒业所需的年限要求。且即使在回国之前的两年,杨度亦多忙于组党和办报等政治事宜。所以,杨度也不可能从大学部法学科顺利卒业。

(3)高等师范部法制经济科。该科学制亦为三年。同样遗憾的是,现无法找到档案材料能够直接证明杨度曾入学于该科。而且,同样出于未满足学习期限和忙于政治事务的缘故,杨度也不可能从高等师范部法制经济科顺利卒业。

(4)专门部法律科。该科学制同样为三年。验证这一推测的困难,仍在于相关史料的阙如。如果是就读于该科,那么同样由于学习期限不足以及忙于政治事务,杨度不可能从该科顺利卒业。

杨度未能卒业于法政大学或早稻田大学一事,也能在一定程度上得到时人笔记的证实。在汪康年(1860~1911)所撰《汪穰卿笔记》(由其弟汪诒年于1926年首次整理出版)一书中,曾有一段涉及清末修律运动中"礼法之争"(争论高潮爆发于1910年)的回忆。在本次论争中,由汪荣宝、杨度等人领导的法理派,与劳乃宣等人领导的礼教派,就是否要废除旧律中事关儒家伦常的一些条款的问题,展开激烈辩驳。对此,汪康年回忆道:"新刑律及民法虽亦由法律大臣鉴定,然起草一切皆馆中三五人为之,名为留学法政学生,实多未入大学堂者。至主持此事,若汪某、杨某(即汪荣宝与杨度)则并未毕业,徒以气概压倒一切。"[1]汪康年在本次争论中,更偏向于礼教派的立场。[2]但考虑到他与立宪派人士的诸多交往,以及身为"一代报王"的他在各种消息上的灵通,此处有关杨度未能毕业的声称,应不至于是彻底的"抹黑"或空穴来风。

综上所述,关于杨度二次赴日就读于何所学校这一问题,可以得出的结论是:杨度于1904年5月入学于法政大学清国留学生法政速成科,但可能由于学业外的政治事务繁忙,故未能于1905年6月顺利卒业;杨度至少在1905年9月至12月就读于早稻田大学清国留学生部以外的其他部、科;杨度可能于1905年4月或之前即从法政大学退学,并于4月转入早稻田大学高等预科学习,但未能于次年7月卒业;杨度也有可能于1905年9月入学于早大大学部法学科、高等师范部法制经济科或专门部法律科,但无论就读于何科,最终都未能卒业。因此,尽管在前后两次旅日生涯中,杨度曾以旁听和在籍等各形式求学于多所学校,但始终未曾获得学位。他整个的留学生涯,更多属于"游学"性质。这对于具有士大夫(当时杨度已有举人头衔)和政治活动家双重身份的杨度而言,或许也是很自然的选择。

---

[1] (清)汪康年:《汪穰卿笔记·卷三 杂记》,中华书局,2007,第108页。
[2] 参见李欣荣《汪康年与晚清修律中的法权迷思》,《广东社会科学》2015年第3期。

王世杰与 1946 年中国制宪进程中的政体之争

张维达*

摘　要：在 1946 年政协会议后的宪草审议活动中，各党派围绕政体采取内阁制还是总统制曾产生激烈争论。王世杰在张君劢设计基础之上，杂糅英国内阁制与美国总统制提出"王世杰方案"。1946 年"制宪国大"通过的《中华民国宪法》最终采纳"王世杰方案"确立混合政体。从文本上看，王世杰的混合政体设计虽具有一定进步性，然而在现实政治运作中只停留在纸面上，未能真正得到落实。混合政体的实践失败，也反映出国民党在 20 世纪 40 年代末已无力引领中国由威权向民主转型。

关键词：王世杰　内阁制　总统制　混合政体　民主转型

王世杰（1891～1981），字雪艇，湖北崇阳人，中华民国时期著名政治家、法学家、教育家。1946 年，王世杰作为中国国民党代表，先后参加政协宪草审议活动和"制宪国大"，全程参与由国民政府主导的制宪活动。到目前为止，学界关于王世杰生平的研究成果，主要集中于其在抗日战争时期的政治与外交活动，[①] 对其法律思想与实践研究得较少。[②] 部分论著对王世杰参与 1946 年制宪的经历虽有提及，[③] 但尚无专文深

---

* 张维达，南开大学历史学院博士生。

[①] 参见闻黎明《王世杰与国民参政会（1938～1944）》，《抗日战争研究》1993 年第 3 期；赵绪磊《王世杰与二战后索赔问题之浅析》，《聊城大学学报》（社会科学版）2007 年第 2 期；左双文、朱怀远《王世杰与战后对日和约问题的交涉》，《抗日战争研究》2007 年第 3 期；左双文、何健《皖南事变后国民党上层对中共的态度——以〈王世杰日记〉为中心的再考察》，《中共党史研究》2009 年第 5 期；薛毅《王世杰与第二次国共合作》，《武汉大学学报》（人文科学版）2010 年第 2 期；林绪武：《论王世杰与抗战时期的中共问题——以〈王世杰日记〉为中心》，《开放时代》2010 年第 12 期。

[②] 参见华友根《略论王世杰关于奴婢与妇女地位的法律思想》，《法学评论》1991 年第 3 期；乔雄兵《王世杰及其国际法思想评述》，《武大国际法评论》2007 年第 2 期；孟涛《合伙债务、习惯法与国家——兼谈王世杰先生的"习惯法"》，《朝阳法律评论》2009 年第 1 期；邓芹《中国近代宪法理论的建构——〈比较宪法〉研究》，硕士学位论文，重庆大学，2010；袁治华《王世杰的法律思想探析》，硕士学位论文，西南政法大学，2015。

[③] 薛毅的《王世杰传》（武汉大学出版社，2010）是目前中国大陆出版的唯一一本关于王世杰的传记，该书在正传未提及王世杰参加 1946 年制宪一事，仅在正传后附带的《王世杰生平大事年表》中简单提及王世杰在 1946 年 2 月成为政协宪草审议委员会成员，在 1946 年 4 月 10 日同周恩来等其他党派代表商讨宪草中行政院与立法院关系。时任政协民盟代表的张君劢，是 1946 年中国制宪进程中的灵魂人物，王世杰在政协宪草审议活动中，曾提出修改主要由张君劢设计的政体模式，对此郑大华的《张君劢传》（中华书局，1997，第 418～419 页）、《重评 1946 年〈中华民国宪法〉》（《史学月刊》2003 年第 2 期，第 64 页），刘山鹰的《中国的宪政选择——1945 年前后》（北京大学出版社，2005，第 150 页），吴建铭的《总统制与内阁制论争》（厦门大学出版社，2012，第 254 页）等论著均有介绍，并从学理上分析了王世杰政体方案的性质，但对王世杰在"制宪国大"中的活动未加探讨。

入研究。从《王世杰日记》等相关史料来看，1946年中国制宪进程中曾围绕政体问题产生激烈争论，王世杰在其中发挥了关键作用，对《中华民国宪法》最后确立的政体模式产生了重要影响。本文拟对此加以探究，以期深入对王世杰这一著名历史人物的生平和民国宪制史的研究。

一 政协会议后国民党对内阁制的强烈反弹

1946年中国制宪进程中的政体之争，缘于1946年1月由国民党、中共、民盟、青年党、社会贤达五方面代表参加的政协会议通过的《宪法草案案》对1936年国民党单方面起草公布的《五五宪草》的修改。政协《宪法草案案》规定12项修改《五五宪草》原则，主要由政协民盟代表张君劢设计，其中第2项规定立法院为国家"最高立法机关"，立法委员由选民"直接选举"，立法院职权"相当于各民主国家之议会"。[①] 第6项第1条规定，行政院为国家"最高行政机关"，行政院院长"由总统提名，经立法院同意任命"，行政院对立法院负责。[②] 第2条规定，当立法院对行政院提出不信任案时，行政院院长或辞职，或提请总统"解散立法院"，但同一行政院院长不得"再提请解散立法院"。[③]

根据这两项规定，行政院有解散立法院重新进行选举之权，立法院也有要求行政院院长辞职之权。这种行政权与立法权相互制衡的设计表现出英国式内阁制的特点，既变更了《五五宪草》"超总统制"，[④] 也与孙中山"五权宪法"中权力分立设计截然不同。[⑤] 这一设计得到当时政协宪法草案组代表一致赞同，尤其得到中国共产党代表的支持。[⑥]

然而，在当时中国执政党——中国国民党的内部，围绕内阁制政体设计产生了轩然大波。王世杰时任政协国民党代表，但未参加宪法讨论，他在浏览宪草原则后，认

---

① 秦孝仪主编《中华民国重要史料初编——对日抗战时期》第7编"战后中国"（2），中国国民党中央委员会党史委员会，1981，第240页。
② 秦孝仪主编《中华民国重要史料初编——对日抗战时期》第7编"战后中国"（2），中国国民党中央委员会党史委员会，1981，第240页。
③ 秦孝仪主编《中华民国重要史料初编——对日抗战时期》第7编"战后中国"（2），中国国民党中央委员会党史委员会，1981，第240页。
④ 在《五五宪草》中，总统总揽行政权力，行政院院长对总统负责，总统还有人事任免权、紧急命令权、立法复议权、军事权等多种权力。总统行政权力过大而制约不足，使这部宪草呈现"超总统制"的特点。参见严泉、陈和丰《近代中国政制史通识：1906~1948》，东方出版社，2019，第114~115页。
⑤ 孙中山主张"权能区分"，即人民有"选举、罢免、创制、复决"四大民权，政府有"行政、立法、司法、监察、考试"五种"治权"。在孙中山设计中，五种"治权"并没有显著制衡关系，"五权分立"的目的主要是五权之间相互配合。参见严泉、陈和丰《近代中国政制史通识：1906—1948》，东方出版社，2019，第117页。
⑥ 中共中央文献研究室编《周恩来传（1898~1949）》（修订本）下册，中央文献出版社，1998，第758页。

为"尤足引起党内外之反对",主张召开国民党常会讨论协商结果。① 在1946年1月31日下午国民党常会中,多人反对宪草原则,谷正纲甚至"流泪",最终在蒋介石主持下,常会勉强通过宪草原则。② 发生这种情况的原因,一方面是国民党内派系斗争,党内以CC系为首的强硬派不满温和派(参与政协宪草小组的孙科、邵力子属于温和派)向中共及其他党派妥协;另一方面则为长期握有政权的国民党人对即将丧失"一党专政"庇护下政治特权的恐惧,在国民党人看来,实行议会内阁制,意味着他们将与中共及其他党派"平起平坐",对国民党强硬派而言尤难接受。③ 作为国民党总裁的蒋介石亦对内阁制不满,尽管张君劢在设计时赋予总统较大用人权,④ 以期蒋介石接受,但总统职权毕竟相比《五五宪草》有所削减,这招致了想在制宪后独揽行政大权的蒋氏的不满。蒋介石在1月31日日记中,称政协通过的宪草原则为"不三不四、道听途说之妄议"。⑤ 2月4日午后,国民党召开中央委员谈话会,出席者大多"攻击宪草案",王世杰亦认为:"宪草案确多不妥之处,予觉哲生、力子两君当时确不免轻忽将事。"⑥ 当晚,蒋介石召集王世杰等国民党政协代表,表示:"一、应以总理遗教实试,否则二、应照美国型式仿效,不可再有作室道谋之主张。"⑦ 2月10日,蒋介石同党内元老谈话时,明确表示:"中国非实行总统制不可,此为总理与余一贯之主张也。"⑧ 蒋氏还强调宪法草案必须绝对符合"总理五权宪法尤其建国大纲之遗教"。⑨

按政协决议,国民政府在1946年2月7日成立由政协五方代表以及宪草专家组成的宪草审议委员会,决定在1946年2月至4月对《五五宪草》进行修改,将修正案提交拟于1946年5月5日举行的国民大会作为制宪蓝本。王世杰为宪草审委会国民党代表之一。⑩ 在蒋介石表态要求政体采取"总统制"后,国民党强硬派随后在政协宪草审

---

① 《王世杰日记》(1946年1月31日),载王世杰著、林美莉编辑、校订《王世杰日记》上册,中研院近代史研究所,2012,第765页。
② 《王世杰日记》(1946年1月31日),载王世杰著、林美莉编辑、校订《王世杰日记》上册,中研院近代史研究所,2012,第765页。
③ 汪朝光:《战后国民党对共政策的重要转折——国民党六届二中全会再研究》,《历史研究》2001年第4期,第73~75页。
④ 英国内阁制规定内阁由众议院产生,包括首相在内的内阁阁员不放弃众议院议员身份,内阁作为众议院的一个委员会行使行政权。而在张君劢的设计中,总统提名行政院院长,不一定必须从立法委员(议员)中选择,这在一定程度上拓宽了总统的用人范围。
⑤ 《蒋介石日记(手稿)》(1946年1月31日),美国斯坦福大学胡佛研究所档案馆藏。
⑥ 《王世杰日记》(1946年2月4日),载王世杰著、林美莉编辑、校订《王世杰日记》上册,中研院近代史研究所,2012,第767页。
⑦ 《蒋介石日记(手稿)》(1946年2月4日),美国斯坦福大学胡佛研究所档案馆藏。
⑧ 《蒋介石日记(手稿)》(1946年2月10日),美国斯坦福大学胡佛研究所档案馆藏。
⑨ 《对宪法草案之意见十二项》(1946年2月10日),载秦孝仪主编《先总统蒋公思想言论总集》第37卷,中国国民党中央委员会党史委员会,1984,第334页。
⑩ 《审议宪草人选推定》,《中央日报》(重庆)1946年2月8日,第2版。

议活动中批评内阁制会导致行政效率低下。国民党籍宪法专家史尚宽接受记者采访时表示:"国父反对议会政治,认为它不能代表民意,而始终为政客把持。立法院牵制着行政院而致政府无能,是危险的事。"① 李中襄认为:"五五宪草采取总统制的精神,就在要总统有能,才能应付非常,处置紧急事变,法国战前的崩溃,就是政府无能的殷鉴。"② 2月16日,宪草审委会举行两次会议,讨论政体问题,其中国民党代表与专家"痛骂议会政治"。③ 中共与青年党代表则发言,维护内阁制。④ 民盟代表亦在2月19日宪草审委会会议上,表示民盟对宪草原则"不愿有所修改"。⑤

1946年3月1日,国民党在重庆举行六届二中全会。在3月7日和8日全会第八、第九两次会议上,国民党强硬派对内阁制激烈批评。⑥ 与会发言者大多认为"五权宪法"作为"总理遗教"不容变更,西方议会内阁制存在很多弊端,中国未来政体应实行"总统制"。⑦ 3月15日,宪草审委会协商小组举行会议,考虑到国民党温和派在党内处境艰难,周恩来劝说张君劢及青年党代表,决定在政体问题上作出一定形式让步。⑧ 当天各方代表经过协商后,决定取消政协宪草原则第6项第2条,即取消解散权与倒阁权。⑨ 同时其他方面代表要求国民党代表保证国民党方面不再提出其他修改。⑩

但是,国民党变本加厉,《中央日报》在3月16日报道15日宪草协商情况时,声称各方同意修改"行政院与立法院之关系"。⑪ 同日,国民党六届二中全会通过决议案,一方面强调取消解散权与倒阁权,另一方面表示制宪"应以建国大纲为最基本之依据"。⑫《建国大纲》只规定"五权分立",国民党此举无异于取消行政院对立法院负责,将政协宪草第6项原则全部推翻。中共、民盟、青年党对此坚决抵制,在1946年3月20日政协综合小组会议上,国民党代表向其他方面代表保证,除3月15日会议达

---

① 《专家们的意见》(一),《中央日报》(重庆)1946年2月12日,第3版。
② 《专家们的意见》(二),《中央日报》(重庆)1946年2月14日,第3版。
③ 薛化元:《民主宪政与民族主义的辩证发展——张君劢思想研究》,稻禾出版社,1993,第183页。
④ 《宪草审议会昨讨论中央政制》,《民主报》(重庆)1946年2月17日,第1版。
⑤ 《章伯钧在宪草审议会发言》,《民主报》(重庆)1946年2月20日,第1版。
⑥ 相关研究参见邓野《国民党六届二中全会研究》,《历史研究》2000年第1期;汪朝光《战后国民党对共政策的重要转折——国民党六届二中全会再研究》,《历史研究》2001年第4期;杨天石《1946年的政协会议为何功败垂成?——围绕〈宪草修改原则〉的争论考察》,载《寻找真实的蒋介石——还原13个历史真相》,九州出版社,2014,第145~169页。
⑦ 《二中全会第八次大会检讨政协会议报告》,《中央日报》(重庆)1946年3月8日,第2版。
⑧ 相关研究参见邓野《联合政府与一党训政——1944~1946年间国共政争》(修订本),社会科学文献出版社,2011,第391~392页。
⑨ 《宪草审议获协议》,《大公报》(重庆)1946年3月16日,第2版。
⑩ 《中共代表团发言人谈话驳斥吴铁城诡辩》,《解放日报》1946年3月23日,第1版。
⑪ 《综合委会协商小组联合决定修正宪草原则》,《中央日报》(重庆)1946年3月16日,第2版。
⑫ 《全会十八次会通过政协会议报告决议草案》,《中央日报》(重庆)1946年3月17日,第3版。

成的修改外,"没有其他修改"。① 邵力子在3月23日国民参政会上报告政协会议情形时,代表国民政府声明:"一定要实行政协会议决议"。② "行政院对立法院负责"这一原则尽管得到维持,但在解散权与倒阁权均已被取消的情况下,如何重新规定两院间关系,对参加政协宪草审议活动的代表们来说,仍是一个很棘手的问题。

二 "王世杰方案"与《张君劢宪草》相关规定

1946年3月28日,政协综合小组③举行会议,关于"立法院与行政院之关系",各方"均有提案","颇有争论"。④ 青年党代表陈启天等人坚持立法院可对行政院"投不信任票"。⑤ 张君劢代表民盟对此提出一项折中方案:"(一)投不信任票,每年限有两次;(二)投不信任票后,须由监察院通过,如不获通过,则不能成立"。⑥ 王世杰则主张:"总统对于立法院所通过之法律案及其他决议案(对行政院政策有所表示者),均得送还复议;复议时如有立法院三分之二多数维持原案,原案应予执行。"⑦ 即当行政院与立法院就某些政策产生冲突时,行政院经过总统核可后,可将产生争执议案送还立法院要求复议。

这实际是一种模仿美国宪法第1条第7款总统否决权的规定,⑧ 王世杰本人亦表示自己的方案"与美国制相似"。⑨ 据张君劢学生蒋匀田回忆:"王世杰解释他所以如此着笔的理由,系行政院若有解散立法院的权力,将来可能年年有选举,不是增加民权,而是增加民困,非中国现况之所宜。有人问他说:既称内阁制,为何行政院移请立法院之复议案,必须总统之核可呢?他认为经过总统之核可,或许使立法委员们多加考虑,有缓和两院争执之作用。"⑩ 事实上,"缓和两院争执"不过为王世杰的说辞,他的方案在行政院与立法院产生纠纷时插入"总统核可",与政协宪草原则相比,实际扩

---

① 薛化元:《民主宪政与民族主义的辩证发展——张君劢思想研究》,稻禾出版社,1993,第185页。
② 《邵力子在参政会报告政协情形》,《新中国日报》(成都)1946年3月25日,第2版。
③ 即政协综合委员会,由政协五方各推二人组成,其中王世杰为国民党代表。参见《综合委员会昨成立》,《中央日报》(重庆)1946年1月24日,第2版。
④ 《政协综合组昨集会》,《民主报》(重庆)1946年3月29日,第1版。
⑤ 《宪草审议会正进行会外协商》,《新中国日报》(成都)1946年3月29日,第2版。
⑥ 《宪草审议会正进行会外协商》,《新中国日报》(成都)1946年3月29日,第2版。
⑦ 《王世杰日记》(1946年4月1日),载王世杰著,林美莉编辑、校订《王世杰日记》上册,中研院近代史研究所,2012,第779页。
⑧ 按美国宪法,美国总统有权否决或搁置美国国会通过的议案,否决后若参众两院复议时各以出席议员人数三分之二通过,则国会可推翻总统的否决。参见李道揆《美国政府和美国政治》下册,商务印书馆,1999,第417、778页。
⑨ 《王世杰日记》(1946年4月10日),载王世杰著,林美莉编辑、校订《王世杰日记》上册,中研院近代史研究所,2012,第779页。
⑩ 蒋匀田:《中国近代史转捩点》,友联出版社有限公司,1976,第58页。

大了总统权力。因为按此方案，只要由总统提名的行政院院长能在立法院得到多于三分之一的立法委员支持，即可保持他的否决，可见立法院推翻行政院的否决，并非易事。即便在王世杰效仿的美国，从华盛顿到里根，40位总统中有32位行使否决权共计2415次，被国会成功推翻的也仅有96次；富兰克林·罗斯福在任内前期推行"新政"，频繁使用否决权共计633次，被国会成功推翻的也仅有9次。① 在其他方面看来，国民党在"行宪"后的中国很长一段时间内仍将为国内第一大党，成为立法院内的多数党并非难事。② 当天综合小组会议最终决定对各方意见"继续研商"。③

在中共看来，王世杰此举无异于将政协确立的内阁制改为总统制，迎合蒋介石扩大总统职权的需要。中共政协代表陆定一对张君劢私下表示："王世杰乃蒋主席的绍兴师爷，设计改头换面的变内阁制为总统制，以满蒋主席之愿。立法院以三分之二多数维持原案，即系抄自美国国会对付总统的否决权办法。"④ 此时中共力争恢复立法院对行政院不信任权，周恩来在1946年4月4日重庆中外记者招待会上代表中共表示："立法院可不解散，但行政院仍要对立法院负责，实行行政院负责制，政策通不过，就应该改组行政院……中共是处在保护这些决议的地位的。"⑤ 据政协秘书长雷震回忆，当时国民党人均反对"立法院对行政院的不信任制度"。⑥ 蒋介石更是在4月3日向王世杰表示："对宪草审议之指示，行政院决不能对立法院负责之意，更不能以立法院不赞成行政院政策，以致改组行政院也。"⑦ 围绕"王世杰方案"，国共两党再次围绕政体采取内阁制还是总统制产生了新一轮博弈。

1946年4月9日，政协综合小组与宪草审委会协商小组举行联席会议，讨论行政院与立法院之间关系如何规定，"争执甚烈"。⑧ 中共与民盟代表对"王世杰方案"中"总统对立法院的议决有普遍性之复决权"（即"总统核可"）一点"反对尤烈"，各方辩论"两小时以上"仍未有结果。⑨ 最后与会代表们决定成立一个由五人组成的特别小组⑩对此问题继续研讨。

---

① 李道揆：《美国政府和美国政治》下册，商务印书馆，1999，第418页。
② 《当前的政治情形和东北问题》（1946年4月22日），载中共中央文献研究室、中共南京市委员会编《周恩来一九四六年谈判文选》，中央文献出版社，1996，第252页。
③ 《政协综合组未协议》，《大公报》（重庆）1946年3月29日，第2版。
④ 蒋匀田：《中国近代史转捩点》，友联出版社有限公司，1976，第58页。
⑤ 《周恩来同志谈话全文》，《新华日报》（重庆）1946年4月6日，第2版。
⑥ 雷震著，薛化元主编《中华民国制宪史——政治协商会议宪法草案》，财团法人自由思想学术基金会，2010，第223页。
⑦ 《蒋介石日记（手稿）》（1946年4月3日），美国斯坦福大学胡佛研究所档案馆藏。
⑧ 《讨论立法院与行政院关系》，《民主报》（重庆）1946年4月10日，第1版。
⑨ 《讨论立法院与行政院关系》，《民主报》（重庆）1946年4月10日，第1版。
⑩ 成员为：王宠惠、周恩来、张君劢、陈启天、王云五。参见《行政院立法院关系特别小组昨会商》，《民主报》（重庆）1946年4月12日，第1版。

4月11日，五人特别小组举行会议，王世杰亦列席。① 其间，张君劢杂糅国共两党要求，提出一项折中方案："行政院重要政策立法院如有不同意之决议时，行政院必须照此决议执行。总统只有两种办法，一是强令行政院执行，再不执行，即改组行政院。一是总统将立法院决议提交立法院覆议一次，如立法院三分之二仍维持原案时，总统必须改组行政院。如此虽无不信任之名，而有不信任之实。"② 张君劢的方案兼顾王世杰"总统核可"与周恩来"改组行政院"的要求，但各方围绕"总统核可"讨论达四小时仍未取得一致意见。③

1946年4月13日，政协综合小组会议决定成立《五五宪草》修正案起草小组，王世杰为该小组国民党代表之一。④ 张君劢认为这种起草方式效率低下，在周恩来与王世杰分别代表国共两党力邀下，他决定自己草拟一部宪草。⑤ 起草完成后，张君劢将宪草交给雷震，由雷震与修正案起草小组召集人孙科协商后，以《张君劢先生拟五五宪草修正案之草案》⑥（简称《张君劢宪草》）命名，油印后分发给宪草审委会各代表，作为讨论的基础。⑦

《张君劢宪草》大体维持政协宪草原则，在第51条明确规定行政院对立法院负责。⑧ 同时张君劢对"王世杰方案"也在一定程度上加以采纳。第54条规定行政院对立法院决议可要求复议，如出席立法委员三分之二维持原案，则行政院院长应接受决议或辞职。⑨ 第55、80条规定行政院应对立法院通过的法律案、预算案、条约案执行，如有异议，可于该案送达行政院后十日内具备理由要求立法院复议，如立法院复议时维持原案，行政院院长应执行该案或辞职；⑩ 总统对立法院移送的法律案，亦有权让行政院要求立法院进行复议。⑪ 为照顾其他党派需要，《张君劢宪草》第56条规定当行政院溺职或犯政策上错误时，立法院可设置调查委员会，该委员会通过的调查报告，效

---

① 《行政院立法院关系特别小组昨会商》，《民主报》（重庆）1946年4月12日，第1版。
② 张君劢：《政协宪草小组中之发言》，《再生》第176期，1947年，第7页。
③ 《行政院立法院关系特别小组昨会商》，《民主报》（重庆）1946年4月12日，第1版。
④ 《综合小组决议另设条文起草小组》，《中央日报》（重庆）1946年4月14日，第2版。
⑤ 蒋匀田：《中国近代史转捩点》，友联出版社有限公司，1976，第37页。
⑥ 该宪草由13章加一个"附则"和一个"最后议定书"共计137条组成。全文详见雷震著，薛化元主编《中华民国制宪史——政治协商会议宪法草案》，财团法人自由思想学术基金会，2010，第387~401页。
⑦ 《宪草条文组获初步协议》，《大公报》（重庆）1946年4月17日，第2版。
⑧ 雷震著，薛化元主编《中华民国制宪史——政治协商会议宪法草案》，财团法人自由思想学术基金会，2010，第393页。
⑨ 雷震著，薛化元主编《中华民国制宪史——政治协商会议宪法草案》，财团法人自由思想学术基金会，2010，第393页。
⑩ 雷震著，薛化元主编《中华民国制宪史——政治协商会议宪法草案》，财团法人自由思想学术基金会，2010，第393~394页。
⑪ 雷震著，薛化元主编《中华民国制宪史——政治协商会议宪法草案》，财团法人自由思想学术基金会，2010，第396页。

力与第54条决议相同。①

《张君劢宪草》设计的政体方案，实际是一个杂糅英国内阁制与美国总统制，同时保持"五院制"形式的混合政体方案，其中立法权相比行政权占优势（无论总统还是行政院院长均无解散立法院之权），同时行政机关在面对立法机关复议时，亦可在一定程度上保持政治稳定（行政院可争取三分之一立法委员，若复议通过，也只有行政院院长个人辞职，没有像英国一样规定连带责任）。然而，在讨论《张君劢宪草》过程中，国民党方面仍希望取消"行政院对立法院负责"一项，遭到中共与民盟反对。② 在1946年4月末宪草审委会最后一次会议上，国共两党代表李维汉与吴铁城各自表示对在《张君劢宪草》基础上讨论形成的宪草记录稿持保留态度。③ 国民政府亦在4月24日宣布延期召开国民大会，暂时搁置协商制宪一事。④

三 《中华民国宪法》采纳"王世杰方案"

全面内战爆发后，国民党不顾中共与民盟反对，单方面违背政协决议在1946年11月15日召开"制宪国大"，并拉拢从中间党派中分化出的青年党与张君劢领导的民社党参加。蒋介石在1946年11月8日声明中表示："关于宪草，政府拟向国民大会提出宪草审议会未完成之修正草案。"⑤ 此前，蒋氏在11月2日即要求王宠惠和雷震对政协宪草审委会1946年4月在《张君劢宪草》基础上讨论形成的记录稿《政治协商会议对五五宪草修正案草案》（简称《政协宪草》）加以整理。⑥ 在整理过程中，雷震、王宠惠等人"夹带私货"，将《张君劢宪草》第54条和第55条内容合为一条，同时加入"王世杰方案"中的"总统核可"，即当行政院与立法院就行政院重要政策或立法院法律案、预算案、条约案产生矛盾时，行政院须经总统核可后要求立法院复议，如复议时出席立法委员三分之二多数维持原议，则行政院院长或执行或辞职。⑦ 据雷震回忆："这两条归并时，我们曾经煞费苦心，并经征询王世杰的意见，他也参加了意见并同意我们如此归并。"⑧ 同时，王宠惠以容易"引起政潮"为由删除了《张君劢宪草》第

---

① 雷震著，薛化元主编《中华民国制宪史——政治协商会议宪法草案》，财团法人自由思想学术基金会，2010，第394页。
② 《宪草小组昨日会商仍未获协议》，《民主报》（重庆）1946年4月21日，第1版。
③ 蒋匀田：《中国近代史转捩点》，友联出版社有限公司，1976，第63页。
④ 《国民大会延期》，《中央日报》（南京）1946年4月25日，第2版。
⑤ 《重申政府求取和平统一之一贯政策发表声明》（1946年11月8日），载秦孝仪主编《先总统蒋公思想言论总集》第37卷，中国国民党中央委员会党史委员会，1984，第358页。
⑥ 雷震著，薛化元主编《中华民国制宪史——制宪国民大会》，财团法人自由思想学术基金会，2011，第88页。
⑦ "国民大会"秘书处《国民大会实录》，"国民大会"秘书处，1946，第304页。
⑧ 雷震著，薛化元主编《中华民国制宪史——制宪国民大会》，财团法人自由思想学术基金会，2011，第90页。

56条。①

王、雷二人整理后，国民政府在未经中共与民盟同意的情况下，擅自在1946年11月17日重新举行宪草审委会会议，经过三天讨论，最终将整理稿于11月21日提交给立法院。② 立法院对整理稿略加改动后，以《中华民国宪法草案修正案》（简称《宪草修正案》）的名义在11月22日公布。

由于"制宪国大"中国民党代表占多数，以CC系为首的国民党强硬派，依然希望政体采取《五五宪草》的"超总统制"，反对行政院对立法院负责。③ 对此，蒋介石一反常态，主动维护政协宪草原则，压制强硬派。蒋氏在1946年11月28日以国民政府主席身份向大会提交《宪草修正案》时，表示孙中山的"五权宪法"规定的政体"是一种总统制"，"总统权力过分集中，势必形成极权政治，这种政治，不合于现在时代，而且有害于中国，有害于中华民族"。④ 12月9日，蒋介石要求国民党国大代表不必在"总统权限""行政院和立法院关系"等条文上"斤斤计较"。⑤ 12月16日，蒋介石让陈诚向国民党国大代表传达他的指示："行政院对立法院负责之原则，应予维持。"⑥

王世杰亦在"制宪国大"中积极维护《宪草修正案》。1946年12月4日，王世杰在蒋介石官邸与其商讨《宪草修正案》。当时国民党内有人向蒋介石主张在宪法上赋予总统解散立法院之权，王世杰力称这种主张"决不可采"，经过长时间辩论，蒋氏最终接受王世杰的建议。⑦ "制宪国大"开始正式讨论《宪草修正案》后，王世杰担任宪草第三审查委员会召集人，负责审查《宪草修正案》"总统""行政""立法"三章。⑧ 在审查过程中，王世杰对于行政院与立法院之间关系如何规定，"坚主维持原草案"，他认为自己的方案"实为折衷英、美之一种办法"。⑨

对宪法中总统与行政院之间关系如何规定，王世杰也提出了一些自己的见解。《宪草修正案》第56条规定："行政院院长由总统提名，经立法院同意任命之，立法院休

---

① 雷震著，薛化元主编《中华民国制宪史——制宪国民大会》，财团法人自由思想学术基金会，2011，第91页。
② 《宪草全部审议完竣》，《申报》1946年11月20日，第1版。
③ 《司徒致国务卿》（1946年12月4日），载〔美〕肯尼斯·雷、〔美〕约翰·布鲁尔编《被遗忘的大使：司徒雷登驻华报告（1946~1949）》，尤存、牛军译，江苏人民出版社，1990，第42页。
④ "国民大会"秘书处编《国民大会实录》，"国民大会"秘书处，1946，第304页。
⑤ 《政府对于中共问题所持之方针》（1946年12月9日），载秦孝仪主编《先总统蒋公思想言论总集》第21卷，中国国民党中央委员会党史委员会，1984，第482页。
⑥ 《阮毅成日记》（1946年12月16日），载阮毅成《制宪日记》，台湾商务印书馆有限公司，1970，第56页。
⑦ 《王世杰日记》（1946年12月4日），王世杰著，林美莉编辑、校订《王世杰日记》上册，中研院近代史研究所，2012，第835页。
⑧ 《王世杰日记》（1946年12月9日），王世杰著，林美莉编辑、校订《王世杰日记》上册，中研院近代史研究所，2012，第836页。
⑨ 《王世杰日记》（1946年12月14日），王世杰著，林美莉编辑、校订《王世杰日记》上册，中研院近代史研究所，2012，第837页。

会期间，行政院院长辞职或出缺时，总统得暂行派员代理其职务，但须于四十日内召集立法院会议，提请同意。"① 王世杰主张将该条后半段修改为："立法院休会期间，行政院院长辞职或出缺时，由行政院副院长代理其职务，但总统须于四十日内咨请立法院召集会议，提出行政院院长人选，征求同意。"② 他阐述自己的理由为："一、行政院院长未产生前，副院长无法产生，但惯例可由原任负责人负责，行政不致中断。二、本宪法规定公布法律发布命令采副署制，行政院院长未选出前，必须有人负责，总统方可发布命令公布法律。三、立法院之同意权并非不信任投票，当不致动摇中枢政局。"③《宪草修正案》第57条规定："行政院各部会首长，及不管部会之政务委员，由行政院院长提请总统任命之。"④ 王世杰认为此条遗漏行政院副院长，他主张修改为："行政院副院长各部会首长及不管部会之政务委员，由行政院院长提请总统任命之。"⑤ 这两处修改经第三审查会讨论后均得到通过。同时，对一些限制总统权力的主张，王世杰亦表示反对。《宪草修正案》第38条规定总统依法公布法律、发布命令时须经行政院院长或行政院院长及有关部会首长副署。⑥ 史尚宽主张将这条修改为总统依法公布法律、发布命令时须经"有关各院院长副署"，王世杰"力斥其谬"，最终第三审查会采纳王世杰的意见，没有修改。⑦

1946年12月25日"制宪国大"三读会通过的《中华民国宪法》在第57条最终采纳了"王世杰方案"，规定行政院有条件地对立法院负责，一方面规定行政院有向立法院"提出施政方针"及"施政报告"之责，同时立法委员在开会时，有权质询行政院院长及行政院各部会首长；另一方面规定当行政院与立法院围绕重要政策、法律案、预算案、条约案产生矛盾时，行政院经总统核可后，可要求立法院复议，若出席立法委员三分之二维持原议，则行政院院长或执行或辞职。⑧ 对此，张君劢大加赞誉，他表示："宪法五十七条王世杰的构思尤有大功。"⑨ 在张氏看来，"王世杰方案"有助于维持政局稳定："关于行政院政策，如立法院不同意，虽不能叫行政院走路，但仍有干涉之法，那就是第五十七条，这可以说是我们宪法的核心。因为我们没有不信任投票，

---

① "国民大会"秘书处编《国民大会实录》，"国民大会"秘书处，1946，第304页。
② 《讨论行政章有重要修正》，《中央日报》（南京）1946年12月12日，第2版。
③ 《讨论行政章有重要修正》，《中央日报》（南京）1946年12月12日，第2版。
④ "国民大会"秘书处编《国民大会实录》，"国民大会"秘书处，1946，第304页。
⑤ 《第三审查会通过总统有紧急命令权》，《大公报》（上海）1946年12月12日，第2版。
⑥ "国民大会"秘书处编《国民大会实录》，"国民大会"秘书处，1946，第302页。
⑦ 《王世杰日记》（1946年12月13日），载王世杰著，林美莉编辑、校订《王世杰日记》上册，中研院近代史研究所，2012，第837页。
⑧ "国民大会"秘书处编《国民大会实录》，"国民大会"秘书处，1946，第558～559页。
⑨ 张君劢：《中国新宪法起草经过——上海银行图书馆开幕日讲》，《再生》第220期，1948年，第3页。

所以加上一个交复议阶段，就是一个避免两院直接冲突，使二者中发生一个'冷静时期'。"①

四 制度设计与20世纪40年代末中国民主转型的失败

从文本上看，1946年《中华民国宪法》确立的仍是一种在保持孙中山"五院制"形式下，杂糅英国内阁制与美国总统制精神的混合政体。《中华民国宪法》中的总统权力，虽然相比政协宪草修改原则有所扩大，但同《五五宪草》相比仍有所减小，且权力行使受到严格限制。总统虽同《五五宪草》一样享有紧急命令权，但仅限于"天然灾害、瘟疫、财政经济重大变故"，且发布前须经行政院会议决定，发布后还须在一个月内提交立法院，立法院有权否决总统的紧急命令。② 总统在行政上，最主要的权力一为用人权（提名行政院院长），二为调节五院之间矛盾之权（允许行政院要求立法院复议，召集相关院长会商③）。在行政院与立法院关系上，《中华民国宪法》规定行政院对立法院负责，立法院在一定条件下可要求行政院院长辞职，类似英国内阁制下倒阁权，但又没规定连带责任制（行政院不必全体辞职）；同时，对"王世杰方案"的采纳，又体现美国总统制立法否决权的特点。这种混合政体，一方面在保持孙中山"五院制"形式下调和英美政体模式引入权力制衡，另一方面又兼顾当时中国多党林立局面和国民党要求实行总统制的现实需要，相比《五五宪草》"超总统制"而言具有一定进步意义，反映出王世杰、张君劢等宪法起草者的灵活性与政治智慧。《中华民国宪法》的制定，在名义上标志着战后中国由威权政体向民主转型。

但是，从1946年《中华民国宪法》的实践情况看，这种民主转型仅仅停留在形式上。1948年国民党政府召开"行宪国大"在选举蒋介石为总统时，绕过宪法制定《动员戡乱临时条款》，使总统紧急命令权不受立法院限制。④ 混合政体在实践中实际又回到《五五宪草》时期的"超总统制"，随着国民党政权败退台湾，《中华民国宪法》长期被虚置，"王世杰方案"作为一种制度设计仅停留在纸面上，并没有真正得到落实。国民党"党国"威权政体在本质上没有发生改变。

笔者认为，造成"王世杰方案"实践失败的原因主要有以下几点。

一是这一设计没有体现多元政治利益格局的特点。刘山鹰指出："宪制的一个基本精神在于把多元的政治力量容纳、整合到一定的系统中，使之在该系统之内进行和平

---

① 张君劢：《中国新宪法起草经过——上海银行图书馆开幕日讲》，《再生》第220期，1948，第5页。
② "国民大会"秘书处编《国民大会实录》，"国民大会"秘书处，1946，第557页。
③ "国民大会"秘书处编《国民大会实录》，"国民大会"秘书处，1946，第557页。
④ "国民大会"秘书处编《第一届国民大会实录》（第1编），"国民大会"秘书处，1961，第269页。

竞争，其竞争的规则就是宪法。"① 严泉亦认为，一部宪法要能基本体现国内各主要政治势力的利益与要求，才有可能被国内多数人接受、执行。② 如前所述，中国共产党在政协宪草审议活动时实际并不认同"王世杰方案"，对其持保留态度。民盟中多数人亦不认为"王世杰方案"是当时政协宪草审委会最终结果。③ "王世杰方案"能够最终入宪，实际系国民党违背政协程序召开"制宪国大"，未与中共及民盟协商即单方面重开宪草审委会会议"夹带私货"所致。尽管国民党拉拢青年党、民社党共同制宪，但这两个小党派的政治能量远不能与中共与民盟相提并论。"制宪国大"的召开，意味着国民党在政体选择上走到了中共和民盟的对立面。正如许纪霖所说，《中华民国宪法》"不能整合所有的政治集团和利益群体"，因此国民党主导下的"宪制"只能是徒有虚名。④

二是这一设计是宪法工具主义驱使下的产物。"王世杰方案"从产生到最终入宪，迎合了希望实行"总统制"的蒋介石的个人需要，使本该由各党派共同协商制定的国家根本大法呈现出"因人立法"的特点，呈现出很强的人治色彩。蒋介石在"制宪国大"中一反常态承认"行政院对立法院负责"，并非他认同英国责任内阁制精神，而主要出于争取美援与中国共产党作战需要。美国总统特使马歇尔在调停国共内战时，多次向蒋介石强调中国应制定符合"政协精神"的宪法，建立一个"代议制政府"。⑤ 蒋氏也不能不考虑中国共产党对其坚持《五五宪草》的批评，他在12月9日演讲中表示："共产党现在唯一的希望，就是希望我们在宪法中扩大总统和行政部门的权限，然后他好在国际上宣传我们的宪法是法西斯的宪法，借此来打击政府。"⑥ "行政院对立法院负责"在"制宪国大"中得到通过后，蒋介石一改之前对孙科、邵力子的指责，在日记中写道："若非当时修正五五宪草，如其原则一仍其旧则，则不仅为中共所诋毁，即各国更认国民政府真欲制成法西斯宪法，为世疑惧，为害之大，无可比拟。今日制宪之原则实幸得当时之有修改也。"⑦ 可见，蒋介石在政体问题上持功利主义态度，他接受具有内阁制元素的混合政体，更多是为塑造自己与国民党政权的民主形象，为其

---

① 刘山鹰：《中国的宪政选择——1945年前后》，北京大学出版社，2005，第193页。
② 严泉：《政治妥协与民国初年政治转型的拐点》，《探索与争鸣》2016年第3期，第92页。
③ 参见《中国民主同盟代表在南京招待新闻记者发表决保持第三者地位的声明》（1946年11月25日），载中国民主同盟中央文史资料委员会编《中国民主同盟历史文献（1941~1949）》，文史资料出版社，1983，第249页；《宪草几种意见》，《大公报》（上海）1946年12月13日，第2版。
④ 许纪霖、陈达凯主编《中国现代化史：1800~1949》第1卷，学林出版社，2006，第511页。
⑤ 《马歇尔使华（美国特使马歇尔出使中国报告书）》，中国社会科学院近代史研究所译，中华书局，1981，第428页。
⑥ 《政府对于中共问题所持之方针》（1946年12月9日），载秦孝仪主编《先总统蒋公思想言论总集》第21卷，中国国民党中央委员会党史委员会，1984，第482页。
⑦ 《蒋介石日记（手稿）》（1946年12月21日"上星期反省录"），美国斯坦福大学胡佛研究所档案馆藏。

继续发动内战服务，而不为国家长治久安着想。

三是作为执政党的国民党在政治运作中仍受中国传统一元集权文化的影响。谭道明指出："对于具有某种牢固制度传统的国家，它在制度选择过程中具有很强的路径依赖性，其他的替代方案几乎很难被接受。"[①] 从秦至清末，中国传统政体是"集权化的官僚帝国"，这种传统政体在政治方面是君主专制、分官职事、互相制约，在文化方面是独尊儒术、文化钳制，其本质是"一元集权"。[②] 现代意义上的行政、立法、司法三种独立行使的权力，在中国古代都不过是皇权下的派生产物。自从1905年五大臣出洋，到1946年政协会议，中国学习西方分权制衡不过短短40年的时间，一元集权文化在中国仍根深蒂固。这一思想对民国政治发展的一个重要影响，即当权者特别注重行政权力，视立法权与司法权为行政权的从属。从"王世杰方案"的出台到最终入宪可以看出，总统的行政权力在扩大，立法院权力相比政协宪草原则在缩小。一元集权文化的另一个负面影响，即蒋介石与国民党认为最高统治权力不可分割，害怕丧失已有的既得利益，不愿意向其他党派开放政权。即便国民党拉拢青年党、民社党，也只是将这两个小党派当作政治点缀，司徒雷登一针见血地指出："国民党正是靠这一'民主花瓶'向外国观察家证明，在中国不再是一党政府。"[③] 战后中国党派林立，政协会议确立的内阁制原则正适合协商建国现实需要，而国民党却漠视中共与民盟的政治参与需求，一意孤行在制宪中扩大总统权力，同时在实际政治运作中也不把青年党、民社党作为平等的政治主体来看待，最终得到的不过是对议会内阁制的拙劣模仿。

综上所述，20世纪40年代末的中国在客观上有利用政协会议这一契机，整合国内大多数政治力量，通过协商制宪实现由威权向民主转型的机会。然而作为制宪主导者的蒋介石与国民党在政治观念上是保守的，在制宪过程中一方面无视中共与民盟的政治诉求，另一方面着眼于巩固自己的既得利益，不愿意向其他党派开放政权。王世杰在1947年3月3日日记中，指出国民党内多数人对民主与宪制"多无真挚之信仰"，他们主要关心能否在制宪后的普选中"为其小组小系植势力"，而不考虑"民主之成功失败"。[④] 邓野认为，武力是民国政治的出发点和最终依据。[⑤] 在执政的国民党已无力

---

① 谭道明：《总统制还是议会制——巴西的政体变迁与民主转型》，载方明主编《世界宪法评论》第3卷，中国民主法制出版社，2017，第62页。
② 陈胜强：《困顿与探索：中国近现代的政体纷争》，法律出版社，2014，第48页。
③ 《司徒致国务卿》（1948年5月8日），载〔美〕肯尼斯·雷、〔美〕约翰·布鲁尔编《被遗忘的大使：司徒雷登驻华报告（1946～1949）》，尤存、牛军译，江苏人民出版社，1990，第206页。
④ 《王世杰日记》（1947年3月3日），载王世杰著，林美莉编辑、校订《王世杰日记》上册，中研院近代史研究所，2012，第853页。
⑤ 邓野：《联合政府与一党训政：1944～1946年间国共政争》（修订本），社会科学文献出版社，2011，第493页。

引领中国实现民主转型的条件下,无论张君劢设计的政协宪草原则,还是"王世杰方案"都仅能停留在纸面上,中国共产党通过新民主主义革命,团结民盟等大多数民主人士召开新政协会议制定《共同纲领》宣布实行人民代表大会制,既结束了民国时期移植英美政体的历史,也标志着中国人对民主政体的探索,发展到一个崭新的阶段。

书 评

唐律杀人罪的结构与特征
——读《唐律"七杀"研究》

吕 琳[*]

中国自古以来即有"人命关天"的表述,杀人罪作为暴力犯罪,是侵犯个人法益最为严重的犯罪,一直是学界重点关注的领域。同时,基于其主观恶性之重,立法上往往对其规定严厉的刑事制裁。有"得古今之平"盛誉的唐律将杀人罪依据行为人的主观恶性由强到弱进行了细化,分为谋杀、故杀、劫杀、斗杀、戏杀、误杀、过失杀,并规定与之相称的刑罚。

《唐律"七杀"研究》一书是刘晓林老师在其博士学位论文的基础上修改而成的,是针对唐律"七杀"立法的系统、专门研究。该作从唐律律文出发,参照传世文献与传统律学成果,以罪刑关系为中心解析唐律"七杀"立法中的定罪量刑与法律实践之全貌。[①] 全书共十章,依据各章节的研究内容,可分为三个部分:第一部分,包括作者前期发表过的论文《唐律"谋杀"考》《唐律"故杀"考》《唐律"劫杀"考》《唐律"斗杀"考》《唐律误杀考》《唐律"过失杀"研究》,具体剖析唐律"七杀"立法,从而构建"七杀"的基础框架;第二部分,将"七杀"作为一个整体进行研究,探究其特质和内在结构;第三部分,将唐律"七杀"立法分别与罗马法、中国现行刑法关于杀人罪立法进行比较。此外作者先后发表了《〈唐律疏议〉"知而犯之谓之'故'"辨正》《秦汉律与唐律"谋杀"比较研究》《从"贼杀"到"故杀"》《秦汉律中有关的"谒杀"、"擅杀"初考》《立法语言抑或学理解释?——注释律学中的"六杀"与"七杀"》等文章,这反映了作者对相关问题的持续关注及思考。

一 "六杀"抑或"七杀"?

结合之前看过的相关文章,在分析唐律杀人罪究竟为"六杀"还是"七杀"这一问题之时,多侧重于探究杀人罪的内容,或者从现行刑法理论层面进行探讨,而未见有对二说性质及关系层面进行辨析,直到作者近期发表的《立法语言抑或学理解释?》一文中才对此问题进行了系统分析。

---

[*] 吕琳,吉林大学法学院硕士研究生。
[①] 刘晓林:《唐律"七杀"研究》,商务印书馆,2012,第14页。

以往的分析思路在于：通过"六杀"能否涵盖"劫杀"来判断究竟为"六杀"还是"七杀"。这或许忽视了一点，二说并非由律文明确规定，而是源于宋元时期的律学文献对刑律之中的杀人犯罪的抽象及概括。如此，其与相关法律规定的关系是首先要探讨的问题。换言之，"六杀"与"七杀"二说究竟为学理解释还是法律术语？这决定二说是否"非此即彼"。为解决这些疑问，有必要对相关材料进行爬梳。

这一问题的难点有二。其一，"六杀"与"七杀"二说并非由律文明确规定，而是源于传统律学文献对刑律的抽象及概括，似乎可以很顺畅地得出"二说为学理解释而非立法语言"这一结论，很容易给人一种"因为A，所以A"的即视感，故而如何论述尤为关键。其二，现代辞书及法制史教材与学术著作一样，都要依托于法律法规及传统律学文献，而目前直接涉及"六杀"与"七杀"表述的传统律学文献不多，包括《刑统赋疏》、《吏学指南》、《读律佩觿》以及《福惠全书》。如将相关材料用于辅助说明其评判依据的确很具有启发性，若用于推导二说究竟为学理解释抑或立法语言，是否充分？由此一来如何充分利用有限材料是要着重考虑的问题。

从行文来看，作者运用了传统律学和史学研究中的律文考证方法，对相关材料详细进行梳理，可见其耐心。略举一例："一部律义三十卷内有五刑、十恶、八议、六赃、七杀，合告不合告、应首不应首、合加不合加、合减不合减，制不倍细，俱在《名例》卷内以为总要也。"① 作者分析道："将'七杀'与五刑、十恶、八议、六赃之语并列，所强调者乃其中之意，表达了这些术语、概念是对或轻，或重，或减，或加之万端情节的抽象与概括，并非指出这些术语的性质相同。"② 面对这样的材料，若只关注到七杀与五刑、十恶、八议、六赃并列，而并列部分性质相同，五刑、十恶、八议、六赃均为唐律中直接表述，或由此推出此时已有"七杀"的表述。出现这样的问题，其根源在于"没有将上下全文看清楚，而生吞活剥的照自己的意思去割裂取用"。③ 如此断章取义"已成其曲说"对于学术研究而言是大忌，而作者兼顾上下文，可见其细致。正如作者所述"七杀以及合告不合告、应首不应首等术语则是对律文含义的概括，未必能于律内找到相同的表述形式。因此，这些术语是律学家针对法律规范内容的阐发与概括，未必是立法语言"。④

关于"六杀"与"七杀"二说的划分依据在于行为人的主观罪过，即相对于犯罪行为本身而言的预谋内容、预谋程度、罪过形式，这一点学界似乎并无异议。张斐在

---

① （宋）傅霖：《刑统赋解》（卷下），（元）郄□韵释、（元）王亮增注，载杨一凡编《中国律学文献》第1辑第1册，黑龙江人民出版社，2004。
② 刘晓林：《立法语言抑或学理解释？——注释律学中的"六杀"与"七杀"》，《清华法学》2018年第6期。
③ 严耕望：《治史三书》（增订本），上海人民出版社，2016，第36～37页。
④ 刘晓林：《立法语言抑或学理解释？——注释律学中的"六杀"与"七杀"》，《清华法学》2018年第6期。

《注律表》中论述道："知而犯之谓之故，意以为然谓之失，……两讼相趣谓之斗，两和相害谓之戏，无变斩击谓之贼，不意误犯谓之过失，……二人对议谓之谋，……取非其物谓之盗。"这些术语为后世法律法规及传统律学文献所继承与发展。笔者以为，"六杀"与"七杀"的性质主要探究学理解释与相关法律规范的关系，因此划分依据不应放在此部分，而应放在第四部分"六杀"与"七杀"的内容及其分歧之中。

作者指出，"六杀"与"七杀"二说对于谋杀、故杀、斗杀、戏杀、误杀、过失杀并无异议，争议的焦点主要在于擅杀、殴杀、劫杀能否与其余"六杀"并列，共同纳入杀人罪类型化的概括当中。

秦汉律中，"擅杀"或与"谒杀"相对，指超越法定权限或程序而擅自实施的杀害行为，包括父母、主杀子女、奴婢。① 唐律中已无"擅杀"表述，如《斗讼律》"主杀有罪奴婢"条（321）表述为：主不请官司而（辄）杀。唐律沿袭了秦汉律禁止父母、主擅杀子女、奴婢的规定，并通过对行为主体身份、犯罪对象有无过错等方面进行细化，进而完善了对行为人的定罪量刑，使罪刑更加均衡。作者指出："这部分定罪量刑的具体条文在杀人犯罪行为'类型化'之后已属'故杀'的内容，不应当与谋杀、故杀等术语并列。"

笔者以为，只有子孙、部曲、奴婢无罪而杀部分为"故杀"，这也与故杀"非因斗争，无事而杀"的特征相适应，至于有罪而杀，如《斗讼律》"主殴部曲死"条（322）"主殴部曲至死"为"斗杀"，而过失杀不构成犯罪。具体而言，《斗讼律》"主杀有罪奴婢"条（321）："诸奴婢有罪，其主不请官司而杀者，杖一百。无罪而杀者，徒一年。期亲及外祖父母杀者，与主同。下条部曲准此。"此处包含两种情况：其一，主、主之期亲及外祖父母故杀无罪奴婢，科处徒一年之刑；其二，若是奴婢有罪，主、主之期亲及外祖父母不请示官府擅自将其杀死，则处以杖一百之罚。《斗讼律》"主殴部曲死"条（322）："诸主殴部曲至死者，徒一年。故杀者，加一等。其有愆犯，决罚致死及过失杀者，各勿论。"《疏》议曰："'主殴部曲至死者，徒一年'，不限罪之轻重。'故杀者，加一等'，谓非因殴打，本心故杀者，加一等，合徒一年半。其有愆犯，而因决罚致死及过失杀之者，并无罪。"这里包含三种情况：其一，若部曲有过错，主、主之期亲及外祖父母将其决罚致死，或过失将其杀死，都不予处罚；其二，若部曲有罪，主、主之期亲及外祖父母将其殴打致死，则不限部曲犯罪轻重，科处徒一年之刑；其三，若部曲无罪，主、主之期亲及外祖父母故意将其杀害，则要加重一等处罚，即科徒一年半。《斗讼律》"殴詈祖父母父母"条（329）："诸詈祖父母、父母者，

---

① 刘晓林：《秦汉律中有关的"谒杀"、"擅杀"初考》，《甘肃政法学院学报》2013年第5期。

绞；殴者，斩；过失杀者，流三千里；伤者，徒三年。若子孙违犯教令，而祖父母、父母殴杀者，徒一年半；以刃杀者，徒二年；故杀者，各加一等。即嫡、继、慈、养杀者，又加一等。过失杀者，各勿论。"这里包含三种情况。第一，祖父母、父母杀子孙包含两种情形：其一，因子孙违反教令（不限事之大小，可从而故违）而殴杀当处徒一年半，若以刃杀则徒二年；其二，故杀未违反教令子孙，若以手足、他物杀当处徒二年之刑，若用刃杀处徒二年半。第二，嫡、继、慈、养因其与子女"情疏易违"，故而其刑罚当分别加祖父母、父母一等：因子女违反教令（不限事之大小，可从而故违）而殴杀当处徒二年，若以刃杀则徒二年半；故杀未违犯教令子女，若以手足、他物杀当处徒二年半之刑，若用刃杀处徒三年之刑。第三，祖父母、父母、嫡、继、慈母、养父母过失杀子孙无罪（子孙违犯教令，依法决罚，邂逅致死）。而唐律杀人犯罪的划分依据在于行为人的主观罪过，"擅杀"已包含于故杀、斗杀、过失杀之中，显然不能与其他杀人罪并列。

沈家本谓："相争为斗，相击为殴，……凡斗殴杀人者，此往彼来，两相殴击，……"即"斗"仅为言语上的冲突，而"殴"已发生肢体冲突，二者为斗殴行为的不同阶段，只是殴杀"突出了殴打致人死亡这一行为过程中的不同阶段及其危害结果"。[1] 换言之，"劫杀"仍为"斗杀"，并不能作为独立的概念。

关于"劫杀"，传统律学文献《吏学指南》描述为"威力强取"，其杀人意图产生于谋叛、劫囚、略人略卖人、强盗行为过程中。而谋杀的侧重点在"谋"，仅需"谋"即可入罪，再以具体行为来确定刑罚，其主观恶性产生于行为之前。"斗而用刃，即有害心"，由此可见，故杀的主观恶性产生于"斗殴"这一行为过程中。《刑统赋疏》曰："此三者皆责其情重，故法所以从重论也。"[2] 而斗杀、戏杀、误杀、过失杀对于致人死亡的结果均非直接追求，主观恶性显然要低于劫杀。由此可见，劫杀与其余六杀的主观恶性有所差别，《刑统赋疏》亦有"盖杀人之情，轻重不同，故例有七色，是名七杀"[3] 的表述。从行为人的主观罪过角度，将唐律杀人罪依据行为人的主观恶性由强至弱进行排序并概括为"七杀"，比"六杀"涵盖面更广且更具层次感。

综上所述，文章条理清晰，一气呵成。从性质角度对"六杀"与"七杀"进行辨析，对现有材料进行梳理，得出二说为学理解释，故而不存在"非此即彼"的问题。又通过探究二说的划分依据及分歧，得出"七杀"较"六杀"具有更优的包容性与概括性。值得注意的是，在脚注部分提及《元典章·刑部四》"诸杀一"中明确列举了

---

[1] 刘晓林：《立法语言抑或学理解释？——注释律学中的"六杀"与"七杀"》，《清华法学》2018年第6期。
[2] （元）沈仲纬：《刑统赋疏》，载杨一凡编《中国律学文献》第1辑第1册，黑龙江人民出版社，2004。
[3] （元）沈仲纬：《刑统赋疏》，载杨一凡编《中国律学文献》第1辑第1册，黑龙江人民出版社，2004。

七杀，但基于其并未受到敕令格式分解编撰体例的影响，为汇集性法典，与律典不同，故仅作为参考。

此外，笔者亦见有观点认为劫杀是其他犯罪与杀伤人命的结合，类似于"结合犯"或"包容犯"，进而否定其独立性。① 对此，笔者存在两点疑问：其一，若适当以现行刑法理论辅助说明其观点确有助于理解，但若直接作为评判传统法律问题的依据是否恰当？其二，退一步来讲，结合犯是指数个在法律上独立而罪名不同的故意犯罪行为，由另一个法律条款将它们结合在一起构成一个新的独立犯罪的情况。而唐律中对于谋叛、劫囚、略人略卖人、强盗过程中的杀人行为与基本犯罪规定于同一条文之中，在满足基本犯罪构成之余，业已构成了一个新的罪刑单位。因此，劫杀类似于现行刑法理论中的结果加重犯而非结合犯。

二 唐律 "七杀" 的特征

综观全书，我们可以注意到唐律"七杀"立法有两条主线：一条为依照行为人的主观恶性大小决定其刑罚，即诛故贳误；另一条系对于身份关系的注重，即强调贵贱有别、长幼有序。

（一）诛故贳误

《论衡·答佞》："故曰：刑故无小，宥过无大。圣君原心省意，故诛故贳误。故贼加增，过误减损。"立法者探究行为人的主观恶性，区分故意与过失，较过失类杀人犯罪而言，更加侧重于对广义的故意杀人犯罪（谋杀、故杀、劫杀、斗杀）的惩戒。如戏杀一般比照斗杀减二等进行处罚，而"虽和，以刃，若乘高、履危、入水中，以故相杀伤"或基于其行为具有更强的危险性，或基于身处危险境地而应有更加严格的危险注意义务，而行为人恰恰放任了这种危险后果，故只减斗杀一等。

"十恶"是违犯封建伦理纲常、破坏社会秩序的严重犯罪，关于其危害性，《名例律》"十恶"条（6）描述道："五刑之中，十恶尤切，亏损名教，毁裂冠冕，特标篇首，以为明诫。"其与"七杀"中的广义的故意杀人犯罪之中若干具体犯罪行为有所交叉，而与过失类犯罪并无交叉。具体而言，(1) 谋杀官长入十恶中的大不敬或者不义，谋杀缌麻以上亲属入恶逆或者不睦。②《贼盗律》"谋杀期亲尊长"条（253）："犯奸而奸人杀其夫，所奸妻妾虽不知情，与同罪。""与同罪"按《名例律》"称反坐罪之等"条（53）："止坐其罪；死者，止绞而已。"一般而言，谋杀已杀处斩、妻谋杀夫当入恶逆，但奸夫谋杀本夫，奸妇处绞刑，但不入"十恶"。(2) 卑幼故杀伯叔父母、姑、兄

---

① 马立科：《浅议"六杀"之立法技术及借鉴价值》，硕士学位论文，中国社会科学院研究生院，2014。
② 刘晓林：《唐律"七杀"研究》，商务印书馆，2012，第170~172页。

姊、外祖父母、夫、夫之祖父母、父母入恶逆;故杀余下缌麻以上亲入不睦;故杀一家除部曲、奴婢外非死罪三人入不道;亲事、帐内故杀本属府主、国官、邑官,部内官吏、民故杀刺史、都督、县令,弟子故杀见受业师,吏、卒故杀本部五品以上官长入不义。① (3) 谋叛之中率部攻击掳掠、杀人及亡命山泽,不从追唤,抗拒将吏,以故为害入谋叛;略及略卖缌麻以上亲入不睦。② (4) 子孙残害祖父母、父母死尸,弃尸水中,弃而不失及髡发若伤入恶逆;若是犯大功以上尊长及小功尊属入不睦;卑幼斗杀(杀讫)缌麻以上亲属入恶逆或不睦。③

(二) 贵贱有别、长幼有序

中国古代法律以伦常为纲,而"一准乎礼"的唐律堪称这种"伦理法律"的典范。④ 关于"礼",《春秋繁露·奉本》论曰:"礼者,继天地,体阴阳,而慎主客,序尊卑贵贱大小之位,而差外内远近新故之级者也。"深受传统儒家文化影响的唐律亦指出,"尊卑贵贱,等数不同,刑名轻重,粲然有别"。⑤

1. 贵贱同罪异刑

《名例律》"除名"条(18):"诸犯十恶、故杀人、反逆缘坐,狱成者,虽会赦,犹除名。"《疏》议曰:"奴婢、部曲非。"《贼盗律》"杀一家三人支解人"条(259):"诸杀一家非死罪三人,(……奴婢、部曲非)。及支解人者,皆斩;妻、子流二千里。"此处便是将部曲、奴婢排除在外,即杀一家之中非死罪三人,所杀三人中如果有部曲、奴婢在内,就不构成本条性质极为恶劣的杀人犯罪;官员故杀或者谋杀部曲、奴婢并不因此受到"除名"这一行政处罚。《刑统赋解》"称人不及于奴婢"歌曰:"奴婢贱隶,虽同人比。因夜杀伤,或为对证。除此二者,权为人类。其余论之,俱同财例。"增注:"除于被盗之家称人,诸条之中,皆不称人。"⑥ 可见,部曲、奴婢都被视为主人的私有财产,毫无人格可言,更谈不上基本的人身权利。立法者对于此类良贱相犯的处罚并不平等,二者同罪异刑。

经放为良的部曲、奴婢与旧主互相侵犯行为的后果,《斗讼律》"部曲奴婢詈殴旧主"条(337)⑦ 进行了规定。部曲、奴婢经主放免,更应"顾有宿恩",如对旧主有

---

① 刘晓林:《唐律"七杀"研究》,商务印书馆,2012,第173~174页。
② 刘晓林:《唐律"七杀"研究》,商务印书馆,2012,第175页。
③ 刘晓林:《唐律"七杀"研究》,商务印书馆,2012,第177页。
④ 梁治平:《法意与人情》,中国法制出版社,2004,第9页。
⑤ 《贼盗律》"发冢"条(277)问答。
⑥ (宋)傅霖:《刑统赋解》卷下,(元)郄□韵释、(元)王亮增注,载徐世虹主编《沈家本全集》第8卷,中国政法大学出版社,2010,第495页。
⑦ 《斗讼律》"部曲奴婢詈殴旧主"条(337):"诸部曲、奴婢詈旧主者,徒二年;殴者,流二千里;伤者,绞;杀者,皆斩;过失杀伤者,依凡论。即殴旧部曲、奴婢,折伤以上,部曲减凡人二等,奴婢又减二等;过失杀者,各勿论。"《疏》议曰:"部曲、奴婢……过失杀伤者,并准凡人收赎,铜入伤杀之家。"

殴詈之举，实属忘恩负义，对其惩罚势必严于凡人相犯（凡人之间并无詈罪）。但如果部曲、奴婢过失杀伤旧主，则适用凡人犯过失杀伤人罪收赎，显然较经放之前有所减轻，但仍较旧主过失杀旧部曲、奴婢不处罚为重。由此我们可以发现，纵使部曲、奴婢已经放免为良，其在法律适用上仍与"良人"有所差异。换言之，其在法律上的卑贱地位是永久性的，并未因其被放免为良人而有所改变。

2. 重视家族伦理道德

中国封建社会呈现家族伦理道德规范与法律规范相结合的特征，讲究尊卑、亲疏、长幼、上下之别。韩非子指出："臣事君，子事父，妻事夫。三者顺则天下治，三者逆则天下乱，此天下之常道也。"因此立法者倡导家族伦理道德，以期实现"家齐而后国治、国治而后天下安"的追求。

（1）序长幼

子孙过失杀祖父母、父母，按《斗讼律》"殴詈祖父母父母"条（329）处流三千里。此种流刑属于子孙犯过失流，按《名例律》"应议请减（赎章）"条（11）："子孙犯过失流（谓耳目所不及，思虑所不到之类，而杀祖父母、父母者）。……各不得减赎，除名、配流如法。"此外，问答部分补充道："其子孙犯过失流，虽会降，亦不得赎。"关于祖父母、父母、嫡、继、慈、养杀子孙的刑罚已于上文梳理，显然二者刑罚差距悬殊。《刑统赋疏》论曰："古者，缘人情之厚薄制礼以分尊卑，因礼之尊卑制服以别亲疏，立刑以定罪之轻重，所以亲属相犯之法与常人不同，因亲属以为轻重，故犯尊长者，亲重而疏轻，犯卑幼者，亲轻而疏重。"①

（2）定夫妇

《斗讼律》"殴伤妻妾"条（325）："诸殴伤妻者，减凡人二等；死者，以凡人论。……杀妻，仍为'不睦'。过失杀者，各勿论。""妻殴詈夫"条（326）："诸妻殴夫，徒一年；若殴伤重者，加凡斗伤三等；须夫告，乃坐。死者，斩。……过失杀伤者，各减二等。"比较而言，妻殴夫比凡人相犯笞四十加七等，而夫殴伤妻的处罚比照凡人减二等，至死"以凡人论"，但仍较妻殴死夫处斩为轻，而夫以刃及故杀妻才处斩。对此，"殴伤妻妾"条（325）律《疏》解释道："妻之言齐，与夫齐体，义同于幼。"《职制律》"匿父母及夫等丧"条（120）律《疏》亦有类似表述："其妻既非尊长，又殊卑幼，在礼及诗，比为兄弟，即是妻同于幼。"夫过失杀妻，因其"无恶心，故得无罪"，而妻过失杀夫减凡人二等，处徒三年。此外，妻杀夫属于十恶中的"恶逆"②，

---

① （元）沈仲纬：《刑统赋疏》，载杨一凡编《中国律学文献》第1辑第1册，黑龙江人民出版社，2004。
② 《名例律》"十恶"条（6）："四曰恶逆（谓殴及谋杀祖父母、父母，杀伯叔父母、姑、兄姊、外祖父母、夫、夫之祖父母、父母）。"

而夫杀妻仅为"不睦",妻殴告夫即入"不睦"①。

值得注意的是,不同于其他"六杀","劫杀"的刑罚并不因犯罪对象的身份而受到影响。首先,谋叛过程中的杀人包含两种情形:率部有所攻击掳掠(不以百人为限)以及亡命山泽,不从追唤,抗拒将吏,以故为害。二者的刑罚均为"皆斩","妻、子流三千里"②。按《名例律》"共犯罪本罪别"条(43):"若本条言'皆'者,罪无首从。"其次,"劫囚"条(257)劫囚杀人与窃囚杀人的刑罚为"皆斩"③,律《疏》:"假使得兼容隐,亦不许窃囚,故注云'他人、亲属等'。"最后,结合"强盗"条(281)律文,强盗杀人依照行为人持杖与否,分为两种情形。其一,强盗不持杖的刑罚为:"杀人者,斩。"律《疏》:"'虽非财主,但因盗杀伤者,皆是',无问良贱,皆如财主之法。"其二,强盗持杖伤人处以斩刑且罪无首从④,按《名例律》"断罪无正条"条(50):"诸断罪而无正条,……其应入罪者,则举轻以明重。"强盗持杖杀人亦当处以斩刑且罪无首从。总而言之,无论强盗持杖与否都处斩,良贱身份不影响强盗杀人的定罪量刑。"略人略卖人"条(292):"因而杀伤人者,同强盗法。"即略人略卖人过程中的杀人行为比附强盗杀人处置,同样处斩,犯罪对象的身份并不影响科刑。

三 论述思路的积极转变

通过观察,我们可以发现,对较广义的故意杀人犯罪而言,本书对过失类杀人犯罪的探讨更侧重于现行刑法理论层面,而前者则几乎完全立足于传统律学框架内,主要集中于故意犯罪的停止形态以及主观方面等,其背后系作者论述思路的积极转变。

诚然,将研究限定于传统律学框架内,确有助于尽可能地还原唐律杀人罪在定罪量刑方面的标准。但知往鉴今,将唐律中所包含的刑法学原理与现行刑法进行比较研究,有助于探究其理论渊源及发展脉络,古代的法制可为当下法制建设提供经验与教训。当然这种比较并不代表要以现代眼光去评判,而是要暂时将既有观念搁

---

① 《名例律》"十恶"条(6):"八曰不睦(谓谋杀及卖缌麻以上亲,殴告夫及大功以上尊长、小功尊属)。"
② 《贼盗律》"谋叛"条(251):"诸谋叛者,绞。已上道者皆斩(谓协同谋计乃坐,被驱率者非。余条被驱率者,准此),妻、子流二千里;若率部众百人以上,父母、妻、子流三千里;所率虽不满百人,以故为害者,以百人以上论(害,谓有所攻击掳掠者)。即亡命山泽,不从追唤者,以谋叛论,其抗拒将吏者,以已上道论。"
③ 《贼盗律》"劫囚"条(257):"诸劫囚者,流三千里;伤人及劫死囚者,绞;杀人者,皆斩。但劫即坐,不须得囚。若窃囚而亡者,与囚同罪;他人、亲属等。窃而未得,减二等;以故杀伤人者,从劫囚法。"
④ 《贼盗律》"强盗"条(281):"诸强盗,……伤人者,斩。《疏》议曰:持仗者虽不得财,伤人者斩,罪无首从。"

置，广泛阅读以形成关于古代法律体系及法制的整体印象，再与现行刑法互为参照。"如此，古今的法律世界可谓互为镜像，皆依托对方而更透彻地理解了自己。"① 如作者在解释"劫杀"的含义时，运用现行刑法理论中的结果加重犯的相关知识②，既帮助我们理解"劫杀"的概念，同时或有助于探究现行刑法理论中的结果加重犯的渊源。

唐律与现行刑法关于杀人罪的比较最集中、最充分之处在于"中国现行刑法杀人罪与唐律'七杀'的对话"一章，从杀人罪的内部结构和立法体例两方面进行了比较。且看梳理过程：从内部结构角度，现行刑法中包含故意杀人、过失致人死亡内容的犯罪，除直接规定之外，还包括法条竞合犯、转化犯、数罪并罚等情形。杀人罪的基本规定之间，即故意杀人罪与过失致人死亡罪之间相对独立，相互之间没有明显的逻辑关系。基本规定与特别规定之间亦看不出条文之间的结构关系，相互独立。转化犯中对于"依照"的根据、标准并未说明。③ 从立法体例角度，故意杀人罪及过失致人死亡罪均采用简单罪状，诸如何谓"情节较轻"等问题，给司法机关带来极大困惑，作者进而指出"鉴于杀人行为的严重性质以及科刑的严重程度，杀人罪的定罪量刑对被害人、犯罪人以及民众都有着极大的影响，现行刑法采用高度抽象、概括的简单罪状来描述杀人犯罪的做法显然是值得商榷的"。④ 笔者以为，除应细化罪状之外，关于杀人罪的法定刑同样需要细化。比如，故意杀人罪基本情节的法定刑为"死刑、无期徒刑或者十年以上有期徒刑"，由生至死，差距很大，这与杀人罪的严重程度并不相称。

值得一提的是，作者在论述过程中引用了九起同样犯罪行为、同样的罪名、同样的法定情节，然判处的刑罚差异巨大的受虐妇女杀人案以说明"立法过于模糊"。2016年出台的《最高人民法院、最高人民检察院、公安部、司法部关于依法办理家庭暴力犯罪案件的意见》（以下简称《意见》）或在尝试解决这一问题。《意见》指出："对于为反抗、摆脱家庭暴力而伤害、杀害施暴人构成犯罪的案件，应当充分考虑案件中的防卫因素和过错责任，根据案件具体情况，依法定罪处罚。""对于因遭受严重家庭暴力，身体、精神受到重大损害而故意杀害施暴人；或者因不堪忍受长期家庭暴力而故意杀害施暴人，犯罪情节不是特别恶劣，手段不是特别残忍的，可以认定为故意杀人'情节较轻'。"⑤

唐律在内部结构上，依据行为人的主观恶性由强到弱对杀人罪进行了细化，内部

---

① 朱腾：《中国法律史学学科意义之再思》，《光明日报》，https：//baijiahao. baidu. com/s? id = 1614365348619708529&wfr = spider&for = pc&sa = kf。
② 参见刘晓林《唐律"七杀"研究》，商务印书馆，2012，第87页。
③ 参见刘晓林《唐律"七杀"研究》，商务印书馆，2012，第220~221页。
④ 刘晓林：《唐律"七杀"研究》，商务印书馆，2012，第225~227页。
⑤ 《最高人民法院最高人民检察院公安部司法部印发〈关于依法办理家庭暴力犯罪案件的意见〉的通知》，《中华人民共和国最高人民法院公报》2015年第8期。

具有明显的逻辑关系，不同罪名之间互有补充却没有交叉①；从立法体例层面，"通过客观、具体、个别的列举区别了罪与非罪、此罪与彼罪，通常一事一列，甚至一事多列"，如谋杀不仅规定"二人对议"的典型形态，也对"事已彰露，欲杀不虚，虽独一人，亦同二人谋法"的修正形态进行规定。"显然能使刑罚与具体杀人犯罪的犯罪结果、伤害程度相适应，也更有利于实现罪刑均衡。"②理越辩越明，道越论越清，如此将唐律与现行刑法中关于杀人罪的规定进行系统比较，有助于发现其不足之处，这为今后法律的不断完善提供了借鉴。

四 该书可商榷之处

《贼盗律》"残害死尸"条（266）："弃而不失及髡发若伤者，各又减一等。即子孙于祖父母、父母，部曲、奴婢于主者，各不减。"《疏》议曰："'各又减一等'，谓凡人各减斗杀罪二等，缌麻以上尊长唯减一等，大功以上尊长及小功尊属仍入'不睦'。即子孙于祖父母、父母，部曲、奴婢于主者，各不减，并同斗杀之罪，子孙合入'恶逆'，决不待时。"关于弃尸水中但弃而不失及残害死尸髡发若伤的刑罚，书中分析为：各减斗杀罪二等（子孙于祖父母、父母，部曲、奴婢于主，减斗杀罪一等）。③ 笔者认为，此处基于行为主体的不同，包含三种情形：其一，若犯凡人各减斗杀罪二等；其二，若犯缌麻以上尊长减斗杀一等，即处流三千里；其三，若是子孙犯祖父母、父母，部曲、奴婢犯主者，同斗杀之罪，科以斩刑，子孙合入"恶逆"，决不待时。类似的还有，《贼盗律》"憎恶造厌魅"条（264）④ 关于"有所憎恶以造厌魅及造符书祝诅手段伤人"的情节，书中分析道：有所憎恶以造厌魅及造符书祝诅手段伤人，如子孙欲伤祖父母、父母，部曲、奴婢欲伤主，以谋杀论减二等。⑤ 笔者认为，结合律《疏》，此处当为：如子孙欲伤期亲尊长、外祖父母、夫、夫之祖父母、父母，以谋杀论减二等；如子孙欲伤祖父母、父母，部曲、奴婢欲伤主，以谋杀论，皆斩。

---

① 刘晓林：《唐律"七杀"研究》，商务印书馆，2012，第221~223页。
② 刘晓林：《唐律"七杀"研究》，商务印书馆，2012，第234~235页。
③ 刘晓林：《唐律"七杀"研究》，商务印书馆，2012，第114页。
④ 《贼盗律》"憎恶造厌魅"条（264）："诸有所憎恶，而造厌魅及造符书祝诅，欲以杀人者，各以谋杀论减二等；于期亲尊长及外祖父母、夫、夫之祖父母、父母，各不减。以故致死者，各依本杀法。欲以疾苦人者，又减二等（子孙于祖父母、父母，部曲、奴婢于主者，各不减）。"《疏》议曰："注云'子孙于祖父母、父母，部曲、奴婢于主者，各不减'，即是期亲尊长、外祖父母、夫、夫之祖父母、父母，唯减二等；其祖父母、父母以下，虽复欲令疾苦，亦同谋杀之法，皆斩，不同减例。"
⑤ 刘晓林：《唐律"七杀"研究》，商务印书馆，2012，第48页。

《断狱律》"死罪囚辞穷竟雇请人杀"条（471）。① 首先，关于"囚犯辞虽穷竟，不遣人雇请，但他人雇请人杀之"及"囚虽遣雇请人杀，但辞未穷竟"这两种情况的量刑，书中分析为"各依斗杀为罪，处以加役流"。② 结合律《疏》，此处似应加上限定条件，依尊卑、贵贱，以斗杀罪论，如论至于死罪之时改处加役流之刑。比如囚犯尚未定案，其父母受其所遣雇请人将其杀死，依据律文，当以斗杀子女论处，按《厩库律》"畜产抵踢啮人"条（207）处徒一年半之刑③。其次，"辞未穷竟，复不遣雇请杀之而辄杀者，各同斗杀之法，至死者并皆处死，不合加役流"。此处量刑似也需考虑行为人与囚犯之间的身份关系，而非简单按《斗讼律》"斗殴杀人"条（306）对行为人科处绞刑。最后，关于对被雇请之人比附斗杀罪的量刑，书中分析为：减斗杀罪二等，处以徒三年。结合律文，此处似包含"以斗杀罪论，至死者加役流"、"同斗杀之法，至死者并皆处死，不合加役流"及"减斗杀罪二等"三种。

《断狱律》"监临自以杖捶人"条（483）："诸监临之官因公事，自以杖捶人致死及恐迫人致死者，各从过失杀人法；若以大杖及手足殴击，折伤以上，减斗杀伤罪二等。虽是监临主司，于法不合行罚及前人不合捶拷，而捶拷者，以斗杀伤论，至死者加役流。即用刃者，各从斗杀伤法。"《疏》议曰："'用刃者'，谓'监临之官自以杖捶人致死'以下，有用刃杀伤者，各依斗讼律：'用刃杀者，斩；用兵刃杀者，同故杀法。'"书中分析道："虽是监临主司，于法不合行罚及前人不合捶拷，而用刃捶拷致死，各从斗杀法，处绞。"④ 笔者认为，结合传统律学文献《吏学指南》中"即者，条虽同而首别陈，盖谓文尽而后生，意尽而后明也"。⑤ 简言之，"即"前后所连接的内容为并列的内容，此处规定的行为似应加上监临之官因公事用刃杀犯人，而刑罚为依据《斗讼律》"斗殴杀人"条（306）比附故杀法，处以斩刑。

关于《斗讼律》"斗殴误杀伤傍人"条（336）中"以斗僵仆，误杀父母，或期亲

---

① 《断狱律》"死罪囚辞穷竟雇请人杀"条（471）："诸死罪囚辞穷竟，而因之亲故为囚所遣，雇请人杀之及杀之者，各依本杀罪减二等。囚若不遣雇请，及辞未穷竟而杀，各以斗杀罪论，至死者加役流。"《疏》议曰："谓犯死罪囚，辞状穷竟，而囚之缌麻以上亲及故旧，为囚所遣，或雇人、请人而杀讫者，其所遣雇请之人，及受雇请杀者，各依尊卑、贵贱，本杀罪上减二等科。囚若不遣亲故雇请人杀，及囚虽遣雇请人杀，而辞状未穷竟而杀者，其所遣之人及受雇请者，各依尊卑、贵贱，以斗杀罪论，至死者加役流。"问曰："其囚本死罪，辞未穷竟，又不遣人雇请之，而囚之亲故雇请人杀及杀之者，合得何罪？"答曰："……若辞未穷竟，复不遣雇请杀之而辄杀者，各同斗杀之法，至死者并皆处死，不合加役流。""辞虽穷竟，而子孙于祖父母、父母，部曲、奴婢于主者，皆以故杀罪论。"《疏》议曰："……其被雇请之人，仍同上解，减斗杀罪二等。"
② 刘晓林：《唐律"七杀"研究》，商务印书馆，2012，第117页。
③ 《厩库律》"畜产抵踢啮人"条（207）："若故放令杀伤人者，减斗杀伤一等。"《疏》议曰："假令故放杂畜产，抵踢及啮杀子孙，于徒一年半上减一等，合徒一年。"由此可见，斗杀子孙科处徒一年半之刑。
④ 刘晓林：《唐律"七杀"研究》，商务印书馆，2012，第117页。
⑤ （元）徐元瑞撰《吏学指南（外三种）》，杨讷点校，浙江古籍出版社，1988。

尊长，若减罪轻于'过失'者，并从'过失'之法"，书中分析道："按《贼盗》'残害死尸'条（266）《疏》议曰：……注云'缌麻以上尊长不减'，谓残害及弃尸水中，各依斗杀合斩，不在减例。即斗杀缌麻以上尊长，科处斩刑。故依据《斗讼》'斗殴误杀伤傍人'条（336）所列之减等规则在斩刑基础之上减刑：斗殴僵仆致人死亡（与斗殴无关之旁人），以戏杀论（减斗杀二等）；助己者，以戏杀论减二等（减斗杀四等）。因此，以斗僵仆，误杀父母，减刑后当徒三年；以斗僵仆，误杀期亲尊长减刑后当徒二年。……"① 笔者认为，依据《斗讼律》"戏杀伤人"条（338）："其不和同及于期亲尊长、外祖父母、夫、夫之祖父母虽和，并不得为戏，各从斗杀伤法。"因此，以斗僵仆，误杀父母或期亲尊长只能适用"误杀伤助己者，各减二等"而不能适用"以故僵仆而致死伤者，以戏杀伤论"。即在斩刑的基础上减二等，处徒三年。本条规定："以斗僵仆，误杀父母，或期亲尊长，若减罪轻于'过失'者，并从'过失'之法。"据《斗讼律》"殴兄姊等"条（328）："过失杀兄姊、伯叔父母、姑、外祖父母，徒三年。""殴詈祖父母父母"条（329）："过失杀祖父母、父母，流三千里。"即过失杀父母或期亲尊长分别科处流三千里和徒三年之刑，显然重于从斗杀减等后科处徒三年之刑，故而依照过失杀父母或期亲尊长科刑。

此外，第32页，"谋杀父母、高祖父母、夫之曾祖父母、高祖父母与谋杀期亲尊长同，但谋皆斩"，"谋杀父母"似作"谋杀曾祖父母"。第92页《贼盗律》"谋杀"条的篇目当为251。第115页，"所买之亲必须为本条斗杀罪不科死刑者"，"买"似作"卖"。第153页，在分析《斗讼律》"殴兄姊等"条（328）② 的免责情形时，书中分析为：过失杀弟妹及兄弟之子孙、曾、玄孙。结合律《疏》，此处的免责情形似应为：过失杀弟妹及兄弟之子孙、外孙。

综上所述，纵使存在可待探讨的内容，但瑕不掩瑜，该书仍是研究唐律"七杀"立法的上乘佳作，亦有助于全面解析唐律所代表的中国传统律学在立法技术、法律原理、法制观念等方面所达到的成就。最后，谨附上书后的内容简介："本书是中国刑法史研究的断代专书，拓展了当下刑法理论研究的历史视野，弥补了唐律研究的微观视域，是一部补白之作。"

---

① 刘晓林：《唐律"七杀"研究》，商务印书馆，2012，第159页。
② 《斗讼律》"殴兄姊等"条（328）："若殴杀弟妹及兄弟之子孙（曾、玄孙者，各依本服论）、外孙者，徒三年；以刃及故杀者，流二千里。过失杀者，各勿论。"《疏》议曰："其殴杀弟妹及兄弟之子孙、外孙者，……过失杀者，各勿论。"

知人论史，法史交融
——读陈新宇《寻找法律史上的失踪者》（增订版）

张 群[*]

清华大学法学院陈新宇教授多年来致力于法史人物研究，其成果汇集《寻找法律史上的失踪者》2014年由广西师范大学出版社出版，即获盛誉，被评为《法治周末》"2015年十大法治图书"。2019年经精心增订后，又由百年学术出版重镇商务印书馆印行，内容更加丰富，装帧更加精美。鉴于其主要内容和风格已经为读者所熟知，[①]这里主要从人物历史研究角度谈一点读后感，求教于广大读者和专家。

一 历史人物研究的中国传统

在中国史学史上，注重人物很早就成为一个光荣传统。司马迁在《史记》中不仅以生花妙笔为诸多帝王将相和文人侠客撰写了传诵千古的个人传记，更以其伟大的革新精神和模范实践创造了为后代史学家一再仿效的纪传体。历代正史中，列传篇幅最大、分量最重、价值最突出。列传不仅保存了大量政治史、思想史、经济史及社会史等多方面的珍贵史料，更以人记事、以事鉴世，比较充分地揭示了历史的复杂性、丰富性、生动性。近代以来，仿照西方模式创作的断代史、专题史、通史一部又一部问世，但始终不能取代传统二十四史的地位，《史记》《汉书》等仍然是国民最喜欢的历史读物，一个重要原因就是这些新的史学著作大多不重视人物，甚至不讲人物，因而也就缺少可以与"列传"媲美的内容和形式。

在当代中国的历史编纂中，人物也是重中之重。20世纪60年代，史学界商议重修清史，著名清史学家郑天挺先生明确主张设立"传记编"，"包括帝王、农民起义领袖、各方面有贡献的人"。[②] 而20世纪末，戴逸先生主持新清史编纂工作时亦复如是。在中共党史研究中，搜集、整理、研究党内人物的资料也是一项主要内容，包括出版文集、编写年谱、撰写传记等。中共中央党史和文献研究院还设立专门机构，研究毛泽东、

---

[*] 张群，中央民族大学法学院助理教授，北京大学近代法研究所兼职研究员。
[①] 参见林建刚《追寻法学先贤——评陈新宇著〈寻找法律史上的失踪者〉》，《经济观察报》2015年3月7日；孙家红《寻找法律史上的失踪者意义何在》，《中华读书报》2015年5月20日，第9版；刘英团《寻找"失踪者"延续法律的"历史记忆"——读〈寻找法律史上的失踪者〉》，《人民法治》2016年第3期。
[②] 郑天挺：《及时学人谈丛》，中华书局，2002，第233页。

周恩来、刘少奇、朱德、邓小平、陈云等中共领袖人物生平和思想。此外，还有专门的学术团体中共党史人物研究会，曾组织编辑出版16巨册的《中共党史人物传》。① 至于中共党史人物自传、回忆录更是多不胜数。

在历史编纂中是这样，在历史研究中更是如此。"研究历史，和研究人物是分不开的。"② 从人物入手被普遍视为研究历史的重要方法和有效途径。近代以来，传记类著作精品迭出，蔚然成风。梁启超所著《李鸿章传》，民国初年即风行海内。③ 其后几十年里，邓广铭撰写的王安石、岳飞、陈亮等个人传记，④ 朱东润撰写的陆游、元好问、张居正等个人传记，⑤ 程应镠撰写的司马光、范仲淹传记，⑥ 还有吴晗的《朱元璋传》，都是很有影响的传记作品。⑦ 近年来北大历史系辛德勇教授的《生死秦始皇》《制造汉武帝》《海昏侯刘贺》等，也是引人入胜的佳作。为什么人物历史研究如此受欢迎？著名清史专家、南开大学历史学院冯尔康教授（1934~）在说到他的"代表作"《雍正传》时曾说，⑧ 这本书从内容上实际是写"雍正及其时代"，而不仅仅是写一个皇帝。⑨ 这句话非常深刻地点明了许多出色人物研究的价值所在。

在中国法史学界，也早有人物方面的研究。在大陆首开风气之先的是北京大学法学院李贵连教授，自20世纪80年代开始研究沈家本，先后出版了年谱、传记等一系列作品，影响较大。⑩ 上海社会科学院华友根教授也曾撰写薛允升、董康等法学家的传记作品。⑪ 中共党史学界在董必武、谢觉哉、彭真、马锡五等新中国政法工作领导人的资料整理和生平思想研究方面也取得许多成果。⑫ 近二十年来，一些在改革开放时期影响较大的法学家，也陆续成为研究对象，如中国社会科学院法学研究所谢怀栻教授（1919~2003）、中国人民大学法学院佟柔教授（1920~1991）、中国政法大学校长江平

---

① 《中共党史人物传》（16册），中共党史出版社，2010。
② 程应镠：《谈历史人物的研究》，《历史研究》1984年第2期。又见《程应镠史学文存》，上海人民出版社，2010，第488页。
③ 梁启超：《李鸿章传》，陕西师范大学出版社，2009。
④ 《邓广铭全集》，河北教育出版社，2003。
⑤ 《朱东润传记作品全集》，东方出版中心，1999。
⑥ 《程应镠史学文存》，上海人民出版社，2010。
⑦ 吴晗：《朱元璋传》，陕西师范大学出版社，2008。
⑧ 冯尔康：《冯尔康文集》自序，天津人民出版社，2019。
⑨ 冯尔康：《雍正传》序言，上海三联书店，1999。
⑩ 李贵连：《沈家本年谱长编》，成文出版社，1992；《沈家本传》，法律出版社，2000。
⑪ 华友根：《薛允升的古律研究与改革：中国近代修订新律的先导》，上海社会科学院出版社，1999；《20世纪中国十大法学名家》，上海社会科学院出版社，2006。
⑫ 例如，《董必武政治法律文集》，法律出版社，1986；《谢觉哉日记》，人民出版社，1984；《彭真论新中国的政法工作》，中央文献出版社，1992；《彭真传》，中央文献出版社，2012；《彭真年谱》，中央文献出版社，2012；杨正发：《马锡五传》，人民法院出版社，2014。

教授（1930～）等，先后出版了自传、文集、法律思想研究等多种作品。① 在中国法律史学界，中国政法大学陈夏红先生较早开展法律人物研究，出版《百年中国法律人剪影》等多种著作。② 陈夏红曾任记者，所记当代法学人物颇多一手采访见闻。陈夏红整理的《江平自传》和《钱端升全集》③，亦影响较大。

人物研究，一难在真实，二难在深度，三难在文思。"好的传记更要把这个人的个性、丰采、言谈、思想举止、神态，用文字或事迹衬托出来。"④ 与其他法律史人物研究相比，陈新宇此书以清末民国法学先辈的故事为切入点，引人探寻近代法治的曲径通幽，对象更为宽泛，但选材更为严谨，一字一句均有来历；叙述人物生平坎坷跌宕起伏，精彩纷呈，但法理探析更加深入，学术性十分突出。更难得的是，文采斐然，篇篇有新意，道前人未尽之言。

二　法史人物研究的未来空间

笔者对法史人物研究一向感兴趣，借此机会，亦略述个人一点观感。总体而言，目前关于法律史人物研究还有较大开拓空间。一是在数量上，还有许多"失踪者"被湮没在历史的黄沙之下，等待拂尘者的到来。当前法律史研究大多重视主流和主要人物，对小人物相对忽视。但一些关键岗位上的小人物，常常是历史的见证者、亲历者，有着重要的研究价值。二是在深度上，不仅要梳理生平和著作，更要深入人物的日常交往和思想深处，完整地展示法律史的丰富多彩。按照文史学界的传统做法，除了前面说的撰写人物生平传记之外，还有整理出版全集、编写年谱、梳理社会交游（如李杜、元白之间）、著作思想流传、传播（如李白、白居易、苏轼、鲁迅）等各种工作。法律史学界在这块还只能算是刚刚起步。以下就阅读所及，举几个例子。

一是清代著名律学家、《读律佩觿》作者王明德。王明德的生平经历一直比较扑朔迷离，⑤ 但他和康熙时期刑部尚书姚文然关系密切，翻看姚文然文集，可以发现，二人在论律方面的交往相当频繁而深入，留下了较多的文字记录。在《盗伐官柳误刺字述》一文中，姚文然提到"与陕西司正郎王明德论律"，也是受王明德的启发才修正了自己

---

① 例如，谢英整理《谢怀栻先生纪念文集》，中国法制出版社，2005；孙沛成：《崩溃与重建：佟柔民法思想的形成及演变》，中国人民大学出版社，2010；江平口述、陈夏红整理《沉浮与枯荣：八十自述》，法律出版社，2010。
② 陈夏红：《百年中国法律人剪影》，中国法制出版社，2006；《政法往事：你可能不知道的人与事》，北京大学出版社，2011。
③ 陈夏红编《钱端升全集》，中国政法大学出版社，2017。
④ 孙卫国编《郑天挺文集·中国的传记文》，南开大学出版社，2019，第365页。
⑤ 王明德：《读律佩觿》，法律出版社，2001，何勤华序。

的错误认识。① 王明德还批评现行事例有关官员犯赃的规定与大清律文不合，提出修改建议，姚文然不仅支持他的意见，还为他呈递奏折。② 王明德《读律佩觿》中关注的监守自盗、区分律例等一些问题，姚文然也多次谈到，显示两人应该就此问题有过交流。最突出的是王明德曾将所撰《读律佩觿》的一些初稿容呈请姚文然审阅。姚文然外集中几乎全文收入《读律佩觿》八字之义（卷一）和准总论（卷五）等内容。③ 这种做法比较罕见，也恰恰是二人交谊深厚的证明。这部分文稿的留存也为校勘和研究《读律佩觿》提供了重要参考，比如现行《读律佩觿》卷一《八字广义》删去了"伏候堂裁"等语，但还残留"奉堂谕"等字样。④ 如果不了解王明德与姚文然这层关系，则不免让人困惑，王明德也未说破这一层。在"八字之义"最后，姚文然版还有一段讨论"若""其"异同的文字，亦不见于整理本。⑤ 这种法学家之间互相交往、影响的情况很值得关注，很好地体现了当时研究律学的风气。但目前这方面研究似乎还不多。

二是清末光绪时期刑部主事唐烜。戊戌变法失败后谭嗣同等六君子慷慨就义，当时情景如何，史无明文。唐烜因工作机会得以目睹现场情形，并在日记中作了记载。唐烜还与杨深秀、刘光第在刑部共事过，日记中认为杨"性情迂执"，刘"性尤孤僻"，可谓第一手记载。在政治上，唐烜对戊戌变法领袖康有为不次进用，颇不以为然，但他也有一些主张变法的朋友。整体看来，唐烜对戊戌变法的认识并不深刻，但也正因如此，也就更有代表性。他之所述，大约能代表许多通明事理但不主张剧变者的立场。庚子国变，唐烜在炮火中躲伏60日。事后虽仍上班如仪，但思想巨变，接触西学，参与议宪。这对其工作状态（大理院刑科正审官）自不无影响。入民国，仍任职大理院。这一小人物的跌宕沉浮，可谓中国法律史发展的一个侧影。⑥

三是北洋时期修订法律馆官员王凤瀛。王凤瀛在北洋政府票据法起草工作中发挥了重要作用。王凤瀛撰写的《起草票据法之管见》（《法学季刊》1924年第2卷第1期）一文，还为后来国民党政府立法院《票据法草案说明书》大段引用，他归纳的中国票据习

---

① 《姚端恪公外集》卷1《盗伐官柳误刺字》，载《清代诗文集汇编》第75册，上海古籍出版社，2011年影印版，第362页。
② 《姚端恪公外集》卷1《王郎中明德拟官员犯赃议稿请旨事》，载《清代诗文集汇编》第75册，上海古籍出版社，2011年影印版，第356~357页。
③ 《姚端恪公外集》卷3《八字之义》，载《清代诗文集汇编》第75册，上海古籍出版社，2011年影印版，第383~393页；王明德：《读律佩觿》卷2、卷5，法律出版社，2001，第1~14、158~215页。
④ 《姚端恪公外集》卷3《八字之义》，载《清代诗文集汇编》第75册，上海古籍出版社，2011年影印版，第383~384页；王明德：《读律佩觿》卷2"八字广义"，法律出版社，2001，第14页。
⑤ 《姚端恪公外集》卷3《八字之义序》，载《清代诗文集汇编》第75册，上海古籍出版社，2011年影印版，第378页；王明德：《读律佩觿》卷2"八字广义"，法律出版社，2001，第2页。
⑥ 《唐烜日记》，凤凰出版社，2017。并参见陈尚君《狱吏唐烜》，载《濠上漫与：陈尚君读书随笔》，中华书局，2019。

惯的七个特点,则被全文采用,并被定性为中国票据法不发达的七个原因。① 值得注意的是,王凤瀛毕业于苏州东吴大学法学院,受的是英美法教育,但就是这样一个法学人士,毕业后却到北洋政府任职。这样一种经历,其中原因何在,不无挖掘余地。

四是民国法学家孟普庆。在讨论民国土地法问题时,引用最为广泛的是吴尚鹰的著作,②但这本书内容相对简要,更资参考的是孟普庆《中国土地法论》,资料丰富,论述细致,见解高明。史尚宽1938年撰写《住宅问题与目前屋荒之救济》一文,多处借鉴孟普庆《中国土地法论》,包括英国1920年7月房租限制法(标准租金的五种情形、可以加租的四种情形)、德国承租人保护令、普鲁士和日本借家法、法国1922年12月5日低廉住宅统一法、英国1924年Whitney住宅法等,仅有个别词句上的差异。孟普庆《中国土地法论》和史尚宽《土地法原论》还引用了同一份德国从1890年到1907年六大城市空地对住宅总数比例的统计资料,证明大都市的准备房屋比例在3%上下浮动。③ 根据《中国土地法论》等有限资料,孟普庆是安徽淮北人,毕业于南京中央大学法律系,时任内务部官员,该书为他在大学兼课所著。孟普庆还有两种著作《近代英国成人劳动教育运动史》和《德国职业教育发达史》,但对于这位学者没有进一步资料,《中国土地法论》也未见重印。

五是国民党行政院参事陈克文。陈克文出生于广西,在国民党内属汪精卫派系,曾任立法委员,在行政院任职时间最长。陈经历很平常,大部分时间做文字工作,但因身处中枢,见闻较广,上可以随时与中央首长直接沟通,中可以经常与同僚(如蒋廷黻、陈之迈等)交换意见,下则可以通过低级部属而认识到整个科层系统的运作,与社会知名人士(如罗隆基、曹禺、雷洁琼)也有交往,对这些人也有非直接接触不能为的扼要评论。可以说,陈克文的思想、见识和情感基本代表了当时大部分知识分子和公务人员的意见,对考察中国近代普通人的法律观颇具标本意义。更难得的是,陈克文日记持续时间长,记载公允、详细,得到著名历史学家余英时等一致赞誉,被认为是国民党政权在大陆从"衰"到"亡"的一个相当客观的提纲。④ 有时,恰恰是这样一些平凡人物的日记记载了一些珍贵的历史信息,这也是我们不能忽视"边缘人物"的重要原因。

借此机会拉拉杂杂说了一些个人读书中的感受。最后,再一次对陈新宇坚持这个方向,守道不渝,不断丰富这本书,表示钦佩。

---

① 张群、张松:《民国时期票据立法活动初探——兼与1995年票据立法比较》,《私法》2004年第3期。
② 吴尚鹰:《土地问题与土地法》,商务印书馆,1935。
③ 孟普庆:《中国土地法论》,南京市救济院,1933,第254页;史尚宽:《土地法原论》,正中书局,1975,第177页。据史尚宽序言自称,该书初稿撰写于20世纪30年代初期。
④ 陈方正编辑校订《陈克文日记(1937~1952)》,社会科学文献出版社,2014。

《法律史评论》稿约

《法律史评论》创办于 2008 年，是四川大学主办的法律与历史跨学科研究的学术集刊。前 10 卷在法律出版社出版，第 11 卷起在社会科学文献出版社出版。本刊计划每年出版 2 卷。特向法学界和史学界同仁约稿，现将有关事宜说明如下。

1. 本刊论文须以法律与历史为主题。凡与广义"法律"相关之思想史、制度史、政治史、学术史及历史人物研究的稿件均在征集之列。学术价值是论文刊用的唯一标准，本刊对论文字数、作者身份均无限制。

2. 本刊文章主要分专论、评论、史料等部分，每卷 20 万字左右，根据来稿篇幅刊登 10 篇左右的文章。来稿请注明作者姓名、单位、职称、学位、联系电话、电子邮箱等必要的个人信息。注释请采用 word 自动生成的脚注形式，并以必要为限。注释体例请参照已出刊论文的注释体例。译文请附原文，并请自行解决版权问题。书评请附所评书籍的详细出版信息。集刊提倡独立署名，对于多人合署的来稿，需说明论文的具体分工。来稿请以 word 电子版发送至：legalhistoryreview@163.com。限于人力，本刊不接受纸质投稿。

3. 本刊每稿必复。除特约稿件外，来稿均由编辑初审后实行专家复审。初审周期一般不超过两周，复审周期一般不超过一个月。

4. 本刊已被中国知网（CNKI）、超星期刊、维普资讯辑刊资源（VIP）、万方数据等电子数据库全文收录，为扩大稿件学术影响力，本刊将继续扩大与各数据库和转载刊物的合作。若来稿无特别说明，视为作者同意本刊以非专有的方式向第三方授予其论文的电子出版权及汇编、复制权利，以及文摘刊物对论文的转载、摘编等权利。

5. 来稿一经刊用，出版后即寄送作者样刊 2 册，并从优发放稿酬。同时，本刊将常年寄送至海内外法律与历史主要研究机构与知名学者，并通过"法律史评论"公众号发布刊载论文，持续扩大刊载论文的学术影响力和论文作者的知名度，并定期邀请作者、译者、编者开展学术交流。

《法律史评论》编辑部
2018 年 10 月

图书在版编目（CIP）数据

法律史评论.2020年.第2卷:总第15卷/里赞主编.--北京:社会科学文献出版社,2020.10
ISBN 978-7-5097-8675-8

Ⅰ.①法… Ⅱ.①里… Ⅲ.①法制史-中国-文集 Ⅳ.①D929-53

中国版本图书馆CIP数据核字（2020）第198538号

法律史评论 2020年第2卷·总第15卷

主　　编 / 里　赞
执行主编 / 刘昕杰

出 版 人 / 谢寿光
责任编辑 / 芮素平

出　　版 / 社会科学文献出版社·联合出版中心（010）59367281
　　　　　 地址：北京市北三环中路甲29号院华龙大厦　邮编：100029
　　　　　 网址：www.ssap.com.cn

发　　行 / 市场营销中心（010）59367081　59367083
印　　装 / 三河市东方印刷有限公司
规　　格 / 开　本：787mm×1092mm　1/16
　　　　　 印　张：10.5　字　数：201千字
版　　次 / 2020年10月第1版　2020年10月第1次印刷
书　　号 / ISBN 978-7-5097-8675-8
定　　价 / 79.00元

本书如有印装质量问题，请与读者服务中心（010-59367028）联系

▲ 版权所有 翻印必究